사람이
사는
미술관

사람이
사는
미술관

박민경 지음

그래
도봄

어릴 적 아버지는 늘 새해가 되면 제 방에 새로운 달력을 걸어
주셨습니다. 외국계 제약회사에서 제작한 달력에는 서양의 명화들
이 담겨 있었습니다. 보티첼리의 〈비너스의 탄생〉, 들라크루아의
〈민중을 이끄는 자유의 여신: 1830년 7월 28일〉 등 서양미술사에
서 꼭 언급되는 유명한 작품들을 제 방에서 감상할 수 있었습니다.
해외 여행도 자유롭지 않고, 즐길 거리라고는 TV가 전부이던 시
절, 벽에 걸린 달력 속 그림을 보는 것은 저의 가장 큰 재미이자 낙
이었습니다. 달력 속 그림들은 저를 세계 각국으로 안내해주는 가
이드이자 과거와 현재를 자유롭게 오가며 상상의 나래를 펼치게 만
들어주는 재미난 친구였습니다. 그렇게 제 삶 속에 그림이 조금씩
스며들었습니다. 물론, 애호하는 마음만큼 그림을 잘 그리는 재주
는 없었지만요.

대학에서 법학을 전공하고, 졸업 후 사회에 나가 번 돈으로 처
음 선택한 해외 여행지는 프랑스 파리였습니다. 이유는 딱 하나였

습니다. 그곳에는 루브르 박물관과 오르세 미술관이 있었으니까요. '달력에서만 보던 그림들을 두 눈에 원 없이 담고 와야지!' 그런데 아는 만큼 보인다고 했던가요? 들뜬 마음으로 도착한 여행지에서 저는 새로운 전율을 느끼게 되었습니다. 국가인권위원회에서 일하면서 보고, 듣고, 현장에서 느껴왔던 모든 것이 눈앞의 그림들과 어우러져 또 다른 사유로 저를 이끌었기 때문입니다. 그림에서 인권이 보이기 시작한 것입니다. 제리코의 〈메두사의 뗏목〉 속 절규하는 인물들은 세월호의 기억을 끄집어냈습니다. 〈민중을 이끄는 자유의 여신: 1830년 7월 28일〉의 작가로만 알던 들라크루아가 그린 〈키오스 섬의 학살〉을 보면서는 제주 4·3 사건이 떠올랐습니다. 그전까지는 미학의 측면에서 그림을 좋아했다면, 이제는 그 안에 담긴 인간의 삶에 대해 생각하게 된 것이지요.

그림으로 인권을 이야기하고 싶었던 이유는 두 가지였습니다. 들라크루아의 〈키오스 섬의 학살〉은 그리스 독립에 대한 당대 지식인들의 관심을 촉발시키는 계기가 되었습니다. 피카소의 〈게르니카〉는 프랑코 독재가 자행한 끔찍한 국가 폭력을 전 세계에 알렸습니다. 시대의 부조리를 포착한 어떤 그림은 사람들을 각성시키고 상황을 변화하게 만듭니다. 그 결과, 우리의 인권은 한 단계 더 나은 방향으로 진보합니다. 이 책을 통해 인간의 권리를 새삼 생각하게 만든 세계의 명화들을 소개하고 싶었습니다. 또한, 인권에 대해서 어렵지 않게 설명하고 싶은 마음도 있었습니다. 인권교육 업무를 오랫동안 하면서 많은 사람이 인권의 정확한 의미에 대해 잘 알지 못하고 있음을 몸소 느꼈기 때문입니다. 그림은 다양한 인권 개념을 부드럽고 쉽게 설명하기 위해 제가 선택한 매개체인 셈이지요.

책에서는 인권의 주요 개념을 '여성', '노동', '차별과 혐오', '국가', '존엄' 등 크게 다섯 개의 카테고리로 나누어 설명하고자 했습니다. 아직도 유리 천장이 건재한 세상에서 여성이 얼마나 큰 어려움을 겪고 있는지, 먹고살기 위한 노동의 현장은 어째서 목숨을 앗아가는 장소가 되어버렸는지, 차별은 어떻게 혐오로 발전하며 그 혐오가 어떠한 비극을 일으키는지, 국가가 얼마나 많은 인권유린을 자행했는지, 마지막으로 왜 인간의 존엄함은 존중받아야 하는지 등을 명화와 함께 재미있고 쉽게 전달하고자 했습니다. 또한, 각각의 원고 말미에는 '궁금해요' 코너를 마련해 본문에서 언급한 인권 개념과 연관 사건들을 자세하게 설명함으로써 독자들이 사고의 지평을 넓힐 수 있도록 구성했습니다.

저는 그림에 조예가 깊은 것도 아니고 인권을 학문적으로 연구하거나 전공하지도 않았습니다. 다만, 국가인권위원회의 일원으로서 인간이 천부적으로 타고나는 기본적인 권리를 현장에서 오랫

동안 교육하면서 세상이 조금이라도 좋은 방향으로 나아가는 데 일조하는 작은 톱니바퀴 역할을 해왔다고 자부합니다. 이 책에 담은 내용들은 그 과정에서 길어 올린, 인권의 최전방에서 만난 수많은 이들의 살아 있는 목소리입니다. 무엇보다 이 책을 통해 대한민국의 청소년들이 자신의 권리를 올바로 인식할 수 있게 된다면 저자로서 정말 기쁠 것 같습니다. 그래야만 성인이 되어서도 자신이 가진 권리를 당당히 주장할 수 있을 테니까요. 더불어서 아직은 인권이라는 개념이 낯선 성인 독자나 인권을 조금 더 흥미로운 방식으로 설명하고 싶은 교육 현장의 선생님들께 이 책이 작은 도움이 되었으면 합니다. 마지막으로 우리 사회의 구성원들이 자신의 주변을 조금 다른 눈으로 살필 줄 아는 세심함을 가질 수 있기를 희망해봅니다. 타인에게 공감할 줄 알고 서로의 다름을 인정할 줄 아는 인권 감수성 넘치는 사회가 될 때, 차별과 배제의 논리로 소외당하는 사람이 없는, 말 그대로 '사람 사는 세상'이 될 수 있으리라고 믿습니다.

박민경

차
례

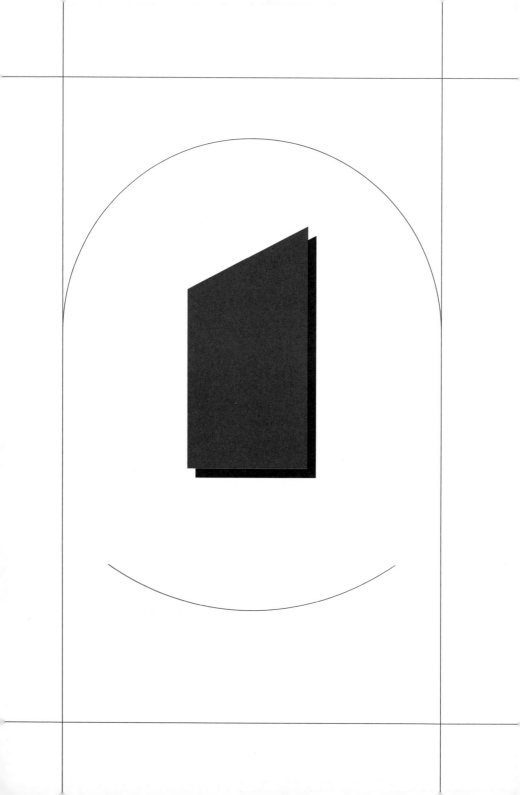

제 1 부

여성

모든 인간은 태어날 때부터 자유로우며 그 존엄과
권리에 있어 동등하다. 인간은 천부적으로 이성과
양심을 부여받았으며 서로 형제애의 정신으로 행동
하여야 한다.

– 〈세계인권선언〉 제1조 –

·1·

그녀는 정말
희 대 의
살인마였을까?

이 그림은 헝가리 화가 이슈트반 초크(István Csok, 1865~1961)의 〈고문하는 바토리 백작 부인〉이라는 작품입니다. 안타깝게도 이 그림은 제2차 세계대전 중 화재로 소실되어 현재 작품 전체를 온전한 형태로 볼 수 없습니다. 불타지 않고 흐릿하게 남은 부분을 자세히 살펴보면 이 그림은 범상치 않은 이야기를 들려주는 듯합니다. 오른쪽에는 귀족 여성이 앉아 있고, 왼쪽의 벌거벗은 여성은 사람들에 의해 머리채가 잡아당겨지고 있습니다. 그 앞의 벌거벗은 여성들도 무언가를 갈구하는 듯한 모습이고요.

이 그림의 배경은 '피의 백작 부인'이라는 아주 잔혹하고 무서운 이야기입니다. 이야기의 주인공은 바토리 에르제베트(Báthory

고문하는 바토리 백작 부인(Erzsébet Báthory)

이슈트반 초크, 1893년경, 캔버스에 유채, 77×113cm, 제2차 세계대전 중 부분 소실

Erzsébet, 1560~1614)라는 헝가리 백작 부인입니다. 높고 거대한 성에 혼자 살았던 그녀는 새하얀 피부와 풍성하고 검은 머릿결을 지닌 아주 아름다운 여인이었다고 합니다. 전해지는 이야기에 따르면 그녀는 자신의 젊음과 미모를 유지하기 위해 처녀의 피를 마시고 그 피로 목욕도 했다고 합니다.

언제나 그렇듯이 소문은 사람들의 입에서 입으로 전해지며 몸집을 부풀립니다. 기이한 소문이라면 더더욱 그럴 테고요. 그녀의 잔혹함에 대한 소문은 마을을 하나 건널 때마다 더해졌습니다. '마음에 들지 않는 하녀는 입을 바늘로 다 꿰매버린다', '산 사람의 목을 잘라 작대기에 매달아놓기도 한다', '아랫사람을 꽁꽁 묶어서 꿀을 바른 뒤 벌레와 새가 뜯어먹게 한다더라', '처녀의 피를 마시기 위해 산 사람을 쇠창살이 가득한 철망에 가둬놓고 피를 흘리게 했다' 하는 식으로 말입니다.

그러던 어느 날, 바토리 백작 부인의 성에 들른 누군가가 그 성의 하인이 고문당하는 광경을 보고서 그녀를 신고해버립니다. 이윽고 재판이 열렸고, 재판정에 증인으로 나온 사람들은 항간에 떠돌던 소문을 자신이 증명하겠다면서 너도나도 나섭니다. 어떤 이는 바토리 백작 부인이 피를 마시는 장면을 보았다고 증언했습니다. 그녀가 피를 가득 채운 욕조에서 목욕하는 모습을 보았다는 사람들도 등장했습니다. 급기야 그녀가 죽인 사람이 600여 명에 달한다는 증언도 나옵니다. 과연 이 모든 증언들이 사실이었을까요?

사실 증언들을 하나하나 자세히 뜯어보면 의아한 구석들이 있습니다. 중세가 막 저문 시기 유럽은 그다지 인구가 많지 않았습니다. 하물며 헝가리 변방의 어느 마을이라면 마을 주민의 수는 훨씬 적었을 것입니다. 보통 성인 한 명의 몸에 흐르는 피가 5ℓ쯤 된다고 합니다. 만일 욕조를 젊은 여성의 피로 가득 채우려면 수십 명의 여성이 죽어야 합니다. 지금도 지방의 읍면 단위 마을은 인구가 1,000명도 안 되는 곳이 많습니다. 당시 기준으로 헝가리 변방 작은 마을에서 젊은 여자만 골라 600여 명을 죽였다면 한 마을이 아니라 몇 개의 마을에 걸쳐 젊은 여성들을 송두리째 학살했다는 말이 됩니다. 한마디로 터무니없는 증언이라는 뜻입니다. 하지만 당시에는 그러한 증언들이 힘을 얻어 재판에 인용되었습니다. 물론, 바토리 백작 부인은 귀족이었기 때문에 당장 죽임을 당하지는 않았습니다. 당시 법률에 따르면 귀족은 사형에 처할 수 없었기 때문입니다. 그러나 바토리 백작 부인은 형벌마저 피할 수는 없었습니다. 그녀는 밀폐되고 어두운 탑 꼭대기의 독방에 갇혀 죽습니다.

오랜 시간이 흘러 이 잔혹한 전설은 자극적인 소재와 비극적인 결말 덕분인지 소설로 쓰이거나 영화로도 만들어졌습니다. 대부분의 작품 속에서 바토리 백작 부인은 퇴폐적이고 욕망에 사로잡힌 주인공으로 묘사됩니다.:: 중세 유럽이야 마녀사냥이 판을 치던 비합리적이고 비논리적인 시대였다고 칩시다. 하지만 오늘날에도 그런 시선으로 여성

:: 〈뱀파이어(The Vampires)〉 (리카르도 프레다, 1957), 〈어둠의 딸들〉(해리 쿠멜, 1971), 〈드라큘라 백작 부인〉(피터 사스디, 1971), 〈카운테스〉(줄리 델피, 2009).

을 다룬 작품들이 만들어진 것은 생각해봐야 할 부분이 아닐까요? 이런 작품들 속에서 여성은 대상화되어 마녀 혹은 성녀라는 이분법의 잣대로 규정됩니다.

이제부터 우리는 중세 유럽의 '카더라 통신'을 기반으로 하는 음모론에서 벗어나 이 사건을 다시 객관적이고 논리적으로 들여다봐야 합니다. 당시의 역사적 배경을 염두에 두고 들여다보면 더 좋

14~16세기 이탈리아를 중심으로 하여 유럽 여러 나라에서 일어난 인간성 해방을 위한 문화 혁신 운동. 신 중심의 중세 문화에 대한 반발로 형성된 인간 중심의 세계관을 띤 사조로 미술, 음악, 문학에서부터 종교에 이르기까지 광범위하게 영향을 미치며 유럽 문화의 근대화에 사상적 원류가 되었다.

:: 종교개혁
1517년 마르틴 루터(Martin Luther, 1483~1546)가 로마 가톨릭교회의 면죄부 판매 등을 비판하는 95개조 반박문을 발표하면서 시작된 개혁 운동. 르네상스 인문주의자들에 의해 주도되었으며 곧 전 유럽으로 확산되며 구교(전통 가톨릭)와 대립할 정도로 세력이 확대되었다.

:: 칼뱅파
프랑스 종교 개혁자인 장 칼뱅(Jean Calvin, 1509~1564)으로부터 비롯된 사상을 따르던 세력.

습니다. 바토리가 살았던 시기는 1600년대 전후입니다. 르네상스^{::}가 유럽을 바꾸어놓고 종교개혁^{::}이 활발하게 전개되던 시점이었지요. 그렇지만 아직 중세의 영향을 벗어나지 못해 똑똑하고 돈이 많은, 그러나 혼자 사는 여성을 마녀로 몰아 죽이던 시대가 완전히 끝나지는 않았습니다. 그렇다면 바토리는 왜 마녀사냥의 타깃이 되었을까요?

그녀는 미모의 귀족 여성이었습니다. 영주이자 군인이었던 그녀의 남편은 안타깝게도 일찍 세상을 떠났습니다. 그 결과, 바토리는 '많은 돈과 권력을 가진, 홀로 남은 아름다운 귀족 여성'이 되었지요. 이런 배경을 알고 나면 그녀의 재산과 권력을 탐했던 이들이 그녀를 모함하고 음해했던 이유가 쉽게 짐작됩니다. 게다가 바토리 가문은 당시 굉장한 권력을 가진 신교 중에서도 칼뱅파^{::}를 지지했습니다. 자연스레 루터파와 구교의 공격을 동시에 받았지요. 그러고 보면 앞서 그녀가 재판정에 서게 된 계기도 다시 생각해볼 필요가 있습니다. 그녀가 하인을 고문했던 것은 사실이 아니라 그녀를 음해하려던 세력의 거짓말이었을지도 모릅니다. 혹은 그녀가 하인에게 꾸짖는 정도의 행위를 했을 뿐인데, 이를 부풀려 신고한 것일지도 모르고요. 어쩌면 바토리를 둘러싼 '피의 백작 부인' 괴담의 진실은 소문만 무성하고 실체가 없는 이야기들이 엮이고 섞여서 한 여성을 미치광이이자 희대의 잔혹한 살인마로 만들어버린 것이 아닐까요?

문제는 여성을 바라보는 우리의 편견이 바토리가 살던 400여 년 전이나 지금이나 별반 달라지지 않았다는 것입니다. '여자는 아름다워야 한다', '여자는 남자의 보호를 받아야 한다', '여자가 잘나가면 꼴사납다'와 같은 400여 년 전의 시선은 지금도 여전합니다. '여자는 그 정도 돈만 받고 일해도 되지', '여자가 일해서 버는 돈은 반찬값 정도나 되지', '남성 관리자 말을 잘 들어야지', '여자는 감정적이고 지능이 부족해서 선거에 참여할 수 없어'. 〈세계인권선언〉 제2조에는 '모든 사람은 인종, 피부색, 성, 언어, 종교, 정치적 또는 기타의 견해, 민족적 또는 사회적 출신, 재산, 출생 또는 기타의 신분과 같은 어떠한 종류의 차별이 없이, 이 선언에 규정된 모든 권리와 자유를 향유할 자격이 있다'라고 명시되어 있습니다. 이제 '여자는 ~해야 한다'라는 시선을 거두어들일 때도 되지 않았을까요? 지금도 어딘가에서 여성에 대한 잘못된 편견으로 인해 또 한 명의 무고한 여성이 바토리처럼 죽임을 당하고 있을지도 모를 일이니까요.

마녀사냥[1]

유럽에서 마녀사냥이 자행되었던 시기는 정확히 알 수 없습니다. 사료를 바탕으로 짐작건대 대략 15세기부터 시작되어 18세기까지 이어졌으며, 16~17세기에 가장 활발했던 것으로 알려졌지요. 마녀사냥은 인권유린적인 역사의 한 단면이라 할 수 있습니다. 아이러니하게도 마녀사냥이 가장 활발했던 시기는 종교개혁 이후였습니다. 신교 국가들과 가톨릭 국가들 사이에서 다툼이 일어나던 가운데 다른 종파의 여성들을 대상으로 마녀사냥이 단행되었습니다. 이러한 마녀사냥을 통해 해당 종파는 결속을 다졌습니다. 또한, 신도들이 다른 종파로 넘어가는 것을 이단으로 규정하면서 교화의 기능도 담당했습니다. 당시 주로 마녀로 몰린 이들은 상대적으로 약자의 위치에 있던 여성이었습니다. 이후 17세기 중반부터 마녀사냥은 서서히 줄어들었다고 합니다. 하지만 잉글랜드 이스트앵글리아 내전 막바지에, 스웨덴의 루터파에 의해 1668~1676년에, 그리고 유명한 사례로서 미국 매사추세츠주 세일럼에 정착한 청교도 공동체에서 1692년까지 마녀사냥이 발생했습니다.

성차별

성별을 이유로 한 차별로 특정 성(性)을 우대, 배제, 구별하거나 불리하게 대우하는 것을 가리킵니다. 여기서 성별의 의미는 생물학적 차원(sex)뿐만 아니라 사회문화적 차원(gender)으로도 이해되어야 합니다. 성별과 관련한 차별이라는 설명에는 남성 혹은 여성이라는 이유로, 남성과 여성이 다르다는 이유로, 성별 이분법에 속하지 않는다는 이유로 우대, 배제, 구별하거나 불리하게 대우한다는 의미가 담겨 있습니다.

누 구 를
위 한
코 르 셋 인 가

이 그림은 이탈리아 화가 피에트로 롱기(Pietro Longhi, 1702~1785)
의 작품입니다. 여러분은 지금 이 장면이 어떤 상황인 것 같은가
요? 그림 한가운데에 있는 여성이 잠들었다고 보기에는 침대에 누
운 상태가 아닙니다. 그 대신 세 명의 여성들에게 부축을 받고 있습
니다. 이 여성에게 무슨 일이 일어난 것일까요?

　그림을 조금 더 자세히 살펴보면 새로운 장면이 눈에 들어옵니
다. 실신한 여성의 드레스가 풀어헤쳐진 모습입니다. 왼쪽 구석에
는 즐기다 만 카드들이 흩어져 있고, 넘어진 탁자는 당시 현장의 긴
박함을 말해줍니다. 벌어진 옷 사이로는 굉장히 단단하게 조여진
듯한 코르셋이 보입니다. 코르셋은 가는 허리를 만들기 위해 허리

실신(The Faint)

피에트로 롱기, 1744년, 캔버스에 유채, 50×61.7cm, 미국 워싱턴 국립미술관

와 배에 둘러서 조이는 보정 속옷입니다. 그림 속 배경은 18세기경 유럽의 상류사회입니다. 여성은 코르셋으로 허리를 너무 졸라맨 나머지 카드놀이 중에 기절을 해버린 것이지요. 사람들로 가득 찬 연회장에서 꽉 조이는 속옷을 입고 꼿꼿이 앉아 오랜 시간 카드놀이를 하거나 혹은 무도회장에서 춤을 춘다고 생각해보세요. 상상만

해도 답답해지는 것 같지 않은가요?

당시 귀족 여성들에게 코르셋 착용은 필수였습니다. 가느다란 허리는 그 시절 아름다움의 기준이었기 때문입니다. 처음에 코르셋은 천으로 만들었습니다. 이후 조이는 힘을 강하게 하려고 점차 다양한 재료를 사용하게 되었는데요. 나중에는 금속 코르셋도 만들어지게 됩니다. 코르셋을 과하게 조이면 호흡곤란이 올 뿐만 아니라 갈비뼈가 부러지기도 했습니다. 부러진 갈비뼈나 코르셋 소재인 철사가 장기를 찔러 사고가 나기도 했지요. 아름다움을 위해 죽음에 이르는 상황까지 생겼던 것입니다.

그뿐만이 아니었습니다. 당시에는 창백할 정도로 흰 피부를 만들기 위해 수은이나 납 성분이 들어간 화장품도 유행이었다고 합니다. 이런 화장품을 반복적으로 사용하다 보면 당연히 중독으로 이어지고 피부 조직도 점차 괴사할 수밖에 없습니다. 목숨을 잃게 되는 것은 말할 것도 없었지요. 실제로 영국 엘리자베스 1세 여왕의 사망 원인을 납 중독으로 인한 부작용으로 보는 사람들도 있습니다.

이렇게 목숨을 걸고 아름다움을 추구하는 것은 비단 서구만의 문제가 아니었습니다. 비슷한 시기 중국에서는 전족(纏足)이라는 문화가 있었습니다. 중국 송나라 때부터 시작된 것으로 추측되는 전족은 여성의 발을 인위적으로 작게 만드는 악습이었습니다. 사춘기가 시작되기 전 여자아이들의 발을 엄지발가락만 제외하고 모두 꺾어 접어버리는 방식으로 행해졌지요. 멀쩡한 뼈를 강제로 부러뜨려

Illus. 5. THE BLIND WOMAN AND HER NEIGHBOR.

전족을 한 중국 여성의 모습 [2]

성장을 막는 것이었으니 얼마나 아팠을지 상상조차 하기 어렵습니다. 심지어 패혈증 같은 부작용으로 사망하는 일도 종종 발생했다고 합니다. 목숨을 잃지 않았다고 해도 오그라들고 작아진 발로는 걸어다니기 힘들었기 때문에 지팡이에 의지해 걸어야만 했습니다.

이쯤에서 여러분에게 한 가지 묻고 싶습니다. 동서양을 막론하고 왜 여성들은 목숨을 잃을지도 모르는 이런 행위를 추구했을까요? 설사 죽지 않는다 하더라도 평생을 고통 속에서 살아야 하는데 말입니다. 어떤 사람은 자기 외모를 너무 꾸미느라 목숨을 생각하지 않았던 여성들이 어리석었다고 말할 것입니다. 또 어떤 사람은 그런 여성들을 선호했던 남성들의 욕망을 비난할 수도 있겠지요.

하지만 이런 악습의 유행을 단순히 개인의 잘못으로 돌릴 수는 없다고 생각합니다. 그보다 더 큰 구조가 문제임을 떠올려야 합니다. 바로 상대적으로 약자였던 여성에게 폭력적이던 사회입니다. 이러한 사회구조 안에서 피해 당사자들은 '날씬해야 한다', '얼굴이 창백할 정도로 하얘야 한다', '발이 작아야 한다'와 같은 사회의 요구를 폭력이라고 인지하지 못합니다. 그저 당연한 것으로 받아들이지요. 또한, 사회가 강요하는 아름다움의 기준을 충족하지 못했을 때는 오히려 '내가 잘못됐다'라고 생각하기도 합니다.

그렇다면 오늘날 우리 사회는 얼마나 달라졌을까요? 저는 그때나 지금이나 여성에게 특정한 아름다움을 강요하는 분위기가 크게 달라진 것 같지 않습니다. 여성 아이돌 그룹 멤버들은 춤과 노래 실력뿐만 아니라 완벽한 몸매와 외모를 요구받습니다. 만일 대중이 이상적으로 생각하는 외적 기준을 벗어나면 '게으르다', '프로답지 않다'라는 비난을 받기도 합니다. 연예인들만 그런 것이 아닙니다. 직장이나 가정에서도 뚱뚱하고 못생긴 여성은 경쟁력이 없는 것으로 여겨지곤 합니다. TV 프로그램에서도 못생기고 뚱뚱한 여성을 비하하는 내용이 개그 소재로 흔히 사용됩니다.

여기서 한 가지 짚고 넘어가야 할 것이 있습니다. 특정한 아름다움을 강요하는 것은 성별의 문제를 넘어선다는 사실입니다. 즉, 남녀의 문제가 아니라 '사회적 약자에게 행해지는 폭력의 한 행태'로 봐야 합니다. 이 문제에서 주로 피해자가 여성이었던 이유는 역사적으로 대부분의 사회에서 여성이 약자였기 때문입니다.

여성들이 고통스럽게 아름다움을 가꾸지 않는 사회가 될 때 비로소 남성과 여성이 평등한 권력관계를 갖게 된다고 할 수 있지 않을까요? 〈세계인권선언〉 제1조는 모든 인간(All Human)이 동등하게 존엄하다고 규정합니다. 여성에게만 혹은 남성에게만 강요되는 기준이 이 사회에서 사라졌으면 좋겠습니다. 여성의 다이어트를 바라보는 사회의 시선이 타자에게 잘 보이기 위한 행위가 아닌 자기 몸을 사랑하는 행위에 머무를 수 있기를 바랍니다. 그런 사회야말로 모든 사람의 몸이 평등해지는 사회가 아닐까요?

전족[3]

전족은 어린 여성의 발을 인위적으로 부러뜨리거나 천으로 동여매어 성장을 멈추게 하는 풍습입니다. 11세기 중국 송나라 때 시작되어 명·청 시대까지 유행했습니다. 중국에서는 발이 작은 여성을 아름답다고 생각했기 때문입니다. '작은 발 한 쌍을 가지려면 한 항아리의 눈물을 쏟아야 한다'라는 말이 있을 만큼 전족에 따른 고통은 컸습니다. 가장 이상적인 발의 크기는 10cm 정도라고 생각해서 아주 어릴 때 전족이 이루어졌는데, 작은 발로 평생을 살아야 하는 여성들은 제대로 걷지 못하고 새처럼 종종대며 걸어야 했습니다. 그러다 보니 등뼈가 튀어나오고 지팡이에 의존해 살아가기도 했습니다. 그런데 이런 모습을 한 여성이어야만 인기가 있었고 전족을 하지 않은 여성들은 결혼조차 하기 힘들었다고 합니다. 결국 청나라 때 전족 금지령이 내려지기도 했지만 이 악습은 쉽게 사라지지 않고 20세기 초까지 이어졌습니다. 만약 여성을 동등한 인격체로 여겼다면 전통이라는 이름으로 이렇게 잔인한 풍습을 강요하지 않았겠지요.

여성 폭력

'여성에 대한 폭력(Violence Against Women, VAW)'은 1993년 유엔총회에서 만장일치로 채택된 〈유엔 여성 폭력 철폐 선언〉(UN Declaration on the Elimination of Violence Against Women, DEVAW)에서 제시된 개념으로 '젠더에 기반한 폭력 내지 그러한 행위를 하겠다는 협박, 강제, 임의적인 자유의 박탈로서, 그로 인해 공사 모든 영역에서 여성에게 신체적, 성적, 심리적 침해나 괴로움을 주거나 줄 수 있는 행위'를 가리킵니다.

사회적 약자

사회적 약자는 사회적으로 소수인 그룹을 뜻합니다. 여기서 소수란 단순히 그 숫자의 많고 적음이라기보다 상대적인 개념으로 보는 것이 맞습니다. 그러므로 시대와 문화에 따라 사회적 약자의 계층이 달라지기도 합니다. 예를 들면 남아프리카 사회는 흑인의 숫자가 절대적으로 많지만 백인들의 권력이 강한 나라였습니다. 이런 경우, 숫자의 적음이 아닌 권력의 적음으로 사회적 약자를 규정할 수 있습니다.

·3·

죽을 때도
여자다워야
하   는

우리나라 사극의 장희빈처럼 영국에서도 시대극을 제작하면 단골처럼 등장하는 역사 속 여성들이 있습니다. 다음에 나오는 그림의 주인공인 제인 그레이(Jane Grey, 1536~1554)도 그중 한 명입니다. 제인 그레이는 '9일의 여왕'이라는 호칭으로 더 유명합니다. 여왕으로 즉위한 지 9일 만에 폐위되어서 반역죄로 처형되었기 때문입니다. 역사적 사건을 주제로 그림을 그렸던 프랑스 화가 폴 들라로슈(Paul Delaroche, 1797~1859)에게 제인 그레이의 극적인 삶은 무척 매혹적이었습니다. 〈레이디 제인 그레이의 처형〉은 들라로슈가 그녀의 최후를 그린 그림입니다.

　제인 그레이는 튜더 왕조의 왕족으로 굉장한 여성 편력과 영

레이디 제인 그레이의 처형(The Execution of Lady Jane Grey)

폴 들라로슈, 1833년, 캔버스에 유채, 246×297cm, 영국 런던 내셔널 갤러리

국 국교회 설립으로 유명한 헨리 8세(Henry Tudor, 1491~1547)의 조카 손녀입니다. 기록에 따르면 그녀는 수학과 신학을 비롯해 어학에도 능통했던 총명한 여성이었습니다. 그러나 신교와 구교가 치열하게 다투던 역사의 소용돌이 속에서 본의 아니게 희생을 당하고

맙니다.

　그녀의 삶을 이야기하려면 그 무렵 영국 상황을 이야기하지 않을 수 없습니다. 당시 왕위에 있던 에드워드 6세는 독실한 신교도였습니다. 에드워드 6세 사후 그의 지지자였던 신교도들은 세력을 유지하기 위해 제인 그레이를 여왕의 자리에 올립니다. 그러나 그녀는 단 9일 만에 헨리 8세와 그의 첫 번째 왕비 캐서린의 딸인 메리 1세(Mary Tudor, 1516~1558)에 의해 폐위되어 런던탑에 갇혔다가 이후 처형됩니다.

　자, 그럼 이제 다시 그림을 살펴봅시다. 이야기를 듣고 나서 보니 그림 속 제인 그레이의 모습이 조금 어색해 보이지는 않나요? 런던탑은 감옥입니다. 빛 하나 없고 벌레나 쥐가 들끓는 곳이라고 역사는 기록합니다. 들라로슈의 그림 속 제인 그레이는 감옥에 갇혀 제대로 먹지도 씻지도 못한 사람의 모습이 아닙니다. 고귀하고 깨끗하기 그지없는 흰 드레스 차림인 데다가 피부는 백옥같이 하얗게 빛납니다. 당시 영국인들은 비운의 운명을 타고난 총명하고 고귀한 신분의 여성은 죽을 때도 순결하고 아름다워야 한다고 생각했던 것은 아닐까요? 그림 속 제인 그레이를 보면 저는 여성들에게 지나친 용모 단정을 요구하는 우리 사회의 모습이 겹쳐집니다.

　제 지인 중에는 외국 항공사 승무원으로 일하는 언니가 있습니다. 날씬하기보다는 건강하고, 예쁜 얼굴이기보다는 자신감이 넘치고 개성 있는 외모를 가진 그녀는 20년간 승무원으로 멋지게 커리어를 이어가는 중입니다. 그녀가 처음부터 외국 항공사에만 입사 지원을 했던 것은 아니었습니다. 국내 항공사에도 지원했지만 외모가 기준에 맞지 않는다는 이유로 모두 탈락했다고 합니다. 하지만 외국 항공사들은 국내 항공사들과는 달리 그녀를 단번에 채용했습니다. 이유는 간단했습니다. 그녀가 훌륭한 어학 실력과 위기 대처 능력 그리고 승무원으로서 필요한 건강한 체격 조건을 두루 갖춘 훌륭한 인재라고 판단했기 때문이었습니다.

외국 항공사와는 달리 승무원의 외모, 옷차림, 여성스러운 서비스 등을 중요시하는 대한민국 항공사에 관한 근래 뉴스는 답답한 내용들뿐입니다. 항공사 오너 일가 중 한 명은 기내 간식 제공 서비스를 문제 삼아 이륙 준비 중이던 비행기를 자가용 후진하듯 회항시켰습니다.✦ 그뿐만 아니라 그러면 안 된다는 승무원에게 반말을 하고 행패도 부렸습니다. 이 사건이 잊힐 만하

✦ 김미영, '조현아 부사장 '사무장 내려라'고 함…대한항공 뉴욕공항 후진 '파문'', 〈한겨레〉, 2014년 12월 8일자 기사 참조.

니 이번에는 또 다른 자매가 협력사 직원을 향해 고성을 질렀다는 뉴스가 보도되었습니다. 심지어 그녀들의 어머니는 회사 내 직위가 없음에도 직원을 종처럼 부리고 심지어 폭행까지 행사했다고도 합니다.

또 다른 항공사 역시 경쟁이라도 하듯 새로운 뉴스를 연신 쏟아냈습니다. 승무원들이 사이비 종교 행사를 방불케 하는 회장님 찬가를 불러야 했고, 출산하고 복직하면 '복직시켜주셔서 감사하

:: 정윤식, '"아시아나 승무원 손가락에 지문이 없다" 놀라운 폭로 또 나와', 〈SBS 뉴스〉, 2018년 7월 10일자 보도 참조.

다'는 손 편지를 써야 했다는 사실이 밝혀졌습니다. 기내식 서비스를 할 때 장갑을 착용하면 승객들이 보기에 좋지 않다는 이유로 뜨거운 음식이 담긴 그릇을 맨손으로 들어야 했다는 폭로도 이어졌습니다.::

승무원은 제한된 공간에서 장시간 동안 다수 승객의 안전과 생명을 책임져야 합니다. 그들의 노동은 높은 전문성이 요구되며 그만큼 그 가치를 인정받아야 합니다. 그러나 대한민국 항공사 오너 일가와 경영진들은 승무원들을 전문 직업인이 아닌, 기업의 부속품 정도로 인식하고 대우하는 것 같습니다. 〈근로기준법〉을 비롯한 다양한 노동 관련 법이 존재함에도 불구하고 이와 같은 잘못된 조직 문화는 법에 의해 보호받을 수 있는 권리를 노동자 스스로 포기하게 만들었습니다. 노동자에게 해고만큼 두려운 것은 없기 때문입니다. 게다가 승무원의 90% 이상이 여성인 점을 감안하면 이들을 전문직 노동자로 대한다기보다는 상품화된 여성으로 취급해왔다고도 여겨집니다. 이런 인식은 비단 항공사 경영진뿐만이 아닙니다. 우리는 흔히 승무원, 특히 여성 승무원을 '하늘을 나는 꽃'이라고 부르곤 합니다. 이 표현은 언뜻 승무원들을 높이 평가하는 말 같지만 그 안에 차별적인 인식이 담겨 있습니다.

항공사 오너 일가와 경영진이 빚은 불미스러운 사건들은 그동안 당연시해온 인권침해와 차별의 현장의 민낯을 우리에게 고스란히 보여주었습니다. 힘겹게 드러난 사태가 또다시 수면 아래로 내려가는 일은 없어야 합니다. 법에 명시된 권리를 포기할 수밖에 없게 만드는 조직 문화는 기업의 사적 영역이라 할지라도 국가권력에 의해서 중단되어야 합니다. 조직 내 '을'들이 얼굴을 가리고 혹은 목숨을 걸고 투쟁해야만 내부의 사건이 밖으로 알려졌다가 얼마 후 다시 잊히는 상황을 반복하지 않아야 합니다. 직무 외의 일들이 당연하게 요구되는 일도 없어야 합니다.

몇 년 전 한 항공사 승무원 노동조합이 국가인권위원회에 진정을 제기했습니다. 승무원에 대한 과도한 외모 및 복장 규제(무조건 치마 착용, 바지와 안경 착용 불허 등)는 차별이라는 내용이었습니다. 이 진정 건에 대해 사측은 이렇게 답변했습니다. '유니폼을 치마로 한정하는 것은 고급스러운 한국의 아름다움을 강조하기 위함이며, 승무원의 용모나 복장은 서비스 품질을 구성하는 중요한 요소이며, 고객 만족을 위한 기본적인 서비스 제공의 일부로 기업 경영 활동으로 보아야 한다.' 더 나아가 '글로벌 경쟁 시대에 회사의 경쟁력 확보를 위한 필수적인 수단'이라고까지 했습니다.

모든 사람은 어떠한 이유로도 차별받지 않아야 합니다. 〈세계 인권선언〉 제23조 중 노동환경에 관한 조항도 남성 혹은 여성이라는 이유로 차별받지 않아야 한다고 말합니다. 대한민국 항공사의 국제 경쟁력은 승무원의 아름다운 용모와 치마 유니폼으로 얻어지지 않습니다. 들라로슈의 그림 속 주인공이었던 제인 그레이가 좀 더 사실적인 모습으로 묘사되었다 하더라도 그녀가 겪었던 비참함과 슬픔이 덜어지지는 않았을 겁니다. 마찬가지로 이 세상의 모든 여성이 어떠한 환경에서 무슨 일을 해내고 있든 간에 '여성의 아름다움'을 강요당하지 않기를 바랍니다. 〈세계인권선언〉에서는 모든 인간은 태어날 때부터 존엄과 권리에 있어 동등하며, 모든 사람은 그 어떠한 조건(여성이라는 혹은 남성이라는)을 이유로 차별받지 않아야 한다고 말하고 있으니까요.

항공사 승무원 복장 규정 국가인권위원회 진정 사건[4]

항공사 여성 승무원의 유니폼으로 치마만 착용하게 하고, 안경 착용을 금지하는 등 용모나 복장과 관련해 합리적인 이유 없이 선택의 기회를 제한하는 것은 차별이라며 민주노총 공공운수사회서비스노동조합이 2012년 국가인권위원회에 진정을 제기한 사건입니다. 국가인권위원회 조사 결과, 해당 항공사뿐만 아니라 국내 다른 항공사들도 여성 승무원의 복장을 특정하여 규정하는 곳이 대부분이었습니다. 헤어스타일 역시 쪽머리 스타일, 포니테일 스타일, 단발머리 등으로 명시하고 있었으며, 안경의 경우도 착용에 제한을 두고 있었습니다.

국가인권위원회는 해당 진정 사건에 대하여 〈국가인권위원회법〉 제2조 제3호에서 '합리적인 이유 없이 성별을 이유로 고용과 관련하여 특정한 사람을 우대, 배제, 구별하거나 불리하게 대우하는 것을 평등권 침해의 차별행위로 규정'하고 있음을 적용해 판단을 내렸습니다. 그 결과, 항공사 여성 승무원의 복장을 치마로 제한하는 것은 비행기 사고 등 비상 상황에 대처해야 하는 승무원의 업무 특성상 합리적인 이유 없이 성별을 그 차별 이유로 명시하고 있는 것으로 보고 바지를 선택해 착용할 수 있도록 해당 항공사에 권고했습니다.

여성의 권리에 대한 선언[5]
서구의 근대 시민혁명 과정에서 인권 개념이 태동하면서 '모든 인간은 자유롭고 평등하다'라고 선언했습니다. 하지만 당시 권리를 가진 주체로서의 인간에 여성은 포함되지 않았습니다. 프랑스의 사상가이자 작가였던 올랭프 드 구즈(Olympe de Gouges, 1748~1793)는 1789년 발표된 〈인간과 시민의 권리 선언〉이 남성 중심적으로 작성되었으며 프랑스 혁명 이후 여성의 상황은 결코 나아지지 않았음을 지적하면서, 1791년 〈여성과 여성 시민의 권리 선언〉을 발표했습니다.

· 4 ·

다시 그리는 소설
《 므 첸 스 크 의
레 이 디 맥 베 스 》

다음에 나오는 그림의 배경이 되는 〈맥베스(Macbeth)〉는 영국의 대문호 윌리엄 셰익스피어(William Shakespeare, 1564~1616)의 4대 비극 중 하나로 인간이 욕망 때문에 서서히 타락하다가 결국 파멸에 이르는 내용을 다룹니다. 줄거리는 대략 이렇습니다. 스코틀랜드의 무장 맥베스와 그의 아내 레이디 맥베스는 맥베스가 왕이 될 수 있다는 마녀의 예언을 듣고 나서 덩컨 왕을 살해한 후 왕위에 오릅니다. 맥베스는 왕위를 차지하고도 또 다른 예언들에 휘둘려 주변인들을 몰살합니다. 결말에서 레이디 맥베스는 미치광이가 되어 죽고 맥베스는 반란군 맥더프에 의해 죽임을 당합니다.

　셰익스피어의 여느 작품들처럼 〈맥베스〉에 영감을 받아 수

레이디 맥베스를 연기하는 엘렌 테리
(Ellen Terry as Lady Macbeth)

존 싱어 사전트, 1889년, 캔버스에 유채, 221×114cm,
영국 런던 테이트 브리튼

많은 예술 작품이 만들어집니다. 저는 그중에서도 존 싱어 사전트 (John Singer Sargent, 1856~1925)가 그린, 레이디 맥베스 그림에 유독 관심이 갔습니다. 남성인 맥베스가 아니라 그의 부인이 그림의 주인공이었기 때문입니다. 또한, 사전트가 성소수자였다는 사실도 이 그림에 주목하게 만들었습니다. 전통적인 여성 초상화의 표현 방식에서 벗어난 이 그림에서 레이디 맥베스의 표정은 굉장히 당당합니다. 스스로에게 왕관을 씌우는 모습은 마치 프랑스 혁명전쟁 이후 쿠데타를 일으켜 황제의 자리에 오른 나폴레옹 같기도 합니다. 레이디 맥베스의 이런 모습은 셰익스피어의 원작뿐만 아니라 그림의 실제 주인공인 엘렌 테리(Ellen Terry, 1847~1928)가 주연했던 연극에도 없었습니다. 사전트가 창의적으로 만들어낸 장면이지요. 화가는 이 그림을 통해 주체로서 당당한 여성의 모습을 표현하고자 했던 것 같습니다.

사전트의 레이디 맥베스 그림을 보고 난 후 저는 레이디 맥베스의 관점에서 〈맥베스〉를 해석한 작품들에 관심이 생겼습니다. 그렇게 접했던 작품들 중 사전트의 그림 속 레이디 맥베스가 살아 숨 쉬는 듯한 영화를 만나게 되었습니다. 바로 〈레이디 맥베스〉(윌리엄 올드로이드, 2017)입니다. 19세기 말에서 20세기 초반 즈음을 시대적 배경으로 하는 이 영화의 주인공은 열일곱 살 소녀 캐서린입니다. 캐서린은 나이 많은 지주에게 팔려가듯 결혼을 하게 되고 이후 집에 감금되다시피 합니다.

하지만 어리고 당찬 캐서린은 남편과 시아버지가 집을 비운 사이 세바스찬이라는 하인과 사랑에 빠집니다. 그 사랑을 지키기 위해 캐서린은 시아버지와 남편을 살해합니다. 그뿐만 아니라 남편의 숨겨진 아이와 그 아이의 보모까지도 죽이게 됩니다. 그녀의 욕망은 셰익스피어의 작품 속 맥베스처럼 끊임없는 살인을 자행하게 만듭니다. 이제 남은 것은 파멸하는 결말입니다. 이후 캐서린의 범행이 밝혀지려고 하자 겁에 질린 세바스찬이 자백합니다. 그 순간 캐서린은 기지를 발휘해 목격자인 하녀 안나와 세바스찬을 범인으로 모함해 죽게 만듭니다. 사랑했던 이마저 죽음으로 몰고 간 것이지요.

셰익스피어의 〈맥베스〉에서도, 영화 〈레이디 맥베스〉의 원작인 러시아 소설가 니콜라이 레스코프(Nikolai Leskov, 1831~1895)의 소설 《므첸스크의 레이디 맥베스》에서도 맥베스 부인은 보조적 인물에 불과했습니다. 소설 속 레이디 맥베스는 결국 수용소로 끌려가 죽지만, 21세기 영국에서 만들어진 영화에서 레이디 맥베스는 본인의 욕망을 숨기지 않고 끝까지 드러냅니다. 또한, 결말에 이르러 자신의 욕망을 달성해내기까지 합니다. 사람을 죽이면서까지 욕망을 달성하는 이는 성별을 불문하고 좋아하기 어렵습니다. 그러나 여성의 욕망이 오랫동안 억압당해온 역사를 떠올리면 생각이 조금 달라지기도 합니다. 자신이 원하는 바를 이루기 위해 주체적이고 능동적으로 행동하는 여성의 모습에서 일종의 카타르시스가 느껴지기도 하니까요.

역사 속에서 여성들의 권리는 이처럼 목숨을 걸고 투쟁하며 쟁취한 것들이 많습니다. 여성의 참정권도 그중 하나였습니다. 이때 참정권이 여성에게 부여되었다는 표현을 많이 합니다. '여성은 이성적인 판단이 어려우며 지능이 낮기 때문'이라는 정치인들의 사고 덕에 보수 정당에서 여성에게 참정권을 부여한 경우입니다. 참정권을 준다고 해도 '여성은 남성에게 순종적이므로' 남성의 선택을 따를 것이라고 생각했던 것이지요.

여성이 법 앞에 재판받을 수 있는 권리 역시 그냥 주어지지 않았습니다. 유럽의 한 국가에서 여성이 남편의 폭력을 견디다 못해 남편을 살해했습니다. 워낙 치밀하게 계획된 살인이다 보니 범인을 잡지 못한 채 수사가 종결되려던 찰나, 진범이었던 여성이 자백합니다. 하지만 놀랍게도 재판정에서는 이 여성에게 무죄를 선고합니다. '여성이 저질렀다고 보기에는 너무 고차원적이고 지능적인 범죄'였다는 이유였습니다.

인권 취약 계층이라는 용어가 있습니다. 우리가 살아가는 사회에서 상대적으로 보장받는 권리가 약한 계층들입니다. 어떤 사람들은 요즘 세상이 얼마나 살기 좋아졌냐며 더 이상 여성들은 인권 취약 계층이 아니라고 합니다. 여성을 우대하느라고 남성들이 역차별 당한다고도 말합니다. 세계 인권 역사의 가장 중요한 사건 중 하나이자 모든 사람의 평등을 외쳤던 1789년 프랑스 대혁명에서도 여성은 배제되었습니다. 여성의 권리가 '모든 사람'이라는 명칭 아래 동등하다고 처음 명시된 것은 1948년 〈세계인권선언〉에서였으며, 여성만을 특정하여 국제 협약이 만들어진 것은 그로부터 약 30년 뒤인 1979년이었습니다.

여성에 대한 특별한 법과 제도가 여전히 만들어지는 것은 아직도 여성의 권리가 제대로 인정받고 있지 못하다는 반증이 아닐까요? 세상의 반인 여성이 세상에서 권력의 반을 차지할 수 없다는 것은 모순 같습니다. 성별이 아닌 능력과 노력이 기준이 되는 사회는 언제쯤 올까요? 당당하게 왕관을 머리 위에 얹는 레이디 맥베스의 모습이 전혀 낯설지 않은 그런 세상 말입니다.

여성 참정권의 역사

여성 참정권 운동은 17~18세기 시민혁명을 계기로 일반 시민들이 참정권을 획득하기 시작하면서부터 함께 전개되었습니다. 특히 올랭프 드 구주가 프랑스 혁명 이후에도 여성의 권리는 나아진 것이 없다며 1791년 〈여성과 여성 시민의 권리 선언〉을 발표한 것을 계기로 전 세계에 여성 참정권 운동이 퍼져나갑니다. 각 국가별로 여성이 참정권을 획득한 시기는 차이가 납니다. 여성이 참정권을 얻기까지 대개 쉽지 않은 과정을 거쳤는데 21세기 들어서야 대부분의 국가에서 여성의 참정권을 인정합니다. 즉, 여성이 참정권을 갖게된 지는 100년이 채 되지 않았다는 의미입니다.

주요 국가별 여성의 보통선거권 획득 시기

국가	뉴질랜드	호주	영국	미국
연도	1894년	1902년	1928년	1920년 (미시시피주는 1984년)
국가	터키	대한민국	일본	사우디아라비아
연도	1930년	1919년 (임시정부 시절)	1946년	2015년

참정권(정치적 권리)

〈국제인권규범〉은 인권의 보장, 보호, 존중이 계속적으로 실현되어 나아가야 할 과제임을 인식하고 그러한 기초로써 인권이 보호되는 국내적, 국제적 질서에 대한 권리와 의무를 천명하고 있습니다. 〈세계인권선언〉 제28조에는 '모든 사람은 이 선언에 규정된 권리와 자유가 완전히 실현될 수 있도록 사회적, 국제적 질서에 대한 권리를 가진다'라고 명시되어 있습니다.

또한, 제29조 제1항에는 '모든 사람은 그 안에서만 자신의 인격이 자유롭고 완전하게 발전할 수 있는 공동체에 대하여 의무를 가진다'라고 의무 조항이 규정되어 있습니다. 이에 따르면 여성도 성별에 관계없이 정치적으로 의사를 표현하고 정치적 행위에 참여할 수 있는 마땅한 권리가 있는 것입니다.

· 5 ·

성 냥 팔 이
소 녀 의
죽 음

다음에 나오는 그림은 네덜란드 화가 플로리스 아른트제니우스
(Floris Arntzenius, 1864~1925)가 거리의 성냥팔이 소녀를 그린 것
입니다. 소녀는 매우 지치고 힘들어 보입니다. 때 묻은 옷을 입고
목발을 짚은 소녀는 추위 때문인지 배고픔 때문인지는 모르겠지만
잔뜩 찌푸린 채 턱을 몸 안으로 깊숙이 파묻었습니다. 목에는 몇 개
남지 않은 성냥통이 든 바구니를 걸고 있습니다. 우리가 동화 속에
서 보던 예쁘장하고 가녀린 성냥팔이 소녀의 모습과는 사뭇 다르지
요. 19세기 전후에 그려진 삽화들 중에는 성냥팔이 소녀를 소재로
한 것이 꽤 많습니다. 그중에서도 이 작품이 가장 사실적으로 성냥
팔이 소녀를 그렸다는 생각이 듭니다.

성냥팔이 소녀(Lucifermeisje)

플로리스 아른트제니우스, 연도 미상,
캔버스에 유채, 네덜란드 헤이그 역사박물관

'성냥팔이 소녀'를 소재로 한 작품 중 가장 유명한 것은 덴마크 작가 한스 크리스티앙 안데르센(Hans Christian Andersen, 1805~1875)의 동화 《성냥팔이 소녀》입니다. 성냥팔이 소녀는 추운 겨울날임에도 집에 들어가지 못합니다. 가난한 소녀의 집에는 폭력을 행사하는 주정뱅이 아버지가 기다리고 있었으니까요. 이윽고 꽁꽁 언 손을 녹이기 위해 소녀는 성냥 하나를 켭니다. 성냥을 하나씩 켤 때마다 환상이 시작됩니다. 난로가 등장해서 방을 따뜻하게 해주고, 맛있는 음식이 가득 차려지고, 방 안에 화려한 크리스마스트리까지 나타납니다. 환상 속에서 소녀는 다정했던 할머니를 만납니다. 이 환상 속에 계속 머무르고 싶었던 소녀는 성냥을 모두 써버리고 맙니다. 다음 날 소녀는 미소를 머금은 얼굴로 차가운 겨울 거리에서 죽은 채로 발견됩니다.

　이 이야기 속에는 지독히도 잔혹했던 당시 유럽의 슬픈 사회상이 담겨 있습니다. 그 무렵 유럽은 산업혁명의 결과로 인구가 증가하고 도시화가 급속도로 진행되는 중이었습니다. 그 결과, 유럽 도시들에서는 극심한 빈부 격차가 발생합니다. 당시 대부분의 국가들은 산업화로 증가된 자본의 달콤한 맛에 중독되어 있었습니다. 경제성장을 통해 부를 축적한 자본가 계급이 국가에 납부하는 어마어마한 세금과 식민지에서 끊임없이 유입되는 막대한 자본이 그 달콤한 열매였습니다. 그 무렵 경제학자 애덤 스미스(Adam Smith, 1723~1790)[*]는 자유주의적 국가정책을 뒷받침해주는 이론을 제공

:: 애덤 스미스
자본주의와 자유무역에 대한 이론의 기초를 제공한 《국부론》의 저자. 《국부론》에서 그는 정부가 민간의 경제생활에 간섭해서는 안 된다고 주장했다. 각 개인이 자신의 이익을 추구하도록 내버려두면, '보이지 않는 손'이 작용하여 결과적으로 사회 전체의 부를 확대한다는 것이 그가 주장한 이론의 핵심이다.

함으로써 경제활동의 자유를 허용해야 한다는 사회 분위기 조성에 일조합니다.

그림 속 성냥팔이 소녀가 일하던 공장도 이와 같은 국가정책 기조에 힘입어 아동 노동을 적극 활용해 밤낮없이 성냥을 생산해냈을 것입니다. 당시에는 하루 16~18시간씩 아동 노동이 이루어져도 규제할 수 있는 법이 없었습니다. 당시 사회의 전반적인 노동조건은 열악했습니다. 특히 어른들보다 아이들, 아이들 중에서도 여자아이들의 노동환경과 처우는 더욱 나빴습니다. 이 아이들의 권리 보호를 위해 항의하는 어른이 없었기 때문입니다. 도시로 모여든 농민들은 가난했고, 어른들뿐만 아니라 아이들까지도 극심한 노동을 해야만 겨우 먹고살 수 있는 상황이었으니까요.

아동 노동환경과 관련해 심각했던 문제는 열악한 처우뿐만이 아니었습니다. 여자아이의 작은 손으로 이루어지는 정교한 작업이 필요했던 성냥 공장의 노동환경은 목숨을 잃을 만큼 위험했습니다. 당시 공장에서는 성냥을 만들 때 백린이라는 물질을 사용했습니다. 백린은 폭탄 제조에 사용되는 재료입니다. 백린 폭탄은 그로 인한 후유증이 심각해 제네바협약에서 사용을 금지했을 정도입니다. 당시 성냥 공장에서 일하던 소녀들은 안전 장비 없이 맨손으로 백린을 다루었습니다. 백린은 피부 접촉뿐만 아니라 호흡기를 통해 독성이 체내에 흡수됩니다. 안데르센의 동화 속에서 성냥팔이 소녀가 환상을 보는 장면 역시 백린 중독으로 인한 환각 증세를 묘사한 장면이라고 볼 수 있습니다. 백린에 중독되면 턱뼈가 괴사하기도 합니다. 플로리스 아른트제니우스의 그림 속에서 소녀가 잔뜩 웅크린 채 턱을 숨기고 있는 모습은 백린 중독으로 인해 뭉그러진 턱을 감추기 위한 자세라고도 유추가 가능합니다.

이렇게 공장에서 일하던 소녀들이 백린에 중독되어 병들면 공장주들은 그들을 쫓아냈습니다. 더 이상 노동 자원으로 활용할 가치가 없다고 여기고 요즘 말로 하면 강제 해고를 한 셈입니다. 치료나 보상 따위는 생각조차 하지 않았던 것이지요. 다만 내쫓을 때 임금을 주는 대신 성냥을 한 줌 쥐어주기도 했습니다. 안데르센의 이야기 속에 나오는 성냥팔이 소녀도, 플로리스 아른트제니우스의 그림 속에 나오는 성냥팔이 소녀도 더 이상 일을 할 수 없는 몸이 되어 한 줌의 성냥을 받아들고 공장 밖으로 내쳐진 아이들이었을 것입니다.

산업혁명 이후 노동자들의 열악한 상황이 사회문제로 떠오르자 노동조건을 개선하고자 하는 노력들이 꾸준히 이어졌습니다. 혁명의 나라였던 프랑스에서는 1864년 나폴레옹이 파업권을 보장합니다. 산업혁명의 나라였던 영국에서는 공장법, 노동조합법 등이 제정되고 선거법이 개정되면서 점차 노동자들의 지위가 향상되고 노동권도 발전해나갔습니다. 하지만 그런 와중에도 아동 노동의 상황을 개선하기 위한 적극적인 노력은 제대로 이루어지지 않았습니다. 여전히 아동들은 숙련된 성인에 비해 저렴한 임금으로 고용할 수 있었기 때문에 매일 14~16시간씩 노동했고, 교육은 전혀 받지 못하는 상황이 이어졌습니다. 아동을 존엄한 인간이 아닌, 관리와 통제가 쉽고 값싸게 부려도 문제가 되지 않는 대상물로 취급했던 인식 때문입니다. 보호자 역할을 수행해야 하는 부모마저도 아동을 소유물 정도로 인식했기 때문에 바깥에서 그런 취급을 받아도 크게 문제 삼지 않았던 것이지요.

아동 노동에 대한 인식의 변화는 20세기를 전후해 생겨나기 시작했습니다. 이제 대부분의 국가가 아동 노동을 금지하고 있습니다. 국제노동기구(ILO)는 만 13세 미만 어린이의 노동, 어린이의 안전을 위협하는 노동을 금지하고 있습니다. 〈유엔아동권리협약〉 제32조는 '모든 아동은 경제적으로 착취당해서는 안 되며, 건강과 발달을 위협하고 교육에 지장을 주는 유해한 노동으로부터 보호받아야 한다'라고 명시하고 있습니다. 하지만 여전히 세계 곳곳에는 강제 노동의 현장으로 내몰린 아동들이 존재합니다. 파키스탄의 카펫 공장, 방글라데시의 축구공 공장 등에서는 여전히 아동 노동으로 제품이 생산됩니다. 코트디부아르에서는 1만 5,000명의 어린이들이 카카오 농장에 노예로 팔려 가 하루 10시간 이상 일합니다. 이라크에서는 아동들이 지뢰가 깔린 지대에서 고철을 주워 생계를 유지해나가는 것이 현실입니다.

아동은 단순히 나이가 어리다는 이유만으로 함부로 다뤄져야 할 존재가 아닙니다. 아동 노동이 금지되어야 하는 이유는 아동이 성인으로 성장하기 위해 적절한 나이에 적절한 양육과 보호를 받아 존엄하게 생존할 권리가 있기 때문입니다. 이에 유엔은 1989년 11월 20일 아동의 존엄한 권리들을 보장할 것을 명시한 〈아동의 권리에 관한 협약(United Nations Convention on the Rights of the Child, UNCRC)〉(줄여서 〈유엔아동권리협약〉)을 제정해 선포했습니다. 현재 전 세계 국가들이 이 협약에 비준하고 그 약속을 지키기 위해 노력하고 있습니다. 윤리적인 경영을 지향하는 글로벌 대기업들 역시 아동 노동과 관련한 보호 장치가 잘 마련되어 있지 않은 국가와 비즈니스 계약을 맺어야 할 때 계약 조건에 아동 노동을 철저히 금지하는 내용을 명시하기도 합니다.

얼마 전 아동 인권과 관련한 토론회에서 아동의 교육받을 권리, 존엄할 권리를 위해서 부모와 학교가 아동의 권리를 함부로 침해해서는 안 되고 최대한 아동의 의견을 존중해야 한다는 이야기가 나왔습니다. 그 자리에서 일부 학부모들이 항의하면서 이렇게 말했습니다.

"내가 내 자식을 교육하고 훈계할 권리가 왜 없어요? 부모인데!"

이에 대한 한 전문가의 대답은 이러했습니다.

"부모는 아동의 천부적인 인권을 가질 권리가 없습니다. 아동의 권리를 최대한 보장해야 하는 책임과 의무가 있습니다. 아동은 부모의 소유물이 아닌 또 하나의 존엄한 대상입니다."

아동이 나이가 어리고 미성숙한 존재라고 바라보는 우리의 시선을 거두어들여야 하는 이유는 아동이 어른과 마찬가지로 고귀한 존엄을 가진 사람이기 때문입니다.

아동의 권리

아동은 일반적으로 청소년기 이전의 어린아이를 뜻하는 말입니다. 그러나 〈유엔아동권리협약〉 제1조에 명시된, '보호받을 권리를 가진 아동'은 법에 의한 특별한 예외가 없는 한 만 18세 미만의 모든 사람을 뜻합니다. 아동이 부모의 소유물이나 종족 유지 및 국가 방위를 위한 수단으로 간주되었던 시대에는 아동의 권리가 존재할 수 없었습니다. 20세기에 들어서도 아동을 보호의 객체로 보는 것이 주된 인식이었습니다. 아동을 생존, 보호, 발달, 참여의 적극적인 권리 주체로 인식하기 시작한 역사는 그리 오래되지 않았습니다.

살색 크레파스 진정 사건

국가인권위원회 출범 바로 다음 날인 2001년 11월 26일 가나 국적의 커피딕슨(Coffiedickson)을 비롯한 외국인 4명과 김해성 목사(당시 성남외국인노동자의집 대표)는 기술표준원장과 크레파스 제조업체 3곳을 상대로 국가인권위원회에 진정을 제기했습니다. '살색'이라는 색명 자체가 곧 '피부색'이라는 인식을 전달하며 황인종과 피부색이 다른 사람들에 대한 차별을 조장한다는 이유에서였습니다.

국가인권위원회는 1967년부터 사용한 이 명칭에 대하여 시정을 권고하기로 했습니다. 주무관청인 기술표준원은 '연주황'을 국가 표준으로 정하게 됩니다. 문제는 2004년 한 번 더 발생합니다. 어린이 6명이 다시 이 색깔을 이유로 국가인권위원회에 찾아옵니다. 크레파스와 물감은 주로 어린이들이 사용하는데 '연주황'이라는 색의 명칭이 한자어 표기여서 어렵다는 것입니다. 쉬운 표현으로 바꿔야 한다는 주장이었지요. 결국 기술표준원은 2005년 '살구색'으로 개정 고시하게 됩니다. 유일하게 색의 이름이 두 번이나 바뀌게 된 사건입니다. 이는 대한민국 국민뿐 아니라 외국인, 어린이도 국가인권위원회에 진정을 제기할 권리가 있음을 명백히 보여준 사건이기도 합니다.

・6・

유 리
천 장 을
깨 뜨 려 라

다음에 나오는 그림은 제가 좋아하는 프랑스 화가 오노레 도미에 (Honoré Daumier, 1808~1879)의 '블루스타킹'이라는 제목의 풍자 만화입니다. 그는 19세기에 발간되었던 프랑스 풍자신문인 〈르 샤리바리(Le Charivari)〉에 꾸준히 만화를 기고했습니다. 〈블루스타 킹〉은 거기에 실었던 작품들 중 하나입니다. 오노레 도미에를 좋아 하는 이유는 서민의 삶을 사실적으로 그려냈고, 돈과 권력을 가진 자들을 거침없이 풍자했기 때문입니다. 하지만 이 그림을 보고 나 서 오노레 도미에도 여성에 대한 관점에는 한계가 있었음을 실감했 습니다.

18세기 문학 사교 모임으로 여성들로만 구성된 클럽을 '블루스

블루스타킹(Les Bas-Bleus)

오노레 도미에, 1844년, 석판화, 16×13cm, 미국 워싱턴 D. C. 의회 도서관

타킹'이라고 불렀습니다. 여성들이 모여 지식을 논하는 것을 못마땅하게 여긴 사람들은 이들에 대한 조롱을 일삼았습니다. 도미에는 이 풍자만화에 '블루스타킹'이라는 제목을 붙이고, 집안일은 전혀 돌보지 않고 글쓰기에 몰두한 여성을 그렸습니다. 그림 속 여성이 글쓰기에 얼마나 집중했는지 집 안은 엉망이 된 상태입니다. 심지어 왼편의 빨래 바구니에는 여성의 아이인 듯 보이는 인물이 거꾸로 처박혀 있기까지 합니다. 그는 이 그림을 통해 똑똑한 여성, 집안일 외의 활동에 참여하려는 여성을 풍자했습니다.

우리로 치면 '암탉이 울면 집안이 망한다' 정도의 사고를 한 것 같습니다. 도미에는 왕을 대놓고 풍자한 그림으로 6개월간 실형을 살았을 정도로 전복적인 인물이었지만 그 역시 여성에 대한 편견에서는 자유롭지 못했던 것 같습니다.※ 반면, 여성들이 남긴 그림 속 여성들은 남성 작가들이 그린 여성의 모습과 사뭇 다릅니다.

※ 오노레 도미에는 19세기 프랑스 사회의 위선과 부조리를 풍자하는 석판화를 주로 제작했다. 가령, 당시 프랑스 국왕이었던 루이 필리프 1세를 백성들이 낸 세금을 게걸스럽게 먹어치우는 거대한 대식가로 묘사하는 식이었다. 그는 국왕이 배설한 쓰레기를 놓고서 정치인들이 그 앞에서 싸우고 있는 장면을 그린 풍자만화로 파리 생 펠라지 교도소에 수감되기도 했다.

다음에 나오는 그림은 이탈리아의 바로크 화가 아르테미시아 젠틸레스키(Artemisia Gentileschi, 1593~1656)가 그린 작품입니다. 그림에서 가장 오른쪽에 위치한 여성은 무심하면서도 강인한 표정으로 남성의 목을 칼로 잘라내고 있습니다. 그 옆의 하녀로 보이는 여성은 당연하다는 표정으로 오른쪽 여성을 돕는 중입니다. 이 그

홀로페르네스의 목을 베는 유디트(Giuditta che decapita Oloferne)

아르테미시아 젠틸레스키, 1620년경, 캔버스에 유채, 146×108cm,
이탈리아 피렌체 우피치 미술관

림은 여성 화가인 젠틸레스키가 구약성서 외경인 〈유딧기〉에 등장하는 유디트라는 여성의 이야기를 그린 작품입니다. 미모의 유대인 과부였던 유디트는 조국 땅에 쳐들어온 적장 홀로페르네스가 과음후 곯아떨어진 틈을 타 그의 목을 베어버리고 나라를 구합니다.

이 그림이 지금까지도 유명한 이유는 젠틸레스키가 겪었던 현실이 반영된 그림이기 때문입니다. 젠틸레스키는 화가를 꿈꿨지만 여성이라는 이유로 정규 미술 학교에서 수업을 받을 수 없었습니다. 어쩔 수 없이 그녀는 화가였던 아버지의 도움으로 열일곱 살 때부터 개인 교사로부터 미술 지도를 받게 됩니다. 그런데 이 개인 교사는 젠틸레스키에게 요즘으로 치면 가스라이팅(gaslighting)※과 성폭행을 저지릅니다.

젠틸레스키는 이 사실을 세상에 폭로하지만, 재판 결과는 남성의 편이었습니다. 가해자는 끊임없이 젠틸레스키가 부정한 여성이라고 말하며 자신의 무죄를 주장했습니다. 가해자의 범죄를 피해자인 젠틸레스키가 증명해야 하는 상황에 이르자 젠틸레스키는 자신의 피해를 증명하고자 고문을 자처합니다. 당시 재판 과정에서는 지속적인 고문을 당해도 일관된 진술을 한다면 사실로 인정해주는 관습이 있

※ **가스라이팅**
심리나 상황 등을 조작하여 당사자로 하여금 현실감과 판단력을 흐리게 만들어 심리적으로 지배하는 것을 의미한다. '가스등 효과'라고 부르기도 한다. 심리학 용어로 먼저 만들어진 것이 아니라 이러한 현상을 연구하던 학자가 〈가스등〉이라는 연극에서 여성 주인공이 남성의 통제에 의해 점점 무기력해지는 모습을 보고 본인의 연구 결과물에 연극의 제목을 붙여 발표함으로써 이후 이와 같은 상황이 '가스라이팅 이펙트(gaslighting effect)'라고 불리기 시작했다.

었기 때문입니다. 손가락을 비틀어대는 고통과 산파를 불러 처녀막 검사를 하는 수치에도 젠틸레스키는 결백을 주장했고 가해자는 끝내 처벌됩니다.

유디트와 홀로페르네스의 이야기는 카라바조, 보티첼리, 클림트 등 유명한 화가들에 의해 다양한 버전으로 그려졌습니다. 그런데 이 주제로 그려진 여러 그림들에서 유디트는 그저 아름답고 수동적인 여성으로만 묘사됩니다. 적장의 목을 베거나 들고 있는 여성도 유디트 자신이 아닌 하녀인 경우가 많습니다. 이에 반해, 젠틸렌스키의 유디트는 현실의 젠틸렌스키가 그랬던 것처럼 매우 적극적인 자세로 보란 듯이 적장의 목을 베고 있습니다.

젠틸레스키는 재판 이후 고향에서 살아갈 수 없을 정도로 사람들에게 2차 가해를 당했지만, 결국 탁월한 화가로 성장합니다. 그녀는 피해자로서의 삶을 스스로 깨부수고 자기만의 삶을 펼쳐낸 강인한 여성이었습니다. 이후 젠틸레스키는 피렌체에서 여성으로는 처음으로 '디자인 아카데미'의 회원이 되기도 합니다. 19세기 남성 화가 오노레 도미에는 여성을 읽고 써서는 안 되는 존재로 신랄하게 풍자했지만, 그보다 200년을 앞서 살았던 여성 화가 젠틸레스키는 당당하게 유리 천장을 깨부수고 자신을 증명했습니다. 그렇다면 오노레 도미에의 그림 이후 200년이 훨씬 지난 지금 여성들의 삶은 어떨까요?

안타깝게도 젠틸레스키가 그토록 힘겹게 깨트린 유리 천장이 아직도 멀쩡히 존재하고 있습니다. 특히 대한민국은 〈이코노미스트〉에 발표된 자료에 의하면 경제협력개발기구(OECD) 회원국 중 무려 11년째 유리 천장 지수 순위에서 꼴찌를 차지하고 있습니다 (2023년 기준).

어떤 이들은 여성의 권리가 신장하는 바람에 남성들이 상대적으로 역차별을 당한다고도 말합니다. 여성의 권리가 이전보다 훨씬 나아졌다는 데는 동의하나 애초에 격차가 심하게 벌어졌었던 터라 성별 격차는 여전히 존재합니다. 역차별을 이야기하는 사람들에게 미국 대법관을 지낸 루스 베이더 긴즈버그(Ruth Bader Ginsburg, 1933~2020)가 던졌던 말을 전하고 싶습니다.

"이상적인 여성 대법관 수를 몇 명이라고 보냐는 질문에 내가 '9명 중 9명'이라고 대답하면 사람들은 놀란다. 하지만 1981년까지 대법관이 모두 남자일 때는 아무도 의문을 제기하지 않았다."

루스 베이더 긴즈버그

미국 연방대법원의 대법관을 지낸 인물로 미국 역사상 두 번째 여성 연방대법원 대법관입니다. 1993년 빌 클린턴 대통령에 의해 임명되었으며 진보적인 성향으로 유명합니다. 긴즈버그는 성(性)을 뜻하는 용어로 생물학적 의미가 강한 '섹스(sex)' 대신 사회적 성의 가치가 녹아든 '젠더(gender)'라는 단어를 처음 사용한 인물이기도 합니다. 양성평등과 소수자의 권리를 지향한 판결, 동일노동 동일임금 지급 판결 등을 이끌어냈으며, 버지니아주가 남성에게만 군사학교 입학을 허락한 것을 두고 평등권 침해라고 판결을 내린 것이 특히 유명합니다. 연방대법원이 보수적 판결을 내릴 때마다 "나는 반대한다(I Dissent)"라고 말하는 것으로 유명했는데, 이 문장은 그녀를 주제로 한 영화의 제목이 되기도 했습니다.

유리 천장

유리 천장(glass ceiling)은 '충분한 능력을 갖춘 사람이 직장 내에서 성차별이나 인종차별 등의 이유로 고위직을 맡지 못하는 상황'을 비유적으로 이르는 용어로 미국의 경제 전문 일간지 〈월스트리트 저널〉에서 처음 언급되었습니다. 형식적으로는 평등하고 동등한 기회를 부여받은 것 같지만, 지위가 높아질수록 보이지 않는 차별에 의해 지위 상승이 어렵고, 직접 부딪히기 전까지는 그 차별의 존재를 잘 알 수 없으며, 힘껏 노력하면 깨질 수도 있다는 의미에서 유리 천장의 비유가 쓰입니다. 대개의 경우 유리 천장 상황에 처하는 대상은 여성으로 표현되지만 인종, 성별 등 유리 천장 상황에 처하게 되는 맥락은 다양합니다. 경제협력개발기구에서는 매년 여성의 날인 3월 8일 회원국의 유리 천장 지수 통계를 발표하는데, 대한민국은 이 통계가 작성되기 시작한 이후 지금까지 단 한 번도 빼놓지 않고 최하위 등수를 기록했습니다.

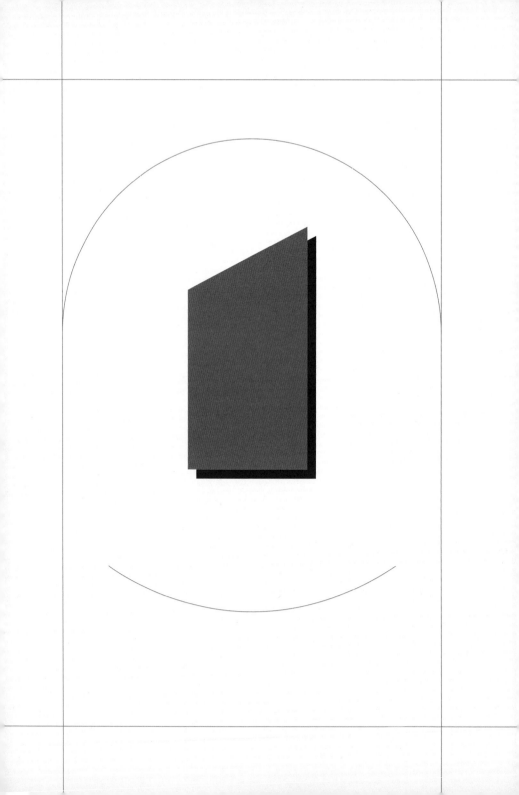

제 2 부

노동

모든 사람은 노동시간의 합리적 제한과 정기적인
유급휴가를 포함하여 휴식과 여가의 권리를 가진다.

− 〈세계인권선언〉 제24조 −

이 그림은 네덜란드를 대표하는 화가 빈센트 반 고흐(Vincent van Gogh, 1853~1890)의 〈정오의 휴식〉이라는 작품입니다. 이 작품은 고흐가 장 프랑수아 밀레(Jean François Millet, 1814~1875)의 그림을 오마주해 그린 것입니다. 밀레는 화려한 귀족들의 삶보다 고단한 농부들의 일생을 사실적으로 그린 것으로 유명한 프랑스 화가입니다. 밀레가 사실주의적인 묘사로 그려낸 작품들도 멋있지만, 고흐의 작품에서는 그만의 독특하고 매력적인 화풍이 느껴집니다.

그림을 자세히 살펴보면 추수가 한창인 어느 가을날이 배경인 듯합니다. 부부로 보이는 두 남녀는 신발을 벗은 채 풍요로운 가을 바람을 맞으며 평화로운 휴식을 취하는 중입니다. 고흐 특유의 붓

정오의 휴식(La Méridienne oú La sieste, 밀레의 작품을 모사)

빈센트 반 고흐, 1889~1890년, 캔버스에 유채, 73×91cm, 프랑스 파리 오르세 미술관

터치 덕분에 바람이 부드럽게 두 주인공을 감싸고 있는 듯 느껴집니다. 바쁜 일손을 멈추고 잠시 숨을 돌리며 낮잠을 자는 것만큼 꿀맛 같은 휴식은 없겠지요?

고흐의 나라인 네덜란드는 전 세계에서 복지와 휴식이 가장 잘 보장된 나라 중 하나인데, 이를 잘 보여주는 재미난 일화를 하나 들려드리고 싶습니다. 네덜란드 암스테르담 인근에서 유학 중이던 한 친구의 이야기입니다. 그가 구독 중이던 지역 일간지에는 지역 소식을 간단히 정리해 알려주는 코너가 있었답니다. 네덜란드어를 처음 배우는 사람들에게 도움이 되는 표현이 많아서 그 친구는 그 코너를 매일 찾아 읽었습니다. 그런데 어느 날 해당 부분이 백지 처리가 된 채로 며칠간 신문이 배달됩니다. 한국인에게 신문 지면이 백지로 나가는 일은 일제강점기나 독재 정권 시대에 이루어진 국가에 의한 검열을 떠올리게 합니다. 친구는 21세기 선진국 네덜란드에서 이게 무슨 일인가 하는 마음에 해당 언론사에 전화를 걸었습니다. 그리고 짧은 네덜란드어 실력으로 그 코너가 며칠째 백지로 나오고 있는 이유를 물어보았다고 합니다. 그러자 이런 대답이 돌아왔습니다.

　　"그는 휴가 중이야."

　　해당 지면을 담당하던 직원이 휴가여서 그 코너를 백지로 냈다는 의미였습니다. '쉬러 가서까지 일을 할 수는 없다'는 논리였습니다. 야근을 밥 먹듯이 하는 대한민국의 노동 현장을 경험한 이들에게는 경이로울 만큼 신선한 충격이었겠지요.

　　이런 관점에서 보면 대한민국 노동자들의 휴식권은 제대로 지켜지지 않는 것 같습니다. 우선 직장인들의 휴가 기간이 약속이라도 한 듯 너무 한데 몰려 있습니다. 보통 7월 말과 8월 초에 몰려 있지요. 대다수의 공기업과 대기업이 그 시기에 집중 휴가제를 시행하기 때문에 협력업체 역시 그 시기에 맞춰 휴가를 갈 수밖에 없습니다. 소위 전문직이라는 변호사나 법무사 등의 경우도 법원 휴정 기간에 맞춰 일제히 휴가를 시행한다고 하니, 직업의 종류를 떠나서 대한민국에서는 휴식 기간의 자유로운 선택이 너무 어려운 일인 것 같습니다.

문제는 또 있습니다. 노동자 한 사람이 휴가를 가면 그가 하던 일이 다른 노동자에게 부담을 주게 되는 구조입니다. 그러다 보니 휴가를 가면서 팀원이나 상사의 눈치를 보는 일이 생깁니다. 다른 사람이 내 일을 대신 할 수 없는 경우라면 휴가 전 미리 야근을 불사하며 업무를 당겨서 처리하고 휴가를 갈 수밖에 없습니다. 무사히 휴가를 떠났다고 해도 끝이 아닙니다. 휴가지에서도 끊임없이 전달되는 메일과 문자 때문에 업무 처리를 해야 하는 상황이 닥치기도 합니다. 문제는 이런 불합리한 상황을 당연하게 생각하는 문화입니다.

대한민국은 전 세계적으로 유명한 장시간 노동 국가입니다. 경제협력개발기구 가입국 가운데 노동시간이 연 1,915시간으로 36개국 중 4위입니다(2021년 기준). 다행히 노동시간이 조금씩 줄어드는 추세이기는 하지만 주 52시간 근무제는 현장에서 아직도 논란 중입니다. 어떤 지도자는 80시간 이상의 노동이 이루어져야 한다고도 이야기합니다. 이처럼 노동시간 문제는 정권이 바뀔 때마다 이슈로 떠오릅니다. 반면, 휴식 시간에 대해서는 적극적으로 논의되지 않습니다. 노동자의 휴식에 대한 사회적 인식은 여전히 야박합니다. 노동시간 단축과 휴식 시간 보장을 주장하는 목소리는 국가 발전을 저해하는 팔자 좋고 생각 없는 투쟁으로까지 치부되곤 합니다. 하지만 안전하게 노동할 수 있는 권리와 온전히 휴식을 누릴 수 있는 권리는 함께 발맞춰 발전해가야 합니다. 통계에 따르면 전 세계를 통틀어 노동시간이 세 번째로 짧았던 노르웨이의 노동생산성은 한국의 두 배 이상입니다. 제대로 된 휴식권의 보장이 노동생산성의 실질적인 향상으로 이어지는 것이지요.

노동할 수 있는 권리를 행사할 수 있다면 휴식할 수 있는 권리도 노동자 스스로 죄책감 없이 주장할 수 있어야 합니다. 그러기 위해서는 국가와 기업 역시 노동자의 휴식권이 제대로 보장될 수 있도록 제도와 인식의 기반을 마련해야 합니다. 〈세계인권선언〉 제24조에도 다음과 같이 휴식할 수 있는 권리가 명시되어 있습니다. '모든 사람은 노동시간의 합리적 제한과 정기적인 유급휴가를 포함하여 휴식과 여가의 권리를 가진다.' 그러나 오늘날 대한민국 현실을 보면 노동자가 온전하게 휴식할 수 있는 권리를 누리기란 어려워 보입니다. 삶이 노동에 예속되지 않는 인생을 대한민국의 모든 국민이 누릴 날은 언제쯤 다가올 수 있을까요?

〈동아일보〉 백지 사태

1974~1975년에 일어난 박정희 정부의 언론 탄압 사건입니다. 당시 〈동아일보〉는 자유 언론의 상징과도 같은 언론사로 박정희 정권을 비판하는 기사를 자주 실었습니다. 이를 불편하게 여긴 박정희의 유신 정권은 중앙정보부(현재의 국가정보원)를 동원하여 광고주들을 압박했습니다. 결국 광고주들은 정권의 압력에 굴복해 〈동아일보〉에 게재를 약속한 광고를 취소하기에 이릅니다. 신문의 해당 지면들은 백지로 나갈 수밖에 없었지요. 이후 여기에 반발한 천주교정의구현전국사제단이나 김영삼이 이끌던 신민당 등이 〈동아일보〉에 언론 탄압 규탄 성명서를 싣고, 언론의 자유를 지키고자 했던 시민들이 응원 광고를 게재하면서 백지 광고면은 서서히 없어졌습니다.

휴식권

대한민국 〈헌법〉에는 '휴식'이라는 단어가 명시되어 있지는 않지만, 대한민국 〈헌법〉 제10조('모든 국민은 인간으로서의 존엄과 가치를 가지며, 행복을 추구할 권리를 가진다. 국가는 개인이 가지는 불가침의 기본적 인권을 확인하고 이를 보장할 의무를 진다')에서 규정한 '행복을 추구할 권리'에 근거하면 휴식권을 보장한다고 볼 수 있습니다. 또한, 각종 노동 관련 법에는 휴식과 관련한 권리가 명시되어 있는데, 대표적으로 〈근로기준법〉에 명시된 내용은 다음과 같습니다.

제54조(휴게)

① 사용자는 근로시간이 4시간인 경우에는 30분 이상, 8시간인 경우에는 1시간 이상의 휴게시간을 근로시간 도중에 주어야 한다.

② 휴게시간은 근로자가 자유롭게 이용할 수 있다.

앞서 언급했던 오노레 도미에는 풍자만화가로 유명하지만 정통 회화도 그리곤 했습니다. 다음에 나오는 그림은 그가 프랑스 혁명의 한 장면을 담은 〈봉기〉라는 작품입니다. 작품의 배경은 1789년 혁명 이후, 1830년 7월 혁명과 1848년 2월 혁명으로 이어지던 시기로 추측됩니다.

　프랑스 혁명을 주제로 한 그림 중 여성이 화폭 한가운데에 위치한 그림이 또 있습니다. 우리에게 너무도 유명한 외젠 들라크루아(Eugéne Delacroix, 1798~1863)의 〈민중을 이끄는 자유의 여신: 1830년 7월 28일〉입니다.

　두 그림 모두 프랑스 혁명에 참여한 여성을 묘사하고 있지만

봉기(L'Emeute)

오노레 도미에, 1848년, 캔버스에 유채, 87×113cm, 미국 워싱턴 필립스 컬렉션

그 묘사 방식에서 명확한 차이가 존재합니다. 저는 어째서인지 도미에의 작품 속 여성에게 더 마음이 갑니다. 들라크루아의 작품 속 여성은 제목처럼 '여신'을 그린 만큼 현실적이지는 않습니다. 민중을 이끄는 자유의 여신은 너무나 아름답고 상징적으로 표현되었습니다. 반면, 〈봉기〉 속 혁명에 참여 중인 여성은 너무나 지쳐 보입

민중을 이끄는 자유의 여신: 1830년 7월 28일

(Le 28 juillet 1830: La Liberté guidant le peuple)

외젠 들라크루아, 1830년, 캔버스에 유채, 260×325cm, 프랑스 파리 루브르 박물관

니다. 그녀의 표정만 봐도 그녀가 감당했을 고단한 하루가 상상될 정도입니다. 때 묻은 옷과 머릿수건, 지쳐 있는 초췌한 얼굴은 그녀의 하루가 어땠을지 고스란히 설명해줍니다.

아마도 그녀는 새벽같이 일어나 식구들의 식사를 차려놓고 열

악하기 그지없는 저임금의 노동 현장으로 나갔을 것입니다. 관리자
의 학대와 열악한 노동환경 속에서 고된 하루를 보내고 집으로 돌
아가려는 순간, 동료들이 웅성거렸을 테지요. "우리도 밖으로 나가
서 우리의 권리를 쟁취하자. 봉기하자!"라면서요. 가난한 노동자
인 데다 여성이었던 그녀는 겹겹의 차별 속에서 살아왔을 겁니다.
봉기 현장에 나서기 전까지 그녀는 망설였을지도 모릅니다. '나 하
나 현장에 더 나간다고 해서 세상이 바뀌겠어?' 하지만 그녀는 끝
내 봉기의 대열에 합류하고, 도미에의 그림 속 주인공으로 남았습
니다.

　　여기 또 한 명의 주목해야 할 여성이 있습니다. 흑백 사진 속
여성은 을밀대(乙密臺)라고 쓰인 건물 지붕 위에 홀로 올라가 앉아
있습니다. 그녀의 이름은 '강주룡'. 그녀를 지붕 위로 올라가게 한
사연은 무엇이었을까요?

고공 농성 중인 강주룡

강주룡은 우리나라 최초로 고공 농성을 단행한 여성 노동자입니다. 1901년 평안북도의 가난한 집안에서 태어난 강주룡은 더욱 가난한 집으로 시집을 가게 됩니다. 자신이라도 일을 하지 않으면 식구들이 모두 굶어 죽을 처지인 상황에서 그녀는 평양 소재 평원 고무공장에 취직해 일했습니다. 그러던 어느 날 공장에서 임금 삭감을 일방적으로 통보합니다. 이에 강주룡은 임금 삭감을 반대하고 노동권을 쟁취하고자 을밀대 지붕에 올라가 농성했습니다. 본인만의 권리가 아닌 평양 고무직공 2,300명의 권리를 등에 짊어지고 을밀대 지붕에 올랐던 것이지요. 그녀는 다음과 같이 부르짖으며 사측에 저항했습니다. "노동 대중을 대표해 죽음을 명예로 알 뿐입니다. 그러하고 여러분, 구태여 나를 여기서 강제로 끌어내릴 생각은 마십시오, 누구든지 이 지붕 위에 사다리를 대놓기만 하면 나는 곧 떨어져 죽을 뿐입니다."::

오노레 도미에의 그림 속 이름 없는 여성이 봉기를 위해 거리로 나오던 시기, 프랑스에서는 아직 여성에게 참정권이 없었습니다. 유럽 대부분의 나라가 그랬듯이 여성은 남성의 소유물 정도로 취급

:: 원문은 다음과 같다. '우리는 49명 우리 파업단의 賃金減下(임금감하)를 크게 여기지는 않습니다. 이것이 결국은 平壤(평양)의 2,300명 고무직공의 賃金減下의 원인이 될 것임으로 우리는 죽기로써 반대하라는 것입니다. (…) 나는 平元(평원) 고무 사장이 이 앞에 와서 賃金減下의 선언을 취소하기까지는 결코 내려가지 않겠습니다. 끝까지 賃金減下를 취소치 않으면 나는 (…) 노동 대중을 대표해 죽음을 명예로 알 뿐입니다. 그러하고 여러분, 구타여 나를 여기서(집웅) 강제로 끄러내릴 생각은 마십시오. 누구든지 이 집웅 우에 사다리를 대 놓기만 하면 나는 곳 떠러저 죽을 뿐입니다' (출처: 〈乙密台上의 滯空女, 女流鬪士 姜周竜 会見記(을밀대상의 체공녀, 여류투사 강주룡 회견기)〉, 《동광》 23호).

되던 시절이었지요. 오노레 도미에의 그림 속 그녀도, 을밀대 지붕에 올랐던 강주룡도, 자신이 쟁취하고자 했던 정당한 권리 앞에서 군중의 비난이나 목숨을 잃을 수 있는 위험은 아무런 문제가 되지 않는다고 생각했던 용감한 여성들이었습니다.

2020년 여름, 태풍이 예보되던 날 대구 영남대 의료원 고공 농성 현장에서 급히 연락을 받은 적이 있습니다. 옥상에서 농성 중인 이들이 위험하니 현장으로 빨리 와달라는 부탁이었습니다. 사측인 병원은 농성 현장에 물도 전기도 공급해줄 수 없으며 태풍을 막을 만한 그 어떤 안전 도구도 반입해줄 수 없으니 당장 옥상 농성을 중단하고 내려오라고 했습니다. 병원 측의 강경한 태도로 농성자들의 생명권과 안전권이 위협당하는 상황이었지요.

농성 현장은 말로 들었던 것보다도 훨씬 위험했습니다. 태풍이 아닌 약한 바람에도 위태롭게 흔들리는 구조물 아래에 두 명의 간호 노동자가 앉아 있었습니다. 대구는 한여름이 되면 기온이 40도가 훌쩍 넘을 정도로 열기가 엄청납니다. 달궈진 시멘트의 열기와 태풍으로 인한 위험에도 불구하고 이들은 농성을 포기하지 않았습니다. 부당하게 해고당하지 않을 권리, 부당한 노조 탄압을 당하지 않을 권리를 위해서였습니다. 두 명의 간호 노동자는 그저 자신들의 권리를 위해 그 자리를 지킨 것이 아닙니다. 동료인 모든 의료 노동자, 더 나아가서는 이 사회의 모든 노동자를 위한 권리 투쟁 중이었습니다.[6]

우리 주변에는 여전히 목숨을 내놓아야 할 만큼 간절히 투쟁하며 얻어야 하는, 보장받지 못하는 권리가 너무나 많습니다. 내가 가진 것을 조금도 손해 보지 않고 권리를 쟁취한 역사는 없습니다. 오늘날 우리가 누리는 권리들은 자신의 희생을 두려워하지 않았던 수많은 사람들의 투쟁으로 얻어진 것입니다. 여성의 참정권을 위해 프랑스의 올랭프 드 구주는 단두대 위에 자신의 목숨을 바쳤습니다. 대한민국 노동자들의 권리를 위해 전태일은 불길 속에 몸을 던졌습니다. 자신의 생명을 담보로 한 이들의 희생을 통해 오늘날 우리는 투표를 하고 노동을 하게 되었습니다.

〈근로기준법〉에는 여러 권리 중에서도 노동권과 관련해 총 116개의 조항이 담겨 있습니다. 〈세계인권선언〉 제23조와 제24조에도 노동권이 명시되어 있습니다. 살아가는 동안 이 조문들의 내용을 모두 이해하고 알게 되는 일은 거의 드뭅니다. 그렇다고는 해도 이것만은 꼭 기억하면 좋겠습니다. 이 조항들이 만들어지기까지 이름 없는 수많은 사람이 피와 땀을 흘렸다는 사실을요.

전태일과 〈근로기준법〉[7]

1948년 대구의 매우 가난한 집에서 장남으로 태어난 전태일은 가난으로 초등학교도 마치지 못한 채 가족의 생계를 책임져야만 했습니다. 그는 1965년 열일곱 살의 나이로 평화시장 의류공장의 시다 (보조)로 취직하고 이후 정식 미싱사가 됩니다. 하지만 어린 10대 소녀들이 적은 일당을 받으며 잠도 제대로 자지 못한 채 일하다 기계에 손이 끼어 손가락이 잘리거나 목숨을 잃는 상황을 목격하면서 자신을 둘러싼 노동조건의 처참함을 인식합니다. 그러던 중 대한민국에 〈근로기준법〉이라는 것이 있음을 알게 되고 노동운동을 시작하지만 현실은 전혀 개선되지 않았습니다. 결국 전태일은 자신의 몸을 불사르며 열악한 노동조건을 규탄했습니다. 〈근로기준법〉 책을 들고 분신하는 와중에 그가 마지막으로 남긴 말들은 오늘날에도 여전히 유효합니다.

"〈근로기준법〉을 준수하라! 우리는 기계가 아니다! 일요일은 쉬게 하라! 노동자들을 혹사하지 말라! 내 죽음을 헛되이 하지 말라!"

노동3권[8]

노동자가 노동조건의 향상과 인간다운 생활을 확보하기 위해 자유로이 단결하고, 단결체를 통해 사용자와 교섭하며, 단체행동을 할 수 있는 단결권, 단체교섭권 및 단체행동권을 총칭합니다. 노동3권의 주체에는 실업자와 외국인(이주 노동자)도 포함됩니다.

〈헌법〉 제33조 제1항은 '근로자는 근로조건의 향상을 위하여 자주적인 단결권·단체교섭권 및 단체행동권을 가진다'라고 명시해 노동3권을 보장하고 있습니다. 제2항은 일정한 범위의 공무원에 한하여 노동3권을 보장합니다. 제3항은 주요 방위산업체에 종사하는 근로자의 단체행동권을 제한함을 명시하고 있습니다.

〈볼가 강의 노동자들〉은 러시아 화가 일리야 레핀(Il'ya Repin, 1844 ~1930)이 볼가 강에서 배를 끌어내고 있는 인부들의 모습을 그린 작품입니다. 바닷바람에 쓸리고 강한 햇볕에 검게 그을린 노동자들의 얼굴은 고단함으로 가득합니다. 그을린 피부와 힘든 노동 때문인지 노인으로 보이는 사람, 지쳐 쓰러지기 직전인 사람들이 보입니다. 그 사이에 아직 10대로 보이는 소년도 힘겹게 일하는 중입니다. 가난하고 힘든 이들에게 노동은 삶을 유지하기 위한 어쩔 수 없는 선택입니다. 이 사실은 예나 지금이나 마찬가지입니다.

두 번째 그림은 영국의 사실주의 화가 헨리 월리스(Henry Wallis, 1830~1916)의 〈돌 깨는 사람〉이라는 작품입니다. 이 그림은 〈볼가

볼가 강의 노동자들(Barge Haulers on the Volga)

일리야 레핀, 1870~1873년, 캔버스에 유채, 131×281cm,
러시아 상트페테르부르크 국립 러시아 박물관

돌 깨는 사람(The Stone Breaker)

헨리 윌리스, 1857년, 캔버스에 유채, 65×79cm, 영국 버밍엄 미술관

강의 노동자들〉보다 더욱 처참한 노동의 장면을 보여줍니다. 언뜻 봐도 그림 속 인물은 매우 지쳐 보입니다. 자세히 보면 지쳐서 잠시 쉬는 것이 아니라 아주 긴 잠에 빠진 것 같기도 합니다. 사실 이 작품은 화가가 영국의 구빈원 시스템을 비난하기 위해, 죽은 노동자를 묘사한 것입니다. 19세기 영국에서 일할 능력이 있는 사람은 노

동 현장에서 죽어갔고, 일할 능력이 없는 사람들은 구빈원에서 죽어갔습니다. 이런 비참한 현실을 고발하기 위해 화가는 고된 노동 현장에 처박히다시피 한 어느 노동자의 비참한 죽음을 붓으로 옮겼습니다.

이 그림이 그려졌던 19세기 후반, 유럽에서는 영주나 귀족에게 종속되어 노동을 제공하던 중세의 농노제가 폐지되었습니다. 농노 신분에서 벗어난 농민들은 자유를 얻었으나 농토를 소유할 경제력이 없었습니다. 이들은 결국 소작농이 되거나 도시로 건너가 저임금 노동자가 될 수밖에 없었습니다. 일자리는 부족한데 일자리를 원하는 사람이 많아지면 노동자들에게 제공되는 노동환경이 좋을 수 없습니다. 굳이 좋은 환경을 제공하지 않아도 일자리를 원하는 사람이 넘치기 때문입니다. 자연스레 노동은 어느 순간부터 가치 있는 활동으로 취급받지 못했습니다. 단지 돈을 벌기 위해 열악한 조건도 감내해야 하는 고단한 활동으로 여겨졌을 뿐이지요. 그리고 21세기 대한민국에서 노동은 19세기 산업혁명 직후의 영국에서와 같은 취급을 받는 것 같습니다.

문득 1986년의 한 장면이 떠오릅니다. 연도를 확실히 특정할 수 있는 것은 그해 우리나라에서 아시안게임이 열렸기 때문입니다. 당시 시골에 살던 외사촌 언니들이 직장 생활과 학업을 이유로 대구로 나와 제가 살던 집 근처에 셋방을 얻었습니다. 언니들이 근처에 있어 그 셋방에 놀러 가면 늘 연탄불이나 곤로에 끓인 라면을 얻어먹을 수 있어서 참 좋았습니다. 라면을 앞에 놓고 텔레비전의 길쭉한 안테나를 이리저리 돌려가며 채널을 맞춘 뒤 뉴스를 보는 것이 그 무렵 제 일상의 가장 큰 낙이었습니다. 당시 뉴스에서는 온통 아시안게임 이야기가 흘러나왔습니다. 그중 단연 화제는 임춘애 선수였습니다. 금메달을 목에 건 임춘애 선수는 한 인터뷰에서 너무 가난하고 힘들어 라면만 먹고 뛰었다고 말했습니다. 내 앞에 차려진 맛있는 라면과 임춘애 선수가 고백한 가난함 그리고 퇴근한 언니들의 피곤함을 하나로 연결해 생각하기에는 너무 어린 나이였지만, 그날의 뭉클했던 마음은 커서도 잊을 수 없었습니다.

그로부터 30년이 지난 2016년. 서울 구의역에서 홀로 지하철 스크린도어를 수리하던 한 청년이 사망했습니다. 김 군의 가방에서는 바쁘더라도 끼니를 거르지 말라고 어머니가 챙겨준 숟가락과 컵라면이 나왔다고 합니다.[9] 태안화력발전소에서 노동하다가 사망한 김용균 씨의 마지막 유품도 컵라면이었습니다. 컵라면은 제시간에 따뜻한 김이 나는 밥 한 그릇을 먹을 시간도 없이 고단하게 일하던 그들의 마지막 음식이었습니다. 두 노동자의 컵라면은 30년 전 임춘애가 먹었던 라면과 노동으로 고단했을 외사촌 언니들이 끓여낸 라면과 겹쳐졌습니다. 그 뒤로도 대한민국 노동 현장 곳곳에서 수많은 청년이 떨어지고, 깔리고, 불에 타서 혹은 스스로 목숨을 내던져 세상을 떠났다는 뉴스들이 이어졌습니다. 그들은 대부분 비정규직, 일용직, 임시직, 계약직 노동자들이었습니다. 언제 해고될지 모른다는 두려움과 늘 함께해야 했던 불안정한 노동자들이었습니다.

연달아 이어지는 비극적인 뉴스들을 듣고 있자니 세상이 청년 노동자들을 마치 3~5분이면 뚝딱 완성되어 젓가락질 몇 번이면 끼니를 해결해주는 인스턴트 라면처럼 대한다는 생각이 들었습니다. 몇 년 전부터 유행하기 시작한 신종 계급론인 '수저론'의 비유를 가져온다면, '금수저'를 가지고 태어나지 못한 청년들일수록 죽음을 목전에 둔 노동 현장으로 내몰릴 수밖에 없는 현실입니다. 생계를 유지하기 위해 불안정한 일자리라도 얻어 노동을 하지만, 청년들의 열악한 노동환경은 때때로 이들의 목숨을 앗아가기도 합니다. 위험한 일자리들이 늘수록 노동을 둘러싼 인식도 점차 악화하는 악순환이 벌어집니다.

노동은 인간이 마땅히 누려야 하는, 존엄한 가치를 가진 권리입니다. 〈세계인권선언〉 제23조와 제24조는 다음과 같이 노동의 권리에 대해 명시하고 있습니다. '모든 사람은 일, 직업의 자유로운 선택, 정당하고 유리한 노동조건, 그리고 실업에 대한 보호의 권리를 가진다', '모든 사람은 아무런 차별 없이 동일한 노동에 대하여 동등한 보수를 받을 권리를 가진다', '모든 사람은 노동시간의 합리적 제한과 정기적인 유급휴가를 포함하여 휴식과 여가의 권리를 가진다'.

이처럼 대한민국의 모든 노동현장에서 안전하고 건강하게 일할 수 있는 노동환경에 대한 권리가 제대로 보장되면 얼마나 좋을까요? 〈세계인권선언〉이 이야기하는 노동의 권리는 국가가 헌법으로써 보장해주어야 합니다. 우리 사회가 이 사실을 기억하고 되새기면 좋겠습니다. 아름답고 고귀한 젊은이들의 노동 대가가 더 이상 라면으로 메꾸어지지 않기를 바랍니다. 또한, 대한민국의 모든 청춘이 노동에 예속된 삶을 사는 것이 아니라 국가의 적극적인 보호 아래 자신의 삶을 위해 일하고 살아갈 수 있으면 좋겠습니다.

서울 구의역 스크린도어 사고와 태안화력발전소 사고

서울 구의역 스크린도어 사고는 2016년 5월 28일, 열아홉 살의 노동자 김 군이 서울 지하철 2호선 구의역에서 고장 난 스크린도어를 고치던 도중 승강장으로 들어오는 열차와 스크린도어 사이에 끼어 사망한 사건입니다. 태안화력발전소 사고는 2018년 한국서부발전 사업장인 태안화력발전소에서 한국발전기술 비정규직으로 근무하던 김용균 씨가 컨베이어벨트에 끼어 사망한 사건입니다. 사고 경위를 조사한 결과, 야간 근무 시 2인 1조가 원칙이었음에도 인력 수급 문제로 김용균 씨 홀로 근무를 하다가 사고가 난 것으로 밝혀졌습니다. 그러나 관리자들에게는 2년 미만의 징역만 구형되었습니다. 이후 고인의 어머니인 김미숙 씨는 비정규직 철폐와 안전한 노동환경 마련을 목표로 '김용균재단'을 설립해 활동하고 있습니다.

비정규직

비정규직은 근로 기간이 정해진 시간제 근로자를 총칭하는 말입니다. 원청(업무를 요청하는 업체)이 업무 위탁계약을 요청한 업체에서 파견되는 직원들을 비롯해 계약직, 일용직 등이 비정규직에 포함됩니다. 학습지 교사, 택배 노동자, 화물운송업 종사자 등 사실상 노동자이나 자영업자로서 계약을 맺은 특수고용 형태의 직업군들도 비정규직이라고 볼 수 있습니다. 비정규직의 근로조건이나 상황이 무조건 나쁘다는 인식은 잘못된 생각입니다. 외국에서 비정규직은 자신이 가능한 때에만 업무를 수행하고 나머지 기간에는 휴식하는 등 탄력적으로 근무하는 노동의 형태를 가리킵니다. 대한민국에 비정규직 일자리가 만들어진 계기는 1997년 외환 위기입니다. 당시 국제통화기금(IMF)은 한국 경제의 회생 방법 중 하나로 노동시장 유연화를 강조했습니다. 하지만 이후 대한민국에서 노동시장 유연화는 노동자 중심의 탄력적인 일자리를 의미한다기보다는 사용자(고용주)의 편의를 우선하는 경제구조와 맞물려 그 뜻이 변질됩니다. 즉, 노동자들을 손쉽게 사용하고 해고하는 수단이 되고 만 것입니다. 이로 인해 대한민국에서 비정규직 일자리는 안정성이 낮고 열악하다는 인식이 생겨났습니다.

· 4 ·

마 석 에 서

만 나 는

대 한 민 국

여기 17세기 이탈리아에서 그려진 초상화가 하나 있습니다. 르네상스 시기 플랑드르의 유명 화가였던 페테르 파울 루벤스(Peter Paul Rubens, 1577~1640)가 그린 동양인의 초상화입니다. 400년도 더 된 그림이기에 작가가 기록해둔 내용이 발견되지 않는 이상, 이 그림의 진실은 알 수 없습니다. 하지만 몇몇 연구자들은 전문적인 지식을 토대로 그림 속 인물이 한국인이라는 신빙성 있는 추론을 내놓았습니다.[10]

임진왜란을 거치면서 수많은 조선인이 일본에 포로로 잡혀가게 됩니다. 이들 중 일부는 당시 일본을 오가던 유럽 상인들에 의해 유럽으로 팔려 보내졌을 가능성도 있습니다. 실제 기록에 의하

한국 옷을 입은 남자
(Man in Korean Costume)

페테르 파울 루벤스, 1617년경, 종이에 드로잉,
38×23cm, 미국 로스앤젤레스 폴 게티 미술관

면 다섯 명의 남성이 포르투갈 상인에 의해 노예로 팔려갔다고도 합니다. 그중 한 명은 이탈리아까지 가게 되는데, 이후 노예 신분에서 벗어나 이름을 '안토니오 코레아'라고 바꾸고 그곳에서 가정을 이루고 살았다는 이야기가 전해집니다. 연구자의 추론에 따르면 이 그림은 안토니오 코레아가 로마에서 살 당시 그곳을 방문했던 루벤스가 그의 모습을 그린 것으로 추정됩니다.

이 그림의 진실이 무엇이든 간에 한 가지만은 분명합니다. 오래전부터 우리 조상들이 여러 이유로 세계로 진출했다는 사실이지요. 중국 당나라 고분이나 둔황석굴 등에 고구려, 백제, 신라 사람들이 그려진 것을 감안하면 우리 조상들은 비교적 이른 시기부터 해외로 발을 내딛었음이 확실합니다. 그렇다면 오늘날 대한민국은 어떠한가요? 언제부터인가 대한민국은 단일민족 국가라고 부르는 것이 어색할 정도로 다양한 국가의 사람들이 들어와 살고 있습니다. 이제는 '다문화가정', '다민족'이라는 용어들이 전혀 낯설지 않습니다. 대한민국에 입국하는 외국인들은 유학생, 결혼 이주민, 노동자 등 저마다 다양한 지위와 상황에 처해 있습니다. 이 중에서도 상당한 비중을 차지하는 이들은 외국인 노동자입니다.

대한민국 외국인 노동자 유입의 역사를 이야기할 때 빼놓을 수 없는 지역이 있습니다. 바로 경기도 남양주시 화도읍에 위치한 '마석'이라는 동네입니다. 1960년대에 정부는 이곳에 한센인들을 집단 이주시킵니다. 이들은 황무지 같은 산비탈을 개간하고 소규모 공장에서 일하거나 가내수공업을 하면서 생계를 이어나갔습니다. 1990년대가 되자 정부는 외국인 노동자의 국내 체류 및 노동을 허가합니다. 국내 노동력 임금 상승과 특정 업종의 노동력 부족 현상을 극복하기 위한 방편이었지요. 이들은 '외국인 산업기술연수생'이라는 이름으로 한국에 들어왔습니다. 이 무렵 가구단지가 많았던 마석에도 외국인 노동자가 유입되기 시작합니다.

어느 해 여름 법학전문대학원 실무 수습생들과 함께 마석을 찾은 적이 있습니다. 마석 초입은 제법 화려합니다. 빛나는 조명과 수려한 인테리어의 가구 전시장을 중심으로 카페와 성공회 교회 등의 건물이 죽 이어지지요. 그러나 얼마 지나지 않으면 비포장

장동만, 〈마석〉, 2016년

도로가 나오고 여기부터는 사뭇 삭막한 풍경이 이어집니다. 시작
은 'SEKIYA(아마도 '이 새끼, 저 새끼'의 '새끼'에서 따왔을 이름)'라
는 잡화점입니다. 그곳을 시작으로 양쪽 길가로 다닥다닥 붙은 작
은 공장들이 길 끝까지 이어집니다. 길을 지나가는 동안 한여름에
도 커다란 선풍기 하나에 의지해 연신 땀을 흘리며 나무를 다듬는
노동자들, 매캐한 약품 냄새가 진동하는 공장에서 마스크 하나 없
이 일하는 노동자들, 가구 염색을 위한 도료로 온몸이 물든 노동자
들과 눈이 마주쳤습니다. 고된 노동 중임에도 이들은 마을을 방문
한 외지인에게 환한 미소로 응답했습니다.

현장에서 직접 확인한 그들의 생활환경은 생각보다도 열악했습니다. 대부분의 노동자들은 쪽방으로 이어진 공동주택에 거주했는데 방으로 올라가는 계단은 성인 두세 명만 올라가도 무너질 것 같은 부실한 콘크리트 구조물이었습니다. 공동주택 옆으로는 깨진 유리와 녹슨 철근 덩어리, 쓰레기가 나뒹굴고 있어 행정력이 미친 흔적을 찾아보기 힘들었습니다. 그나마 이런 공동주택에 사는 이들은 상황이 나은 편이라고 했습니다. 대부분은 이보다도 더 열악한 환경인 공장 기숙사에 살고 있다고 했습니다. 한여름 햇살이 가장 뜨거운 오후 2시 즈음 공장 기숙사도 방문했는데, 놀랍게도 공동 부엌과 공동 샤워실은 불빛 하나 들지 않는 암흑이었습니다. 전등이 고장 난 줄 알았는데 애초에 전기가 들어오지 않는 곳이었습니다. 핸드폰 손전등을 켜서 비추자 수많은 바퀴벌레가 빠르게 움직이며 사라졌습니다. 바퀴벌레가 사라진 벽은 곰팡이로 인해 까맸습니다.

하지만 이곳에서도 삶은 진행 중이었습니다. 마석 가구단지 공장에 온 외국인 노동자들 중에는 가족들을 모두 데리고 온 사람들도 있었습니다. 혹은 이곳에 온 이후에 새롭게 가정을 꾸리고 살아가기도 합니다. 이곳 아이들은 아찔한 산비탈이나 위험한 공장을 놀이터 삼아 해맑게 뛰어다녔습니다. 몇 십 년 전 모습 그대로 머물러 있는 동네의 모습과는 달리 이곳 사람들은 오늘을 살아가는 중이었지요. 아침이면 일어나 출근을 하고 노동을 하고 해가 지면 가로등 하나 없는 어두운 밤길을 걸어 언제 무너져도 신기하지 않을 숙소로 돌아가는 삶을 살고 있었습니다.

그렇게 외국인 노동자들이 자신들의 삶을 부려놓은 이곳에서 대한민국 복지 행정의 흔적은 찾아보기 어려웠습니다. 대한민국에서 외국인 노동자의 사회적 지위는 그들의 유입을 허용하기 시작했던 시절부터 지금까지 여전히 낮은 단계에 머물러 있습니다. 글로벌 다문화 시대라고는 하지만 우리는 소위 선진국이라고 부르는 나라에서 온 백인이 아닌 외국인 노동자들을 색안경 낀 시선으로 보곤 합니다. 이들을 대하는 우리의 태도는 여전히 필요할 때는 불렀다가 필요가 없어지면 나가라고 하는 수준입니다.

우리 주변에는 외국인 노동자들의 처우를 좋은 방향으로 개선시켜주면 행여나 이들이 한국에 영원히 머무르면서 한국인에게 해를 끼칠까 두려워하는 이들도 있습니다. 이런 시선을 가진 사람들은 외국인 노동자들에게 복지 행정이 미치는 것을 경계합니다. 하지만 불과 몇 십 년 전만 해도 우리의 부모님 세대들은 오늘날 우리나라에 와 있는 외국인 노동자들처럼 독일로 사우디아라비아로 '달러벌이'에 나섰습니다. 당시 해외로 파견된 한국인 이주 노동자들 대다수의 소원은 '빨리 돈을 벌어 고향으로 돌아가서 잘사는 것'이었다고 합니다. 대한민국에 체류 중인 외국인 노동자들의 소원도 이와 별반 다르지 않을 것입니다. 이들이 머무르는 방에는 고향에 두고 온 가족들 사진이 걸려 있었습니다. 이들 역시 차별과 혐오가 넘치는 대한민국에서 영원히 살고 싶어 하지 않습니다. 이들이 고향으로 돌아가는 것을 막는 것은 오히려 한국인들입니다. 성희롱, 폭행, 저임금 지급, 부당한 대우를 일삼는 고용주들과는 어떠한 노동자라도 마찰을 빚기 마련입니다. 같은 이유로 외국인 노동자들이 사업장을 이탈하기도 합니다. 고용허가제로 인한 불법 체류, 임금 체불, 산업재해로 인한 장애 역시 외국인 노동자들의 삶을 피폐하게 만드는 원인들입니다.

이런 일들이 비단 마석에서만 벌어지는 것은 아닙니다. 뉴스에서는 이주 노동자라는 이유로 고용주로부터 폭행을 당하는 외국인 노동자들의 소식이 끊이지 않고 들립니다. 여성 노동자들의 경우에는 상습적인 성폭행에 시달리는 경우도 적지 않습니다. 사는 곳이 어디든, 어느 지역에서 왔든 인간이라면 누구나 사람답게 살 권리가 있습니다. 특히 안전, 위생, 보건, 교육 등 인간으로서 기본적인 삶을 영위하기 위해 필요한 복지는 출신지를 이유로 차별적으로 행해져서는 안 됩니다. 〈세계인권선언〉 제23조는 노동을 하는 데 있어 차별받지 않아야 함을, 제25조는 어느 곳에서든, 어떤 사람이든 적절한 생활수준을 누릴 수 있어야 함을 명시하고 있습니다.

어찌 보면 대한민국 사회 전체는 제가 오래전 경험한 마석의 한 부분과 닮아 있는 것 같습니다. 외국인 노동자들이 처음 마주하는 대한민국의 모습은 화려하고 빛이 납니다. 하지만 이들이 한국에서의 삶에 조금 더 깊숙이 발을 들이고 난 뒤에는 안전하지 못한 노동환경과 부당한 대우 그리고 모순된 제도와 마주했을 것입니다. 대한민국의 모든 노동 현장이 국적에 관계없이 모든 이에게 안전한 곳이기를, 행복한 노동과 삶을 영위할 수 있는 곳이 되기를 바랍니다. 그리고 그들이 일한 만큼 정당하게 보상받고, 사랑하는 고향의 가족들과 함께할 수 있기를 바랍니다.

독일 파견 광부와 간호사[11]

1960~1970년대에 박정희 정권은 외화 획득을 위해 해외 인력 수출을 진행합니다. 독일에 파견될 인력을 대규모 모집한 것도 그러한 국가사업의 일환이었습니다. 당시 독일은 동독과 서독으로 분리된 상태였습니다. 그중 자유민주주의 체제였던 서독 지역에 근로자들을 파견하고 이들을 '파독근로자'라고 불렀습니다. 파독근로자들은 주로 간호사와 광부로 구성되었습니다. 2008년 진실·화해를위한과거사정리위원회의 조사 결과에 따르면 광부 7,936명, 간호요원 11,057명, 기능공 931명 등 총 18,899명이 독일에 파견되었다고 합니다.

파독근로자들의 노동환경은 매우 열악했습니다. 가령, 간호사들의 경우 맥박을 체크하거나 환자의 상태를 기록하는 등의 일을 했던 것이 아니라 독일인들이 기피하던 환자의 대소변 정리나 식사 수발을 들었다고 합니다. 광부들 역시 1,000m가 넘는 막장으로 내려가 중노동에 시달렸다고 합니다. 여기에 더해 독일인들의 인종차별까지 고려하면 파독근로자들이 매우 힘든 상황에서 노동을 했을 것으로 짐작됩니다.

산업재해[12]

산업재해로 인한 사망은 직업 현장에서 벌어진 '억울한 죽음'입니다. 이는 사회경제적 권리가 보장되지 못하는 현실을 보여주는 중요한 지표 중 하나입니다. 원진레이온, 삼성반도체 공장의 백혈병 사망과 청년 비정규직 노동자의 사망 등은 대표적인 한국의 산업재해 사건입니다. 대한민국의 산업재해 사망률은 경제협력개발기구 가입국 중 최상위권에 속합니다.

산업재해의 심각성이 이슈화되자 국가에서는 산재 예방을 위해 책임 주체를 확대했으며, 법의 보호 대상을 확대해나가고 있습니다. 사업장에서 사망 사고 등 중대재해가 발생하면 경영책임자의 책임을 묻는 〈중대재해기업처벌법〉이 2021년 1월 제정된 것이 대표적입니다. 〈중대재해기업처벌법〉에는 산재 발생 시 사업주나 경영책임자에게 1년 이상 징역이나 10억 원 이하 벌금, 법인에는 50억 원 이하 벌금을 부과하는 내용이 담겨 있습니다. 다만, 5인 미만 사업장을 처벌 대상에서 제외한 점은 법률의 실효성에 대한 한계로 지적됩니다.

· 5 ·

여　　　　성
노　동　을
생 각 하 다

다음에 나오는 그림은 1914년 3월 8일 여성의 날을 맞아 독일에서 제작된 포스터입니다. 여성의 참정권을 요구하는 내용을 담고 있지요. 그러나 정작 독일에서는 이 포스터의 발행이 금지되었습니다. 당대 여성이 처한 열악한 노동 현장을 고발하는 내용이 담겼기 때문입니다.

　당시는 제1차 세계대전이 발발한 상황이었고, 전쟁터에 나간 남성들을 대신해서 여성들이 공장 노동자로 일을 하게 됩니다. 여성 노동은 남성 노동을 대체하기 위한 방편으로 시작되었습니다. 그에 더해 당시 사회적으로 여성은 관리나 통제가 수월한 대상으로 여겨졌습니다. 자연스레 여성들의 노동환경은 열악할 수밖에 없었

1914년 3월 8일 여성의
날에 제작된 포스터

습니다. 그뿐만이 아니었습니다. 여성이라는 이유만으로 눈에 보이
지 않는 수많은 차별이 이루어졌습니다. 남성 관리인들의 성희롱적
인 발언과 행동도 심각했습니다. 또한, 같은 일을 하고도 여성 노동
자들은 남성보다 낮은 임금을 받았습니다.

    물론, 당시에도 여성들을 위한 노동 제도가 아예 없었던 것은 아닙니다. 1847년에 어린이와 여성을 대상으로 한 하루 10시간 노동제가 통과되기는 했습니다. 하지만 자본가들은 "뻔뻔스럽게도 (여성들이) 너무 적게 일하고 많이 받으려 한다"라고 주장했습니다. 그러한 사회 분위기 속에서 여성 노동자가 당당하게 정당한 임금과 노동환경을 요구하기는 어려웠습니다.

여성들은 자신들의 열악한 노동환경과 낮은 임금의 원인이 여성에게 권리 실현을 위한 제도를 마련할 수 있는 능력, 즉 참정권이 없기 때문이라는 것을 깨닫습니다. 이후 유럽에서는 여성들의 참정권 운동이 들불처럼 퍼져나가게 됩니다. 초기의 여성 참정권 운동은 노동권 보장을 위한 목적으로 시작되었던 것이지요.

1911년 3월 미국에서는 여성들이 좀 더 나은 노동환경을 위한 투쟁을 하려고 길거리로 나서는 데 중요한 계기가 된 사건이 발생합니다. 미국 역사상 최악의 산업재해로 기록된 '트라이앵글 셔츠웨이스트 공장 화재(Triangle Shirtswaist Factory Fire)' 사건입니다.

이 화재로 146명의 노동자들이 사망합니다. 그중에 123명은 여성이었고, 다수가 10대 사망자들이었습니다. 이곳에서 일하던 대부분의 노동자들은 낮은 임금을 받으며 열악한 환경에서 일할 수밖에 없었던 가난한 이민자 여성들이었습니다. 화재로 인한 피해자가 많았던 이유는 여러 가지였습니다. 우선 노동자들의 손버릇이 나쁘다고 생각한 고용주가 출입문을 밖에서 잠근 것이 원인 중 하나였습니다. 부실하게 지어진 건물은 화재에 금방 무너져 내렸습니

트라이앵글 셔츠웨이스트 공장
화재를 묘사한 삽화
ⓒKheel Center

다. 건물에는 화재에 대비할 수 있는 그 어떤 안전장치도 없었습니다. 당시 트라이앵글 셔츠웨이스트 공장 화재를 묘사한 삽화를 살펴보면 그 끔찍함이 지금도 고스란히 전해집니다. 불타오르는 건물 위로 해골 모양의 끔찍한 형체가 보입니다. 연기와 불길을 피해 뛰어내리는 여성 노동자들의 모습도 그려져 있습니다.

이 화재 사건은 미국 사회에 굉장한 영향을 미쳤습니다. 사건 이후 2년 동안 60여 개가 넘는 관련 법안이 만들어졌을 뿐만 아니라 미국 노동부장관을 지낸 프랜시스 퍼킨스(Frances Perkins, 1880~1965)는 이 사건을 계기로 노동 인권 운동가가 됩니다. 1919년에는 국제노동기구가 만들어지고, 1일 8시간 근무, 주당 48시간의 노동시간이 명문화되기도 했습니다. 사건 이후 여성들은 화재로 인한 희생자들을 기리고 더욱 안전한 노동환경을 쟁취하기 위해 거리로 나왔습니다. 3월 8일이 '세계 여성의 날'로 제정되는 데 이 사건은 큰 계기로 작용했습니다.

대한민국에서도 매년 3월 8일이 되면, 세계 여성의 날을 기념하는 여러 행사들이 열립니다. 하지만 안타깝게도 100여 년의 시간이 흐르는 동안 세상은 크게 달라지지 않은 것 같습니다. 저개발국가의 여성 노동자들의 삶은 100여 년 전 미국 트라이앵글 셔츠웨이스트 공장에서 일하던 노동자들과 닮아 있습니다. 수많은 여성 노동자의 희생은 오늘날에도 끊임없이 반복되는 중입니다. 1993년 태국의 작은 도시 나콘빠톰(Nakhon Pathom)의 봉제인형 공장에서는 200여 명이 사망하고 500여 명의 여성 노동자들이 부상을 입는 화재 사건이 발생했습니다. 당시 피해자들의 대부분이 10대 소녀였습니다. 인명 피해가 컸던 원인은 미국 트라이앵글 셔츠웨이스트 공장 사건과 판박이입니다. 남성 관리자들은 10대 소녀들이 봉제인형 생산품을 몰래 가지고 나갈까 봐 평소 밖에서 공장 문을 잠갔다고 합니다.

그로부터 20년이 지난 2013년 방글라데시에서도 같은 악몽이 되풀이됩니다. 당시 '라나플라자'라는 의류 공장이 무너져 내리는 참사가 일어났는데, 안전장치라고는 찾아볼 수 없었던 열악한 구조가 수많은 사람의 목숨을 앗아갔습니다. 이때도 대부분의 피해자들은 값싼 임금에도 고용이 가능했던 여성들이었습니다. 하지만 우리는 이런 소식들이 들려와도 나와는 관계없는 후진국에서 일어난, 슬프지만 어쩔 수 없는 일이라고 생각할 뿐입니다. 전 세계에서 열악한 노동환경으로 인해 끊임없이 여성 노동자들이 목숨을 잃는 일이 일어나고 있는데도 말이지요.

1908년 3월 8일 미국 뉴욕에서 여성 노동자들이 노동권 향상과 참정권 확보를 위한 시위를 시작하며 이렇게 외쳤습니다. "우리에게 빵과 장미를 달라!" 여기서 빵은 남성과 동등한 수준의 적정 임금을 의미하며, 장미는 정치에 참여할 수 있는 동등한 권리를 의미합니다. 이제는 고인이 된 한 진보 정치인은 매년 3월 8일 여성의 날이 되면, 여성 노동자들에게 장미꽃을 선물했다고 합니다. 100년도 훨씬 전, 여성들이 목이 터지도록 외치며 쟁취하고자 했던 '빵과 장미'가 지금 대한민국의 여성들에게 주어졌는지 의문입니다. 여전히 반도체 공장에서, 콜센터에서, 마트에서 수많은 여성이 부족한 빵과 시든 장미꽃을 끌어안고 있는 것이 현실이니까요.

세계 여성의 날[13]

첫 번째 세계 여성의 날은 1857년 뉴욕에서 있었던 여성 노동자 시위를 기념하기 위해 만들어졌습니다. 그 후로도 여성 노동자들의 권리 향상을 위해 임금 인상 및 노동조건 개선을 주장하는 시위뿐만 아니라 정치적 평등권과 노동권 보장 등을 요구하는 시위가 꾸준히 이어졌습니다. 1908년 미국에서는 1만 5,000명이나 되는 여성 노동자들이 시위에 나섰고, 이날을 기념해 세계 여성의 날이 제정됩니다. 유엔에서는 1975년부터 공식적으로 이날을 기념하기 시작했습니다.

국제노동기구[14]

국제노동기구(International Labour Organization, ILO)는 전 세계적으로 노동조건과 생활수준의 개선을 촉진하기 위해 만든 유엔의 특별 기구입니다. 제1차 세계대전 종전 후에 만들어졌으며 1919년 베르사유 조약 제13항(노동)에 따라 국제연맹(League of Nations)에 속하게 되었습니다. 국제노동기구는 각국의 노동 입법 수준을 발전·향상시켜 노동조건과 생활수준을 보장하고 개선하는 역할을 하며 사회정책과 행정, 인력 자원 훈련 및 활용에 대한 기술 지원을 하거나 협동 조직과 농촌 공장 설립을 촉진하는 역할을 하고 있습니다. 대한민국은 1991년 12월 가입해 152번째 회원국이 되었습니다.

소 중 하 지
않 은 노 동 은
없   다

다음에 나오는 그림은 영국 화가 윌리엄 와일드(William Wyld, 1806
~1889)가 프랑스 북부의 몽생미셸을 그린 작품입니다. 바다로 둘
러싸인 환상적인 몽생미셸의 전경을 잘 표현한 수채화이지요. 저
거대한 성을 앞에 두고 갯벌에서 노동하는 사람들의 모습까지 세밀
하게 그려낸 화가의 마음이 저와 맞닿았던 걸까요? 몽생미셸을 다
녀오고 나서 이 그림을 접했을 때 가장 먼저 눈에 들어온 것은 아름
다운 성의 전경이 아니라 바닷바람을 맞으며 일하는 중이던 평범한
사람들이었습니다.

　몽생미셸은 '노르망디(Normandie)'라고 불리는 지역에 있습니
다. 바다를 사이에 두고 영국과 맞닿은 지역이지요. 노르망디라는

몽생미셸 전망(View of Mont St. Michel with Figures on the Beach)

윌리엄 와일드, 연도 미상, 수채화, 19×29cm, 미국 코네티컷 예일대학교 브리티시 아트 센터

지명은 10세기경 바이킹의 침략으로 노르만족들이 이곳으로 대거 이동해온 역사에서 유래합니다. 나름 국경 지대이다 보니 로마, 영국, 프랑스가 번갈아가며 정복하기도 했고 제2차 세계대전 때는 노

르망디 상륙작전의 무대가 되기도 한 곳입니다. 바다 안개가 항상 내려앉아 있고 잿빛 구름과 습한 공기가 나라 전체를 감싼 영국과 붙어 있는 지역이라 그런지 이곳의 날씨도 그와 비슷합니다. 낭만적인 프랑스의 느낌이라기보다는 다소 무뚝뚝하다는 인상이 드는 곳이랄까요?

이처럼 치열했던 역사와 우울한 날씨가 있는 곳이었지만 모네, 쿠르베, 마티스 등 수많은 화가가 노르망디를 무척 사랑했습니다. 이곳의 몽생미셸 성 역시 수천 년 동안 많은 사람들의 사랑을 받고 있는 건축물입니다. 몽생미셸은 섬이라고는 하지만, 밀물이 들어오면 고립되고 썰물 때가 되면 육지와 이어지는 독특한 지역입니다. 게다가 우리가 일반적으로 알고 있는 형태의 섬이라기보다는 거대한 성 자체가 하나의 섬인 곳이지요. 지금은 수도원으로 쓰이는데 몇몇 호텔과 수많은 상점이 들어서서 관광 명소로 자리를 잡았습니다.

유명한 관광지라면 믿거나 말거나 한 전설을 하나쯤 가지고 있듯이 몽생미셸에도 전설 하나가 전해져 내려오는데요. 이야기는 대강 이렇습니다. 길에서 남루한 행인을 만난 한 수도사가 자기가 입고 있던 옷을 행인에게 벗어주었습니다. 그런데 그날 밤, 꿈에 대천사 미카엘이 그 수도사가 준 옷을 입고 나타나서 이곳 바위산에 성당을 지으라고 했답니다. 이런 꿈을 세 번이나 꿨는데 마지막에는 그 수도사가 말을 영 안 들을 것 같았는지 대천사 미카엘이 수도사의 이마를 손가락으로 꽉 누르고 사라졌다고 합니다. 요즘으로 치면 '딱밤'을 때린 모양입니다. 이윽고 수도사가 잠에서 깨어나 보니 머리에 진짜 구멍이 크게 나 있는 것을 보고 깜짝 놀라고 맙니다. 그리고 다음 날부터 이곳에 수도원을 세우기로 결심하고 공사를 시작했다고 합니다.

밀물과 썰물이 들고나는 곳이니 당시 건축술로 그곳에 건물을 짓는 것은 불가능에 가까웠을 것입니다. 공사는 708년부터 시작되었는데, 16세기에 이르러서야 성이 완성되었다고 합니다. 거의 천년이 걸린 셈이지요. 성의 이름인 몽생미셸은 대천사 미카엘을 프랑스식으로 부른 것입니다. 영어식으로 표현하자면 성 미카엘 수도원 정도 되겠지요. 밀물이 들어오면 바다 한가운데 고립된 모습을 보여주고, 습한 기후로 인해 물안개가 자주 내려앉는 몽생미셸은 누가 보더라도 신비롭고 성스러웠을 것입니다.

(전설에 따르면) 이렇게 아름다운 몽생미셸을 처음 만들고자 했던 이는 한 수도사였지만, 실제로 이 성을 완성해낸 사람들은 차가운 바닷물을 헤치고 질퍽한 갯벌을 가로지르며 무거운 돌을 옮겼던 이들이었을 것입니다. 다시 〈몽생미셸 전망〉 그림으로 시선을 돌려볼까요? 돌을 쪼는 손들은 발갛게 얼어붙었고, 바다 위의 외딴섬에는 그늘 하나 없어 따가운 햇볕을 피할 수 없습니다. 이처럼 기계나 장비 하나 없이 사람의 손으로만 이루어졌을 노동을 생각하니 몽생미셸의 돌계단 하나하나가 더 성스럽게 느껴졌습니다. 침략

과 분쟁이 끊이지 않아 땅의 주인이 수도 없이 바뀌었던 이곳의 역사를 떠올리면 몽생미셸을 짓느라 힘겨웠던 이들이 전쟁과 약탈의 고난까지 겪었으리라는 생각도 듭니다. 그림의 제목이 '몽생미셸 전망'이지만, 몽생미셸만이 아니라 노동하는 이들을 함께 그려낸 것을 보면 아마 윌리엄 와일드도 그런 생각을 하지 않았을까 싶습니다.

이렇게 지어진 건축물들이 과연 몽생미셸 하나뿐일까요? 신의 계시를 이유로, 혹은 권력자의 욕망을 이유로 세워진 이 세상의 아름답고 신비로운 건축물 대부분은 어느 날 갑자기 '짜잔!' 하고 만들어지지 않습니다. 그것은 생존을 위해 하루하루 살아내야만 하는, 수많은 평범한 사람들이 혹독하게 노동한 결과물입니다. 하지만 유명 관광지의 명소 소개를 살펴보면 그것을 만들기 위해 동원된 수많은 사람의 노동은 보이지 않습니다. 가령, 진시황릉과 이집트 피라미드 그리고 베르사유 궁전에 대해 이야기할 때 우리는 진시황, 파라오 그리고 루이 14세의 이름만 언급합니다. 이들이 이 건물들을 만들기까지 보여준 추진력만 찬양합니다.

어느 유명한 시장의 죽음을 앞에 두고 '100조 원짜리 죽음'이라며 안타까워하는 기사를 본 적이 있습니다. 하지만 그 수식이 온전히 그의 몫일까요? 기사에서 언급된 100조의 가치는 그와 함께 시정을 꾸려나갔던 이름 없는 환경미화원부터 사무직 공무원들의 노동이 만들어낸 것이 아닐까요? 또 어느 유명한 정치인은 일주일에 120시간 정도의 노동이 가능하다고 이야기합니다. 본인이 받는 시급을 기준으로 한다면 120시간 노동이 그렇게 쉽게 이야기할 만한 노동시간은 아닐 텐데 말입니다. 노동을 둘러싼 정치인들의 실언은 여기서 끝이 아닙니다. 또 다른 한 정치인은 공장 노동자의 연봉이 1억이라는 사실을 비난하기도 했습니다. 공장에서 일하는 노동자는 그만큼의 임금을 받아서는 안 되는 것일까요? 직업을 이유로 노동의 가치가 다르게 책정될 근거는 없을 텐데 말입니다.

유명하고 멋있고 아름다운 건축물을 마주할 때마다 역사에서 잊힌 이름 없는 이들의 노동을 떠올릴 수 있으면 좋겠습니다. 더 나아가 유명한 관광지라면 그 건축물을 완성하기까지 보이지 않는 수고를 했던 이들의 역사도 함께 알렸으면 좋겠습니다. 이 세상에 소중하지 않은 노동은 하나도 없다는 사실을 사람들이 기억할 수 있게 말입니다.

노동권[15]

인간이 생활에 필요한 기본적인 수요를 충족시키기 위해 일을 할 수 있는 권리로 노동능력을 가진 사람이 일을 하려고 해도 일할 기회를 가질 수 없을 경우에 일할 기회가 제공되도록 국가의 적극적인 개입과 뒷받침이 요구되는 권리입니다. 즉, 사람들이 직업 선택의 자유를 전제로 인간의 존엄성에 부합하는 노동 기회를 보장받을 수 있어야 함을 의미합니다. 노동을 통해 개인의 능력을 실현하고 사회에 참여하면서 인간다운 생존을 확보할 수 있도록 하기 위해 국가는 고용 보장에 관한 정책과 제도를 마련하고 시행할 의무가 있습니다. 대한민국 〈헌법〉 제32조는 근로 기준 등 노동과 관련된 기본권을 명시하고 있습니다.

제 3 부

차별과 혐오

모든 사람은 인종, 피부색, 성, 언어, 종교, 정치적
또는 기타의 견해, 민족적 또는 사회적 출신, 재산,
출생 또는 기타의 신분과 같은 어떠한 종류의 차별
이 없이, 이 선언에 규정된 모든 권리와 자유를 향
유할 자격이 있다.

– 〈세계인권선언〉 제2조 –

·1·

장애 혐오
표현에 담긴
차별적 인식

미술관에 가면 화려한 왕과 귀족 혹은 찬란하고 엄숙한 신들을 그린 작품이 즐비합니다. 그 가운데에서 익살스러우면서도 뭔가 불편한 기색이 느껴지는 이 그림은 단연 눈에 띕니다. 16세기 플랑드르 출신의 풍속화가 피터르 브뤼헐(Pieter Brueghel, 1525~1569)의 〈소경이 소경을 인도하다〉라는 작품입니다. 지팡이를 짚은 여섯 명의 인물이 줄을 서서 가는 중인데 맨 앞에서 그들을 이끄는 듯한 남성이 넘어져버리자 줄줄이 넘어지기 직전의 모습을 담았습니다.

　아는 만큼 보인다고 하지요. 인권과 관계된 일을 오래하다 보니 이 그림을 보자마자 딱 봐도 장애인을 그린 그림이라고 생각했습니다. 작품명에 시각장애인을 의미하는 단어가 포함되어 있는 것

소경이 소경을 인도하다(De parabel der blinden)

피터르 브뤼헐, 1568년, 템페라, 86×154cm, 이탈리아 나폴리 카포디몬테 미술관

을 알고 나서 이 작품 뒤에 숨은 이야기가 더욱 궁금해졌습니다. 검색을 해보니 〈마태복음〉의 한 구절을 제목으로 삼고 그 내용을 그대로 그린 작품이었습니다.

작품 정보를 확인하고 나자 순간 다행이라는 생각이 먼저 들었습니다. 풍속화가이다 보니 인물들을 익살스럽게 묘사하긴 했지만

화가가 장애인을 비하하려고 그린 그림은 아니었기 때문입니다. 성경에서 어리석은 지도자를 비유하는 구절을 그림으로 나타냈을 뿐이었지요. 오래전 유럽에서는 글자를 아는 사람들이 드물어서 이처럼 성경의 내용을 그림으로 그려 사람들에게 설명했다고도 합니다.

이 그림이 다시 떠오른 것은 정치인들이 장애인을 비하하는 표현을 사용하는 모습이 최근 자주 보였기 때문이었습니다. 얼마 전한 정당의 대표는 "신체장애인보다 더 한심한 사람들이 있다", "정치권에서 저게 정상인가 싶을 정도로 정신장애인들이 많다"라는 발언을 했습니다. 법조인 출신인 한 정치인은 "웃기고 앉아 있네, 진짜 병신 같은 게 아주"라고 아예 드러내놓고 장애인을 비하하는 발언을 하기도 했습니다. 이렇게 극단적이고 직접적인 혐오 발언이 아니더라도 일이 잘 풀리지 않는 상황을 '절름발이'로 표현하거나, 답답한 사람을 '벙어리'라고 표현하는 경우가 우리 일상에서는 비일비재합니다.

이런 이야기들을 들을 때마다 부정적 상황을 장애에 빗대어 표현하는 일이 다방면에서 참 오랫동안 이어져왔구나 하는 생각이 듭니다. 브뤼헐이 그림을 그렸던 16세기 북유럽에서도 그랬고, 마태가 복음서를 쓸 때도 그러했구나 싶었습니다. 물론, 적절한 비유는 대중의 인식을 환기하는 데 큰 역할을 합니다. 하지만 자신의 말뜻을 전달하는 데 효과가 좋다는 이유로 장애를 부정적 상황에 비유하는 것은 과연 올바른 일일까요? 장애를 나쁜 상황에 비유하는 것은 장애인에 대한 부정적인 인식을 더 확고하게 만듭니다.

어떤 사람이 "국어사전을 찾아보니 장애인을 가리키는 단어가 이것저것 있는데, 왜 못 쓰게 하는 겁니까?"라고 제게 묻는다면 저는 이렇게 답할 것입니다. "못 쓰게 하는 것이 아닙니다. 장애인을 가리키는 다양한 말 중에는 장애인을 부정적으로 묘사하거나 비하하는 표현이 있습니다. 그런 표현을 반복해서 쓰다 보면 '장애=나쁜 것'이라는 인식이 박힙니다. 그런 인식은 결국 장애인에 대한 부정적인 인식을 심어주기 때문에 자제해야 한다는 뜻입니다."

같은 맥락에서 저는 '대구스럽다'라는 표현을 들을 때마다 몹시 기분이 좋지 않습니다. 이 말은 몇 해 전 총선과 대선이 치러지고 난 후 각종 매체나 온라인상에서 나타난 표현인데 '보수적이고 말이 통하지 않고 형편없다'는 뜻으로 사용됩니다. 이 표현이 점점 비유적으로 많이 쓰인다면 다른 (좋은 의미의) '대구스러운' 것은 다 잊히고 대구와 대구에 사는 사람들에 대해 부정적인 이미지가 굳어질 것 같다는 우려가 듭니다. 일부 보수적인 사람들의 행동으로 인해 한 지역 전체가 오해를 받는 상황은 억울한 측면도 있습니다.

하물며 장애는 개인의 잘못으로 빚어진 결과가 아닙니다. 그럼에도 불구하고 장애를 가진 사람들은 이미 수천 년간 '부정적' 존재로 인식되어왔습니다. '모든 사람'의 평등과 존엄을 이야기하는 〈세계인권선언〉에서조차 처음 선언되었을 당시에는 인종, 성, 피부색, 종교 등의 이유로 차별해서는 안 된다고 밝힌 부분에 장애에 대한 언급이 없었습니다. 당연히 브뤼헐이 살았던 16세기는 더더욱 인권 감수성을 논하기 어려운 시대였을 것입니다. 이쯤에서 말에는 생각을 고정시키는 힘이 있음을 기억하자고 이야기하고 싶습니다. 평소에 사용하는 단어 하나하나에 담긴 힘을 인식하고 타인의 존엄을 훼손하지 않는 표현을 신중히 사용할 때 인권은 한 단계 더 진보하지 않을까요?

장애인을 비하하는 표현과 올바른 표현[16]

장애인을 비하하는 표현	올바른 표현
정상인(장애인의 반대말로 사용하는)	비장애인
애자, 장애자, 불구자, 지체부자유자, 병신, 불구, 폐질자	장애인
앉은뱅이	지체장애인
절름발이, 절뚝발이, 쩔뚝발이, 쩔뚝이, 찐따, 반신불수	지체장애인
외다리, 외발이, 외팔이, 곰배팔이	지체장애인
조막손, 육손이	지체장애인
벙어리, 귀머거리, 아다다, 말더듬이, 아자	청각장애인, 언어장애인
장님, 소경, 애꾸, 봉사, 맹자, 애꾸, 애꾸눈, 외눈박이, 사팔뜨기, 사팔	시각장애인, 저시력장애인
꼽추, 곱추, 곱사등이	지체장애인
정신박약아, 정박아, 등신, 또라이, 백치, 바보 천치, 얼간이, 띵	지적장애인
미치광이, 정신병자, 미친 사람	정신장애인
땅딸보, 난쟁이	지체장애인
언청이, 언청샌님, 째보	언어장애인
배냇병신	선천성 장애인
혹부리	안면장애인
문둥이, 나병환자	한센인

차별의 예외

세계 각국의 차별금지법을 살펴보면, 차별의 개념을 규정하는 동시에 차별의 '예외'에 해당하는 경우를 동시에 규정하는 것이 일반적입니다. 대한민국의 〈국가인권위원회법〉에는 차별의 개념을 설명하는 조항(제2조 제3항)에 '합리적인 이유 없이'라는 구절이 삽입되어 있습니다. 이는 거꾸로 말하자면 합리적 이유가 있으면 차별이 성립하지 않는다는 뜻이기도 합니다. 이런 맥락에서 특정 직무나 사업 수행이 불가피하여 업무를 맡기지 않는 경우는 차별에 해당하지 않는 것으로 보기도 합니다.

장애인 차별

장애인 차별은 말 그대로 장애를 이유로 차별하는 것을 의미합니다. 장애인에 대한 폭력이나 명예훼손 및 모욕, 건강권이나 교육권에서의 배제 등이 여기에 해당합니다. 이러한 차별이 일회성이 아닌 지속적이고 반복적으로 발생하는 경우, 차별 피해자에 대한 보복성과 내용 및 규모를 충족하는 경우에 처벌 대상이 됩니다. 대한민국은 〈장애인차별금지법〉을 두어 처벌 기준으로 삼고 있습니다. 〈장애인차별금지법〉에서는 '장애'를 신체적·정신적 손상 또는 기능 상실이 장기간에 걸쳐 개인의 일상 또는 사회생활에 상당한 제약을 초래하는 상태로 정의합니다.

두 남녀가 벌거벗은 아이를 팔에 안은 채 해변을 걷고 있습니다. 아이의 몸이 축 늘어진 것을 보아 의식을 잃은 것 같습니다. 과연 어떤 일이 벌어진 것일까요? 두 성인의 옷차림이 소박한 것으로 추측해볼 때 일하느라 바빴던 부부가 아이를 미처 챙기지 못한 사이 아이가 혼자 놀다가 바닷가에 빠진 듯도 합니다. 화가는 부모가 아이를 물속에서 급히 구해내어 나오는 찰나를 포착해 그림으로 남겼을 것입니다.

　이 그림은 앞서도 여러 차례 언급했던 프랑스 화가 오노레 도미에의 작품입니다. 유명한 풍자화가이자 당시 서민의 삶을 가장 사실적으로 그려낸 화가였던 그는 생사를 다투는 위급한 삶의 현장

구출(Die Rettung)

오노레 도미에, 1870년, 캔버스에 유채, 53×47cm, 독일 함부르크 미술관을 그림으로 남겼습니다. 그렇다면 아이는 과연 목숨을 구했을까요? 정확히 알 수는 없지만 작품의 제목이 '구출'이니 다행히 생존했을 가능성이 높아 보입니다. 이 그림을 마주하고 나서 제 머릿속에는 몇 해 전 있었던 비극적인 사건이 바로 떠올랐습니다.

2015년 가을, 한 장의 보도사진이 전 세계 사람들을 안타깝게 만들었습니다. 사연의 주인공은 세 살배기 소년 알란 쿠르디(Alan Kurdi, 2012~2015). 시리아 난민이었던 쿠르디는 터키 해변에서 숨진 채 발견되었습니다. 아마도 탈출하던 도중 바다에 휩쓸려 해변까지 떠밀려 온 것으로 추측됩니다. 이후 쿠르디는 대다수 유럽 국가들의 난민 수용 거부가 불러온 난민 인권 문제를 상징하게 되었습니다.

대한민국도 난민 문제에서 자유롭지 못한 나라입니다. 2018년 여름, 예멘 국적의 난민들이 제주에 머무르게 되자 이에 대한 찬반 논란이 청와대 청원으로까지 이어졌습니다. 난민이 우리 곁에 머무르는 것을 불편해하는 사람들이 있기 때문에 벌어진 일입니다. 예멘은 우리처럼 남북 분단을 겪었던 국가입니다. 분단의 원인과 분단 이후 겪은 역사도 우리와 비슷합니다. 영국의 식민 통치로 인해 1955년 북예멘에는 공화정이, 1967년 남예멘에는 공산주의 정권이 수립됩니다. 1979년 남북전쟁이 발발하고 이듬해 내전이 끝난 뒤 예멘공화국으로 통일되지만, 불안한 정치 상황과 수니파와 시아파 간의 갈등, 경제 파탄, 내전 등으로 국가 기능은 현재 거의 상실

알란 쿠르디를 그린 벽화 ©wikipedia

된 상황이라고 합니다.

결국 2016년을 기점으로 예멘은 국제정치 무대에서 '파탄 국가 (실패한 국가)'로 규정되었습니다. 정부가 국가로서의 기능을 수행할 수 없는 나라이다 보니 예멘에서는 내전, 학살, 심각한 기아와 질병, 대량 난민 발생과 유출 등이 발생했습니다. 지금도 어린이 37만 명이 영양실조와 아사 위기에 놓였다고 합니다. 5세 이하 아동의 31%는 극심한 영양실조를 겪고 있으며, 매년 1만 명 이상이 사망한다고 합니다. 콜레라가 창궐해도 손쓸 방법이 없어 두 달 만에 사망자가 1,500여 명에 이르렀고, 이 중 25%는 어린이라고 합니다.

이런 아비규환 같은 조국을 벗어나 살고자 탈출한 사람들 중 일부가 현재 제주에 머무르고 있습니다.

　이런 안타까운 현실에도 아랑곳하지 않고 난민에 대한 뉴스가 보도될 때마다 끔찍할 정도의 혐오와 차별의 시선이 담긴 댓글이 달립니다. 문제는 '예멘에서 온 난민은 무슬림이어서 이들을 받아주면 대한민국이 곧 이슬람 국가가 될 것이다. 그러면 여성들이 강간당하는 위험 사회가 될 수도 있다', '우리도 먹고살기 힘든데, 난민들이 와서 경제가 더 어려워진다'와 같은 혐오 발언을 중심으로 여론이 만들어진다는 것입니다. 매우 좋은 이미지를 가진 유명 배우가 난민들을 옹호하는 발언을 하자 '중학교밖에 안 나온 배우 주제에'라는 심각한 인신공격적인 댓글이 달리기도 했습니다. 사회 다수의 구성원과 다른 상황에 있다는 이유만으로 그들에게 차마 글로 옮기기도 어려울 정도의 끔찍한 혐오 발언을 쏟아내는 모습을 보면서 저는 '이들에게 인권이란 것이 존재하는가?'라는 질문을 던지게 되었습니다. 인간으로 태어나 이 사회를 구성하는 존재라면 누구나 누려야 하는 권리가 있습니다. 그것을 인권이라고 부른다면 이들 난민은 현재 인권 밖에 머무르고 있는 상황입니다.

　인류가 지나온 역사를 되돌아보면 대상은 다르지만 끔찍한 차별과 혐오가 반복되어왔습니다. 신의 이름으로 무수한 젊은이들을 전쟁에 동원해서 죽게 했고, 마녀라는 주홍글씨를 달아 여성을 불태워 죽였습니다. 가령, 잔 다르크는 나라를 지킨 영웅이었지만 마녀라는 혐오 전제 앞에서는 생명을 지킬 도리가 없었습니다. 종교와 민족이 다르다는 이유로 홀로코스트의 희생양이 되어야 했던 유대인, 관동대지진이라는 혼란과 무질서함 속에서 '조선인이 방화의 주범이다', '조선인이 우물에 독을 풀었다'라는 유언비어로 인해 대량 학살의 희생자가 되었던 우리 조상들도 슬픈 역사의 피해자들입니다.

혐오와 차별은 내부 결속을 다지기 위한 수단일 때가 많습니다. 나치와 일제가 혼란해진 그들 사회의 결속을 다지기 위해 유대인과 조선인을 차별하고 혐오하며 대학살을 자행한 것은 이미 널리 알려진 사실입니다. 하지만 이 점을 분명히 기억해야 할 것입니다. 사회 일부의 결속으로 지속되는 평화는 없다는 사실입니다. 일본은 제2차 세계대전 당시 우리나라를 비롯해 여러 동남아 식민지 국가들을 침략하고 수탈했습니다. 그럼에도 불구하고 그들은 지금도 크게 반성하지 않고 있습니다. 자신들이 전쟁의 선봉에 서서 서구 제국주의와 맞서지 않았다면 동아시아의 평화를 보장할 수 없었을 것이라는 그릇된 믿음 때문입니다.

지금도 일본의 지배계급들은 그들의 전범 행위를 아시아인들을 위해 일본이 희생한 행동으로 정당화합니다. 전쟁 기간 동안 발생한 비인류적 범죄(위안부, 강제 징용, 학살 등)는 일본이 아시아 전체를 위해 모두를 대표하여 전쟁을 하는 과정에서 발생한 일들이므로 아시아의 각 국가들이 감내해야 할 희생을 부과한 것에 불과하다는 게 그들의 인식입니다. 그들만의 평화를 위해 수많은 인권이 배제되고 파괴된 역사를 일본 지배계급들은 여전히 모른 척하는 중입니다. 독일이 지금도 유대인 학살자 묘비 앞에서 반성하고, 아우슈비츠를 보존하는 것은 수단이 된 혐오가 가져올 끔찍한 역사를 되풀이하지 않기 위함입니다. 우리가 일본에 끊임없이 전쟁에 대해 책임지고 사과하라고 요구하는 것도 이런 이유에서입니다.

〈세계인권선언〉 제13조는 이동 및 거주의 자유에 대한 권리를 명시하고 있습니다. 모든 사람은 자국을 포함해 어떠한 나라를 떠날 권리, 또는 자국으로 다시 돌아올 권리가 있다는 것이지요. 또한, 제14조에서는 모든 사람은 박해를 피해 타국에서 피난처를 구하고 보호받을 권리가 있다고도 명시해두었습니다. 혐오와 차별은 다른 사람을 배제함으로써 내가 속한 그룹에 대한 강한 소속감을 불러일으킵니다. 하지만 혐오와 차별로 얻은 소속감과 안정감은 일시적인 착각에 불과합니다. 오히려 내가 속한 사회를 더 큰 혼돈에 빠트리는 기폭제로 작용할 뿐입니다. 차별과 혐오로 타인을 배제하는 순간, 우리 스스로 평화와 인권을 포기하게 된다는 사실을 잊지 않았으면 좋겠습니다.

시리아 내전

알란 쿠르디가 위험한 바다로 탈출할 수밖에 없었던 이유는 시리아 내전 때문입니다. 시리아에서는 2011년 봄 독재자 바샤르 알 아사드 대통령의 하야를 요구하는 반정부 시위가 일어납니다. 여기에 수니파와 시아파 사이의 종파 갈등, 주변 아랍 국가 및 서방 등 국제사회의 개입이 더해지고 내전의 양상이 미국과 러시아의 국제 대리전으로까지 번지면서 10년 넘게 전쟁이 이어지는 중입니다. 유엔 난민기구의 조사에 의하면 시리아 난민의 수는 2022년 기준 660만여 명에 다다른다고 합니다. 문제는 대부분의 난민이 다른 국가에 제대로 정착하지 못하고 쿠르디처럼 바다를 떠돌다가 목숨을 잃는다는 사실입니다. 그럼에도 불구하고 시리아와 근접한 국가, 특히 유럽에서는 이들 난민들의 입국을 거부하는 경우가 많았습니다. 그런 분위기 속에서 알란 쿠르디의 사진은 커다란 변화를 가져왔습니다. 이후 유럽 각국은 인도주의적 차원에서 시리아 난민을 적극 수용하는 방향으로 선회했습니다. 독일의 경우 메르켈 총리가 난민에 대해 제한 없이 수용하겠다는 입장을 밝히기도 했습니다.

홀로코스트 [17]

홀로코스트(holocaust)는 일반적으로 인간이나 동물을 대규모로 학살하는 행위를 총칭하지만, 고유명사로 쓸 때는 제2차 세계대전 중 나치 독일에 의해 자행된 유대인 대학살을 뜻합니다. 1935년 〈뉘른베르크법〉에 따라 유대인들은 시민권을 완전히 잃었으며 다른 인종인 독일인과의 결혼도 금지되었습니다. 그뿐만 아니라 수천 명의 유대인이 집단수용소에 감금되었습니다. 1945년 1월 27일, 폴란드 아우슈비츠의 유대인 포로수용소가 해방될 때까지 600만 명에 이르는 유대인이 인종 청소라는 명목으로 목숨을 잃었습니다. 홀로코스트는 인간의 폭력성, 잔인성, 배타성, 광기의 극단적인 한계를 보여주었다는 점에서 20세기 인류 최대의 치욕적인 사건으로 손꼽힙니다. 이후에도 보스니아 내전이나 르완다의 종족 분쟁, '킬링필드'로 불리는 캄보디아 내전, 미얀마의 로힝야족 학살 등 세계 곳곳에서 대량 학살이 자행되었습니다.

제국주의

제국주의(帝国主義, imperialism)는 한 국가의 경제적·영토적 범위를 넘어서 다른 국가에 대해 직접적인 영토 확장을 꾀하거나 간접적으로 정치적·경제적 지배권을 얻고자 하는 대외 정책과 그 직접적인 행위 등을 의미합니다. 제국주의는 흔히 식민주의와 동일한 개념으로 이해되기도 합니다. 하지만 식민주의가 다른 국가 또는 민족에 대한 영토적 지배를 핵심 개념으로 삼는 데 반해, 제국주의는 반드시 영토의 점령을 수반하지는 않습니다. 이보다는 다른 국가와 민족에 대한 정치적·경제적 통제권의 획득을 핵심으로 한다는 점에서 식민주의와 차이가 있습니다.

· 3 ·

예 수 님 도
난   민
이 었 습 니 다

틀틀해 보이지 않는 작은 배 안에 두툼한 털옷을 걸친 사람들 여럿
이 다닥다닥 앉아 있습니다. 그림의 중앙에는 부부로 보이는 두 남
녀가 손을 꼭 맞잡았습니다. 저 멀리 일렁이는 파도를 보니 차가운
바닷바람이 살을 에어낼 것만 같은 추위가 느껴집니다. 여성의 품
속에 있어 잘 보이지는 않지만, 작은 손 하나가 비죽 나온 것을 보
니 어린아이까지 함께하는 여정으로 보입니다. 이들은 어디로 가는
것일까요? 이 그림은 영국 화가 포드 매덕스 브라운(Ford Madox
Brown, 1821~1893)의 〈영국의 최후〉라는 작품입니다. 제목으로
짐작건대 사람들은 영국을 영원히 뒤로하고 어디론가 향하는 모양
입니다.

영국의 최후(The Last of England)

포드 매덕스 브라운, 1852~1855년, 캔버스에 유채, 82×75cm,
영국 버밍엄 박물관 및 미술관

이 그림이 그려진 때는 30만 명이 넘는 영국인들이 고향을 등지고 이민을 떠나던 불안한 시기였습니다. 18세기 영국에서는 산업혁명과 식민지 개척이 활발하게 이루어졌습니다. 이후 '빅토리아 시대'라고 불린 영국의 황금기가 시작되었습니다. 하지만 당시 일반 시민들의 삶은 그리 행복하지 않았습니다. 그전까지 유럽의 사회체제는 농노제의 기반으로 했으나 산업화는 중세의 봉건적 신분제를 붕괴시켰습니다. 농노 신분이었던 농민들은 자유를 얻은 듯했지만 영지가 사라지고 경작할 농토를 잃어버림으로써 경제적 빈곤에 처하게 됩니다. 가난한 농민들은 일자리를 찾아 도시로 이동하고 이들은 도시 빈민의 삶을 살아갑니다. 굴뚝 청소를 하는 소년, 성냥팔이 소녀 등 우리가 동화에서 익히 봤던 인물들은 이 시기 영국 도시의 버려진 아이들을 그려낸 것으로 짐작됩니다.

게다가 당시 아일랜드는 대기근으로 인해 인구가 절반으로 줄어들 만큼 상황이 좋지 않았습니다. '해가 지지 않는 나라'로 불리며 영국은 세계 최고의 경제력과 군사력을 자랑하던 시절이었지만, 생존을 위해 영국 땅을 떠날 수밖에 없는 이들이 있었습니다. 〈영국의 최후〉는 바로 그런 사람들을 그린 그림입니다. 살아남기 위해 목숨을 걸고 거친 바람이 부는 바다로 몸을 이끌고 나온 이들의 불안한 눈빛은 비단 19세기 영국에서만 존재했던 것은 아닙니다. 오늘날에도 이와 같은 불안한 여정이 세계 곳곳에서 이어지고 있습니다.

조국을 떠난 난민들은 자신들의 안전을 보장받을 수 있는 나라

노동하는 영혼

 M 아우또노미아총서 35

노동하는 영혼 The Soul at Work

지은이 프랑코 베라르디
옮긴이 서창현

펴낸이 조정환
책임운영 신은주
편집부 오정민 · 김정연
프리뷰 이성혁 · 이영란

펴낸곳 도서출판 갈무리 등록일 1994. 3. 3. 등록번호 제17-0161호
초판인쇄 2012년 5월 5일 초판발행 2012년 5월 18일
종이 화인페이퍼 인쇄 중앙피앤엘 제본 은정제책

주소 서울 마포구 서교동 375-13호 성지빌딩 101호
전화 02-325-1485 팩스 02-325-1407
website http://galmuri.co.kr e-mail galmuri@galmuri.co.kr

ISBN 978-89-6195-048-0 94300 / 978-89-6195-003-9 (세트)
도서분류 1. 사회과학 2. 철학 3. 정치학 4. 사회학 5. 심리학 6. 사회운동

값 20,000원

이 도서의 국립중앙도서관 출판시도서목록(CIP)은 e-CIP홈페이지(http://www.nl.go.kr/ecip)와 국가자료공동목
록시스템(http://www.nl.go.kr/kolisnet)에서 이용하실 수 있습니다.(CIP제어번호 : CIP2012001959)

The Soul at Work
노동하는 영혼

소외에서 자율로

Franco Berardi [Bifo]
프랑코 베라르디 [비포] 지음
서창현 옮김

갈무리

일러두기

1. 이 책은 Franco Berardi, *The Soul at Work: from Alienation to Autonomy*, Semiotext(e), 2009를 완역한 것이다.
2. 지은이 주석과 옮긴이 주석은 같은 일련번호를 가지며, 옮긴이 주석에는 [옮긴이]라고 표시하였다.
3. 단행본, 전집, 정기간행물에는 겹낫표(『 』)를, 논문, 논설, 기고문 등에는 홑낫표(「 」)를, 단체명, 행사명, 영상, 전시, 공연물, 법률, 조약 및 협약에는 가랑이표(〈 〉)를 사용하였다.
4. 인명, 도서명 등은 필요한 경우 한 번만 원어를 병기하였다.

존 엘버트와 앤드류 드랍킨에게 특별히 감사드립니다.

　나는 1960년대에 사회해방을 위한 운동에 처음으로 참여했다. 젊은 학생이었을 때는 북부 이탈리아 도시들의 산업노동자들의 자율적인 투쟁들에 참여했다. 뒤이은 1970년대에는 근본적으로 미디어 행동주의, 특히 자유 라디오 분야의 행동주의에 헌신적으로 참여했다. 자본주의 착취에 대한 노동자의 투쟁과 창의성의 자기조직화를 위한 지식인의 활동 사이의 관계는 항상 나의 정치적 행위와 철학적 탐구의 주요 초점이었었다.

　20세기의 문화적·사회적 틀이 붕괴되었을 때, 그리고 근대성의 역사철학의 이론적 토대들이 무너졌을 때, 새로운 개념적 지평선이 비판사유의 영역에 나타나 사회적 자율이라는 생각 주변을 회전했다. 근대의 역사변증법적 사유의 위기가 소비에트 사회주의의 전체주의적 실험이 좌절한 결과인 것만은 아니었다. 그 좌절은 대부분, 노동의 사회적 변형의 결과였다. 산업노동으로부터 네트워크화된 노동의 새로운 조직화로의 변동은 생산과정 그리고 주체화의 경로 역시 바꾸었다.

　이 책에서 나는 전 지구적 네트워크 시대의 자본주의적 착취의 새로운 형태들을 이해하려고 노력했다. 그리고 나는 들뢰즈·가따리의 욕망과 분자성molecularity 철학에서, 그리고 (역사를 인간 노동의 구성이라는 관점에서 이해하려는 시도인) 이탈리아의 오뻬라이스모의 유산에서, 새로운 사회적 풍경을 이해할 개념적 도구들을 발견했다.

신자유주의 이데올로기가 기존의 도그마Dogma를 대체하자, 학문적[전통적] 맑스주의의 교의들은 진행 중인 변형을 설명할 수 있는 능력이 없음이 드러났다. 그리고 대부분의 늙은 스탈린주의 관료들은 자신들의 생각과 직업을 바꾸었으며, 사유화와 경쟁에 대한 신자유주의적 숭배의 지나치게 열성적인 전향자가 되었다.

그러나 동시에 주체화의 새로운 형태들이 출현하고 있었다. 그 새로운 반역자들은 불안정precarious 노동자, 예술가, 엔지니어 들이었다. 우리는 이들을 코그니타리아트로 부를 수 있을 것이다. 이 인지적cognitive 프롤레타리아는 최고의 교육을 받고도 실업 상태에 놓인, 과도 생산에 의해 착취당하는 창의적인 계급이다.

인지적이고 불확실한 사회구성에 의거한 주체화 과정을 시작하기 위해 이 새로운 반역자들은 새로운 언어, 그리고 새로운 지평을 찾고 있었다. 이들이 찾고 있었던 건 더 이상 미래의 새로운 전체성[총체성]에 대한 가능성이 아니라, 자본주의의 고통에서 분리되는 지평, 그리고 사회적 자율의 지평이었다.

분자성과 리좀, 탈영토화와 욕망의 정치 ─ 노동거부, 계급구성, 주체화 과정. 이 개념들이 전 지구적 자본주의를 해석하기 위한, 그리고 또한 새로운 형태의 사회문화와 소통을 창출하기 위한 열쇠로서 작용했다.

이 책에서 나는 이 새로운 개념적 틀의 기원들을 추적하려고 노력했다. 나는 산업노동자들이, 자기조직화 과정의 일반지성으로 모습을 드러내고 있던 세력인 학생들과 만난 1960년대와 70년대의 운동들에서 시작해서, 영혼이 노동하도록 강제되는 포스트포드주의적 변형을 이해하려고 노력했다. 언어, 정서, 소통, 창의성, 상상력 들은 자본주의적 가치화를 위한 도구들이 되었으며, 정신, 강렬한 에너지, 심리계psychosphere 자체를 착취하는 장場이 되었다.

이 책의 2장에서 나는 영혼의 착취에 뒤따라 일어나는 정신병리학에 초점을 맞춘다. 1960년대에 철학적 강조점은 소외 개념 — 영혼과 사회적 활동의 분리에서 기인하는 주체적 결과 — 에 두어졌다. 오늘날 영혼이 사회적 착취에 종속되어 나타나는 결과는 정신적 고통, 공황, 우울증, 고독, 성적sexual 고통, 공격성이 흘러넘치고 있다는 것이다. 이것이 현재 일어나는 사회적 주체화 과정의 출발점이다.

이 책이 한국의 독자들에게 읽힐 수 있어서 기쁘다. 나는 이 책이 지적 착취에 맞서 투쟁하는 학생들에게, 그리고 삶의 자본주의적 불안정화와 기업 및 금융체제의 전 지구적 독재에 맞서 반란을 일으키는 노동자들에게 쓸모가 있기를 희망한다.

근래 유럽은 불경기[우울증]의 시대 그리고 위험한 정치위기

의 시대를 알리는 금융자본주의의 파국적 붕괴의 가장자리에
서 있는 것으로 보인다. 그러나 나는 유럽의 붕괴가 보다 광범한
시나리오 ─ 기업 자본주의의 전 지구적 고통의 시나리오, 새로운 세
계적 주체성의 출현의 시나리오 ─ 속에서 이해되어야 한다고 생각
한다.

이 책의 출간이 전 세계의 서로 다른 지역들에서 인간 창의
성의 자율을 위한 반란 운동들에 생명을 불어넣고 있는 사람들
의 상호 이해를 진작시킬 수 있기를 바란다.

2012년 4월
프랑코 베라르디

차례

우리는 오랫동안 영혼Soul에 대해 이야기해 왔다. 내가 알고 있는 가장 아름다운 철학책인 아리스토텔레스Aristotle의 『영혼론』De Anima 1은 별다른 것을 이야기하고 있지 않다. 『영혼론』은 감각에 대한 글로서, 피부와 피부가 세상에 노출되는 것을 다룬다. 이 책은 아주 역겨운 기독교가 나타나기 이전에야 쓰일 수 있었다. 기독교는 우리의 영혼을 훔쳐 그것을 협잡꾼으로, 검은색의 끈적거리는 내면의 지옥으로 바꿔 버렸다. 자유로운 사람이라면 누구라도 이러한 죄악, 원한, 자기혐오가 뒤범벅된 것을 자기 영혼이라고 주장하지 않을 것이다. 이 책 『노동하는 영혼』이 다루고 있는 것은 그와 같은 영혼이 아니다.

영혼은 신체의 **클리나멘**Clinamen이다. 신체를 낙하하도록 만들고 다른 신체들과 우연히 만나도록 만드는 것이 바로 이 클리나멘이다. 영혼은 신체의 중력이다. 어떤 신체들이 다른 신체들과 우연히 만나는 이러한 경향이 세계를 구성한다. 에피쿠로스와 루크레티우스로 대표되는 유물론 전통에서는 무세계적 시

---

1. [옮긴이] 아리스토텔레스는 『영혼론』에서 영혼을 육체와 분리될 수 없는 형상으로 바라본다. 영혼이 살아 있는 것들의 제일 원리이기 때문에 영혼에 대한 앎이 모든 진리, 특히 자연을 이해하는 데 크게 기여할 것으로 파악했다.

간worldless time을 제안했다(이 책에서는 아리스토텔레스의 이론이 아닌, 육신적 영혼에 대해 이야기하는 에피쿠로스의 이론이 제사題辭로 인용되었다[2]). 이 시간 속에서는 신체들이 헤아릴 수 없는 허공을 뚫고 비처럼 곧장 아래로 나란히 쏟아진다. 그때 갑작스러운, 예측 불가능한 일탈 또는 벗어남 즉 **클리나멘**이 신체들을 서로 기대게 하고, 신체들은 마침내 영구적인 방식으로 조우한다. 영혼은 피부 속에 있는 것이 아니다. 영혼은 이러한 벗어남의 각도이며 따라서 이 신체들을 함께 끌어당기는 무엇이다. 영혼은 신체들 내부에 숨어 있다기보다는 신체들과 거리를 유지한다. 영혼은 신체들 사이에 있다. 영혼은 신체들의 응집성이며, 신체들이 함께 지니고 있는 **친근성**affinity이다. 영혼은 신체들이 공통적으로 나눠 가지고 있는 무엇, 즉 형태나 어떤 사물이 아니라 리듬, 특정한 진동 방식, 공명이다. 주파수, 조율 또는 울림이 바로 영혼이다.

노동하는 **영혼**에 대해 이야기하는 것은 인지자본주의cognitive capitalism[3]를 둘러싼 오늘날의 논쟁의 중심으로 이동하는 것이다. 영혼은 그저 추상을 위한 역량, 특수한 것을 포섭할 수 있는 역량이 아니다. 영혼은 미학적 기관일 뿐만 아니라, 사유를 공간의 응축과 팽창에, 시간의 **빠름**quickening과 느림lapsing에 노

---

2. [옮긴이] 이 제사는 이 책의 30쪽에서 볼 수 있다.
3. [옮긴이] 인지자본주의에 대한 논의는 조정환, 『인지자본주의』, 갈무리, 2011을 참고 바란다.

출시킨다. 영혼이 노동하도록 배치된다고 말하는 것은 (근래의 논쟁들에서 일부 통용되고 있는 맑스의 구절들 중 두 개를 사용하자면) 사회적 두뇌나 일반지성이 생산과정에서 가치의 첫 번째 원천이 아니라는 점을 인정하는 것이다. 오히려 애착과 취향, 유혹과 의향이 얽혀 있는 망網으로서의 영혼이 가치의 첫 번째 원천이다. 영혼은 단순히 지적 조작들이 이루어지는 소재지가 아니라 세계를 함께 직조하는 정동적이고 리비도적인 힘들이다. 영혼은 세심함, 즉 타자에게 말을 걸고, 타자를 보살피며, 타자에게 호소할 수 있는 능력이다. 오늘날 인지자본주의의 주체는 단순히 지식의 생산자나 상징의 관리자가 아니다(비포Bifo는 이것을 코그니타리아트the cognitariat라고 칭하는데, 우리는 다른 이름으로도 부를 수 있을 것이다). 자본주의는 파토스pathos를 유통시키고 양식mode을 조직한다. 자본주의는 그것의 주체, 욕망의 분야, 소문처럼 돌아다니는 비인격적 정서를 위한 성찰 지점 등을 유통시키고 조직한다. 코그니타리아트는 바이러스를 운반한다.

『노동하는 영혼』은 스스로를 '정신병리학'의 실험이라 부르며, 집단적인 영혼 안의 무언가가 어떻게 포획되었는지 묘사한다. 세계는 무겁고, 두껍고, 불투명하고, 비타협적으로 되었다. 그래도 한 줄기 작고 흐릿한 빛이 비친다. 우리는 더 이상 행동하는 데에서, 즉 유능해지는 데에서, 잠재 능력을 발휘하는 데에서 강제성을 느끼지 않는다. 우리의 수동성은 마치 하나의 해방

release처럼, 하나의 거부처럼 보이고, 우리의 것이 아닌 가능성의 체계는 탈활성화된de-activation 것처럼 보인다. 사물의 현재 상태, [예컨대] 숨 막히게 하는 [세금] 부과를 보면 가능한 것이 무엇인지를 알 수 있다. 우울증[불경기]적인depressive 흐름의 영점零點[바닥]에서 가능한 것이 빛을 잃어감에 따라 우리는 때때로 우리 자신의 잠재력을 강탈당한다. 이 잠재력은 더 이상 현실화의 벡터들 속에 투자되지 않고 다시 우리를 엄습해 오는 힘potency이다.

　이 책이 우리에게 말해주는 바에 따르면, 우울증[불경기]은 정보 흐름의 속도 및 복잡성이 이러한 흐름을 관리하는 '사회적 두뇌'의 역량을 압도할 때 발생한다. 여기에는 곧바로 우울증[불경기]적 폭락으로 끝맺는 공황이 수반된다. 비포의 주장에 따르면, 오늘날 우울증[불경기]이 그렇게 광범위한 것은 오늘날 잉여가치 생산의 조직화가 속도의 현상에, 즉 축적에 기초하고 있기 때문이다. 『그룬트리세』Grundrisse라는 잘 알려진 책에서 맑스는 하나의 경향, 자본의 가치화 과정에서 발생하는 한계 지점에 대해 이야기했다. 다시 말해, 자본의 순환에서 일어나는 한 순간에서 다음 순간으로의 이행이 '생각의 속도로' 발생할 정도의 무한 속도로 자본이 '순환의 시간 없이' 순환할 수 있다는 불가능한 가능성에 대해 이야기했다. 이러한 자본은 심지어 자기 자신을 떠나기 전에, 아무런 장애물도 만나지 않는 과정에서, 시간 없는 이상적인 시간 속에서, 즉 지속 없는 순간(한 점으로 응축하는 주기)의 어지러운 섬광 속에서 자신의 모든 국면들을 관통하면서 자기 자신에게 돌아갈 것이다. 빌 게이츠Bil Gates 같은 내가조차 자신의 저서 『빌 게이츠@생각의 속도』*Business@the Speed of Thought*에서 이러한 환상 — 자본이 치달아가는 한계 지점, 그 소실점 — 을 다시 무대에 올린다. 비포는 이 책이 이러한 문턱을 현재적으로 정식화한다고 인용한다. 빌 게이츠는 정보 순환이 '인간의 사고활동처럼 신속하고 자연스럽게' 발생할 가능성을 호출한다. 그는 이러한 내용을 환상적으로 말하고 있다.

속도가 존재하며 또 속도가 존재한다[속도만이 존재한다]. 여기에서 병리학적 역할을 하는 것은 단순히 속도 그 자체의 현상이 아니다. 사회적 공장 역시 리듬상의 변화들, 속도상의 차이들, 유연하고 불확실하며 항구적으로 대기 중인, 그리고 최신의 아이폰으로 무장한 노동 인구에 가해지는 강력한 방향전환(재교육reorientations) 같은 탈안정화 경험에 의해 지배된다. 이러한 노동의 조직화 속에서 저스트인타임just-in-time 4 생산은 영구적으로 임시적인 노동력에 의해 감독되며, 민주적 제국주의5에 특징적인 통치 형태에 반영되며, 비상사태, 영구적인 이동성, 규범들의 중지suspensions of norms 등에 호소하는 것에 의해 유지된다. [이것이] 위기에 의한 통치, 예외에 의한 지배[이다]. 오늘날 경제 영역과 정치 영역을 분리하는 것은 불가능하다. 낡은 복지국가의

---

4. [옮긴이] 작업의 흐름에 따라 필요한 만큼의 부품을 구입하거나 공급해서 여분의 재고를 줄여 생산 비용을 최소화하는 재고 관리 방식을 일컫는다.
5. [옮긴이] '제국'을 가리키는 것으로 보인다.

사회적 계약과 생산적 협정은 사라져 버렸다. 이제는 불안전성이 시대의 명령이며, 무질서가 통치의 테크닉이다. 우울증[불경기]은 결코 욕망의 고갈이라기보다는 완강한, 고통스럽기는 하지만 리비도적인 태업이나 사보타지, 해체demobilization로 비치기 시작한다. 파업 중인 영혼.

이 책은 다음과 같은 질문에 답하려고 한다. 우리는 어떻게 (노동자가 자본주의적 생산 조직으로부터의 광범위한 '소외[소원]'[6]를 특징으로 하는) 1960년대의 노동자 투쟁의 특수한 형태들에서부터 (마침 이 새로운 리비도적 경제가 집중 장애로부터 새로운 형태의 난독증難讀症에 이르는, 불시의 공황으로부터 대규모의 불경기[우울증]에 이르는 전 범위의 집단적인 병리들을 야기하는 때에) 노동이 심적이고 감정적인 투자가 일어나는 핵심적인 현장이 되어버린 오늘날의 상황에 이르게 되었는가? 달리 말해 우리는, 노동력이 역설적으로 노동의 거부, 자본주의적 가치화 과정으로부터의 노동의 자율, 그리고 노동 자신의 조직

6. [옮긴이] 'estrangement'와 'alienation'은 우리말로 모두 '소외'로 옮길 수 있다. 하지만 이 책에서 'estrangement'는 'Entfremdung'으로, 'aliennation'은 'Entäusserung'으로 서로 구별되어 사용되고 있다. 따라서 두 단어가 함께 사용되는 맥락에서는 'estrangement'는 '소외[소원]'로, 'alienation'은 '소외[외화]'로 옮겼다. 'estrangement'의 경우, 노동자의 자율적 행위를 강조하는 맥락에서는 주로 '소원[거리두기]'으로 옮겼다. 특별한 언급이 없는 한 '소외'는 모두 'alienation'을 옮긴 것이다.

형태들 ― 공장 규율(훈육)로부터의 노동의 이탈 ― 에 의해 규정되는 1960년대와 1970년대의 사회적 적대들로부터 노동이 더 이상 경제적으로 필수적이지는 않지만 자아의 구성에 절대적으로 필요한, 정체성의 핵심이 되어버린 지난 20여 년의 경험을 어떻게 관통해 왔는가? 간단히 말해, 우리는 어떻게 노동으로부터의 탈출에서 노동과의 동일시로 이행했는가?

1977년에 어떤 일이 일어났다. 비포는 이러한 변전變轉[돌연변이]에 자신의 이야기를 덧붙인다. 1977년은 이탈리아 자율 운동에서 노동의 거부가 정점에 달한 해이자, 적대 및 노동자 **필요**의 논리 ― 마리오 뜨론띠Mario Tronti는 이것을 프롤레타리아의 '적대적 의지'라고 불렀다 ― 가 **욕망**의 논리에 굴복한 해이다. 여기에서 사회적 생산성은 더 이상 엄밀한 경제적 범주들로 설명될 수 없으며, 반란의 벡터들은 더 이상 사회적 전쟁의 낡은 상상계imaginary 위에 표시되지 않는다. 1960년대 투쟁들에서 노동자 필요 범주의 중심성은 주로 다음과 같은 두 가지 형태를 띠었다. [첫째] 소비의 영역에서는 '정치적' 가격 매기기로 알려진 직접 민주주의 형태가 존재했다. 여기에서는 도시들의 전 구역들과 인근 지역들이 가격 결정에서의 모든 경제적 합리성을 거부한 집단적인 결정을 토대로, 단독적으로 주택, 교통, 전기 같은 재화 및 서비스의 가격들을 인하했다. [둘째] 생산의 지점에서, 적대의 제1의 지렛대는 임금투쟁이었는데, 여기에서 노동자 권력은 임금 수준

을 생산성에 연계하는 것을 거부하는 가운데 행사되었다. 이들
은 임금이 '독립변수'로 다루어져야 한다고 주장했다. 이 책은 실
제로 1977년의 사건들로 대표되는 돌연변이[변전]에서 시작한다.
1977년에 필요와 적대의 논리는 욕망과 탈주에 자리를 내준다.
그 이야기에서 중요한 것은 공장 규율[훈육]로부터의 이러한 대
규모의 일탈이 불러온 **여파**이며, 자본과 그 파트너들, 즉 노동조
합들과 노동자 정당들에 의해 전후 이탈리아 경제 '살리기'의 시
각에서 작성된 사회계약으로부터의 이러한 단독적인 철회이다.
이 책은 다음과 같이 묻는다. 상상적이고 정동적인 것의 분야
인 욕망의 영역을 정치적인 것의 근본적인 분야로 인정하는 것
은 예전에는 노동의 영역의 집단적인 포기로 이어졌는데, 어떻게
이 욕망의 영역이 오늘날의 노동 질서에서 특권적인 힘으로, 가
치 생산에서 특권적인 시점으로 변형되었는가? 욕망은 1960년
대와 1970년대의 노동의 체제에 맞서 스스로를 긍정했던 정서적
인, 언어적인, 인지적인, 상상적인 에너지들을 함께 엮어, 이번에
는 역설적으로 자본 자체에 의해 작동하게 되는 거부를 만들어
낸다. 영혼과 그 욕망의 이러한 식민화는, 즉 영혼 자체를 생산
과정 속으로 삽입하는 것은 역설적인 결과들을 낳는다. 자본은
경영이론에서 말하는 소위 인간**자본**으로 노동력을 변형하면서,
추상적이고 일반적인 동력이 아니라 특별히, 우리가 노동과정으
로 가지고 오는 정신적이고 인지적이며 정서적인[정동적인] 능력
들의 독특한 조합을 견인하여 작동시킨다. 이처럼 오늘날 우리

의 특별한 창의적이고 지적인 능력들을 통해 재초기화한 기능들로 인해 우리는 노동을 우리가 가장 자유로워지고, 우리의 욕망들을 가장 잘 실현할 수 있는, 즉 **우리 자신**을 가장 잘 실현할 수 있는 사회적 삶의 일부로 경험한다.

이 책은 구성주의compositionism라고 불리는 방법을 사용하여 자본의 현재적 역학을 '인지적인' 면에서 분석한다. 비포가 구성주의라는 용어를 사용하는 것은 특히 맑스주의의 이탈리아적 경향(그는 이것을 계승하면서도 이것과 단절한다)을 묘사하기 위해 **오뻬라이스모** ― 노동자주의 ― 라는 용어를 사용함으로써 야기되는 오해를 피하기 위해서다. 엄밀히 말해, 고전적인 **오뻬라이스모**의 국면은 1960년대 초기에 시작하여 1973년 (비포가 영향력을 행사했던) 〈노동자의 힘〉Potere Operaio 그룹의 해체로 끝났다. 하지만 구성주의적 사유의 폭넓은 분야는 오늘날 매우 생생하게 남아 있으며, 여기에는 **빠올로 비르노**Paolo Virno, 안또니오 네그리Antonio Negri, 마우리치오 랏자라또Maurizio Lazzarato 같은 사상가들로 대표되는 광범한 경향들이 포함된다. 이 전통은 세 개의 중첩된 이론적 약진들에 기초하고 있다. 자본의 발전에서 노동자 투쟁의 우선성을 주장하는 공리, 조직적 생산이 잉여가치를 강탈하는 토대를 파괴한다고 위협하는 노동자 권력의 형태인 "일반지성"general intellect의 출현에 대한 (『그룬트리세』에서의) 맑스의 묘사, 그리고 정치적 조직과 행동의 새로운 형태들을 해독하기 위한 열쇠인 노동계급의 변화하는 구성에 대한 연구 들이 그것이다. 첫 번째 개념은 자본의 변화하는 구조를 자본 자체의 내적 모순들에 기초해 이해해서는 안 되고, 프롤레타리아 공격에 대한 일정한 대응으로서, 또 그것의 활용으로서 이해해야 한다고 요구한다. 노동자의 불복종만이 자본 편에서의 재구조화를 개시하게 한다. 자본의 유기적 구성 — 고정자본 대 가변자본의 비율 — 이 변화를 겪는 이러한 대응은 노동계급의 내적 응집성의 재구성을 야기한다. 노동자 거부의 우선성에 관한 이러한 공리는 이어서 프롤레타리아의 경험에 대한 현상학의 발전을 규정했다. 이 현상학은 노동계급의 다양한 층들의 변화하는 내적 구성을 설명했으며, 직접적 생산과정에서 지배적 역할을 떠맡게 될 신생 계층을 확인했다. 예컨대, 초기 사회적 구성들에서 차지하는 숙련노동자의 헤게모니에 뒤이은, 포드주의 공장에서 대중노동자의 점증하는 중요성. 노동계급의 상이한 계층들에 대한 이러한 분석을 기초로, 이러한 구성에 적합한 — 당 그리고 당의 혁명 전략을 뛰어넘는 — 새로운 정치적 조직 및 행동 형태들[이 출현한다]. 마지막으로, '일반지성'의 테제들 — 맑스는 이 테제들에서 노동시간이 더 이상 가치의 척도로서 정립될 수 없는 순간에 다다른 생산과정에서의 자동화의 활용을 발견한다 — 은 이전의 두 가지 개념들을 함축한다. 점차 더 자동화된 생산체계로의 이동이 노동일을 둘러싼 노동자 투쟁들에 대한 대응으로 이해된다면, 지성과 지식을 생산적 힘으로 정립하는 것은, 노동의 패러다임 형태로 출현하는 특정 영역들(비포의 분석에 따르자면 코그니타리아트)을 동반하는 노동계급의 구성 내부에서의 변화를 함축한다. 계급 구성의 방법이 사회적 전쟁의 새로운 개시들 ― 또 다른 수준의 복잡성과 강도로의 고양, 도입된 지식의 생산 및 관리에 점점 더 기초하게 되는 노동과정의 유령specter, 고전적인 노동 분업의 침식과 그에 상응하는 조직적 도식들 ― 을 탐색하는 시각에서 이루어지는 한에서는 말이다. 구성주의적 전통에 속하는 전사들militants은 일반지성에 대한 맑스의 분석에 박차를 가함으로써 현재의 계급 적대의 동역학에서 일어나는 일련의 변화들을 도식화할 수 있었다. 구상과 실행의 차이, 생산 관리와 생산 자체의 차이가 침식되면서 갈등의 장소가 사회 전체로 일반화되는 징후가 나타났다. 그리고 생산과 착취의 독특한 지점인 공장에 부여된 절대적 특권이 축소되었다.

이 책은 이러한 분석적 전제들로부터 시작한다. 인지자본의 동역학을 기술하기 위한 출발점으로 일반지성에 대한 테제를 사용하면서 이 책은 오늘날의 노동 경험에서 전개되고 있는 감정적이고, 정서적이며[정동적이며] 미학적인 구조들textures과 경험들의 범위를 포괄하기 위해 이 개념을 재초기화하고reformat 거기에 '영혼'이라는 새로운 이름을 부여한다. 거기에서부터 이 책은 자율 영역들이 증대하고 노동자 필요들이 코뮤니즘적 욕망으로 대체되는 것과 더불어, 1960년대에 시작하고 1977년에 정점 ― 대중이 공장들과 임금관계로부터 이탈한 시점 ― 에 이른 프롤레타리아의 강도 높은 거부에 대한 대응으로 현재의 축적 체제가 출현했다고 설명한다. 그리고 가장 중요한 것은, 이 책이 인지 노동자를 패러다임으로 하는 새로운 계급 구성이 열어젖힌 정치의 가능한 형태들을 판독하려고 시도한다는 것이다. 레닌주의 당 도식과 부르주아 국가에 대한 혁명적 파괴의 결정적인 내파는 정치적 형태들과 벡터들의 어떤 변화들을 함축하는가? 다시 말해, 초기의 계급 구성에 상응하는 고전적인 조직 및 행동 형태들이 쇠퇴해 버린 오늘날 같은 탈정치적 시기에 코뮤니즘의 가능성들이란 무엇인가?

우리는 근래에 코뮤니즘에 대해 다시 말하기 시작하고 있다. 우리는 아직 코뮤니즘이 무엇인지 알지 못하지만, 우리가 원하는 것은 바로 코뮤니즘이다. 이 책의 수수께끼 같은 최종적인 노선들은 코뮤니즘의 가능성, 즉 더 이상 '새로운 전체화의 원리'가 아니라 '치유적 전염'을 통한 자율적 소통하기의 버팀목들을 구성하는 부단한 과정인 코뮤니즘의 가능성들을 성찰하도록 요구한다. 비포의 제안에 따르면, 정치는 여전히 전체성의 질서에 속한다. 국가의 중재와 법률 같은 형태들을 통한 사회적 갈등의 관리로 이해되건, 또는 더 이상 단순화할 수 없는irreducible 적대의 실천으로 이해되건, 정치적인 것은 항상 전체성과 부정의 논리적이고 형이상학적인 범주들과 결합되었다. 코뮤니즘은 정치적인 것의 쇠퇴를 의미한다. 그러나 탈정치적 시기는 사물들의 관리를 향해서가 아니라, 엥겔스가 예전에 꿈꾸었던 것처럼, 여기에서 감히 **치료**라고 불리는 것을 향해 ─ 다시 말해, 대도시의 불행의 공장으로부터 이탈하는 '행복한 특이화들'의 분절과 함께 ─ 열린다.

(비포가 1975년에 설립한) 볼로냐의 자율주의적이고 펑크적인autonomo-punk 저널인 『아/뜨라베르소』*A/traverso*에 의해 울려 퍼진 슬로건은 다음과 같다. '행복의 실천은 집단적일 때 전복적이다.' 이러한 외침은 아무리 약화되었다 할지라도 여전히 울림을 지닌다. 오늘 우리는 여기에 다음과 같이 덧붙인다. '행복은 오직 특이성들을 생산할 때에만 집단적이다.' 비포는 영혼과 그 영혼의 정동적이고, 언어적이며 인지적인 힘들이 노동하도록 배치되는 오늘날의 생산 조직을 불행의 공장이라고 부른다. 그 까닭은 포스트포드주의 공장 명령들에서 노동의 주요한 기능이 가치의 창출이 아니라 주체성들을 만들어 내는 것 ─ 정신적인 공간의 모델화, 통제 기술로서의 정신병리학의 도입 ─ 이기 때문이다. 사회적 필요노동의 양이 무의미해져서 더 이상 가치의 척도로 진지하게 고려될 수 없는 자본주의적 발전의 국면에서, 노동의 질서[명령]라는 영적인 내세ghostly afterlife는 전적으로 정치적인 필요에 의한 것이다. 노동은 규율[훈육]의 문제이며, 순종順從을 생산하는 것이다. 노동이 리비도적이고 자기애적인 투자의 장소가 되어 욕망을 표현하기보다는 욕망을 착취하는 비참과 의존성의 망을 짤 때, 우리는 우리 자신의 불행에 속박되고 구속된다.

'행복'은 부서지기 쉬운 말이다. 비포는 펠릭스 가따리Félix

Guattari에 대해 쓴 어떤 책에서, 행복이 '진부하고 평범하게'(우리는 여기에 '고약하게'라고 덧붙일 수 있을 것이다) 들릴 수 있음을 인정한다. 행복이라는 말은 영원히 더럽혀지기에 충분할 정도로 이 세상의 쁘띠 부르주아의 고약한 냄새가 나는 입속에서 오랫동안 시들어왔다. 우리의 형이상학자들은 행복을 경멸스럽게 다루었다. 헤겔은 그것을 우둔한 직접성dumb immediacy과 동일시했으며, 빈 페이지 같은 공백으로 여겼다. 칸트 역시 분명히, 행복한 상태에 있는 것보다 행복할 자격이 있는 것이 더 선하다는 전제 위에 자신의 도덕 철학을 확립했다. 윤리학은 가치의 질서와, 미학적 직물들과 시간/공간의 우연성에 의해 구축되는 정동들의 질서 사이의 결함 속에서 시작된다. 정신분석은 행복이 상당한 희생을 치른 뒤에 온다고 가르쳤다. 충동들의 금욕, [그러나] 금욕은 충동들을 제거하기는커녕 그것들을 훨씬 더 불쾌한 것으로 만든다. 이것은 그것들이 죄악과 지독한 자기고뇌의 모습으로 우리에게 돌아오도록 만들었다. 맑스는 아담 스미스Adam Smith가 자유를 행복과 혼동하고, 노동을 필연성, 희생, 고통과 혼동했다고 경고했다. 맑스는 이것이 노동의 시각에서, 즉 '외부에서 강제된 노동'인 임금노동의 현행 체제의 시각에서 볼 때에만 참이라고 공격했다. 그러나 노동이 우리에게 희생이라면, 그것은 언젠가 '자기실현'이 될 수 있다. 그 자신의 생존조건의 구축과 지배, 자기객관화로서의 자유, 세계를 자기 자신의 생산으로 만드는 것. 노동이 더 이상 폭력, 범죄, 경제적 이유를 통해 생산수단을 독점하는 소규모 파벌들에 의해 조직되지 않는 사회에서, 노동은 매력적으로 될 것이다. 푸리에에 이어 맑스는 그러한 노동이 매력적인 노동이 되는 것은, 그것이 더 이상 노동이 아니기 때문이며, 기쁨이 노동하는 과정에서 축적되고 공유되며, 자아를 계발하고 보살피기 때문이라고 말한다. 이러한 즐거움은 단순히 유희나 신이 금지한 '놀이'가 아니라 맑스가 "대단한 진지함"damned seriousness이라고 불렀던 것이 될 것이다. "진정으로 자유로운 노동, 예를 들어 작곡은 대단한 진지함임과 동시에 강도 높은 노력이다."7

도래할 코뮤니즘의 과제는 맑스가 '개인의 자기실현'이라고 부르는 것 그리고 비포가 '행복한 특이화들'이라고 부르는 것이 가능하게 되는 자율의 버팀목들을 구성하는 것이다. 오늘날의 노동 체제는 맑스가 기획하는 시나리오와 완전히 정반대되는 것을 만들어내었다. 노동은 리비도적 투자의 장소가 되었지만 대단히 진지한 행복의 실천보다는 병리들과 우울증을 생산한다. 치유적 전염 지대를 창조하는 것은 임금의 낡은 형태(여기에서는 여전히 노동의 시간으로 가치를 측정하려고 한다)로부터의 이탈뿐만 아니라 우리 자신에 대한 노동을 착수하는 것 역시 필요로 한다. 노동거부의 위대한 시대는 우리가 우리 자신에 대

---

7. Marx, *Grundrisse*, p. 611[칼 맑스, 『정치경제학 비판 요강 II』, 김호균 옮김, 백의, 2002, 266쪽]. 강조는 필자.

한 공격을 계속하기를, 프롤레타리아가 하나의 계급으로서의 자기 자신을, 노동으로서의 자기 자신을 파괴할 것을 요구했다. 오늘날, 이러한 파괴의 정치학은 일차적으로 본성상 미학적인 치유법으로 대체되었다. 사회적 공장, 그 일시성들과 리듬들이 빠진 영토를 구성하는 **후렴[반복구]**refrain의 구성[작곡]. 맑스에게 진정으로 자유로운 노동 — 행복 그 자체 — 의 특권적인 사례는 '작곡[구성]', 즉 코뮤니즘적 악보의 구축이다. 이제 우리는 다음과 같은 사실을 알고 있다. 도래할 코뮤니즘의 미학적 패러다임은 삶의 형태들을 특이화하고 **정교화**하는 데 있을 것이다. 그것은 바로 노래가 공명하고 울려 퍼지는 공간을 노래 자체가 자유롭게 만들어 줄 코뮤니즘일 것이다.

제이슨 스미스[8]

---

8. 제이슨 스미스(Jason Smith)는 2006년 캘리포니아 대학에서 비교문학 박사학위를 취득했으며 현재 패서디나에 있는 디자인 예술 센터 대학의 예술학부에서 대학원 조교수로 재직하고 있다. 현대 예술, 대륙 철학과 철학 이론 등에 관한 글을 쓰고 있으며, 많은 글들을 여러 잡지에 발표했다. 최근에는 필립 암스트롱과 함께 장-뤽 낭시와의 긴 인터뷰집, 『정치적인 것과 그 너머』(*Le politique et au-delà*, Paris : Galilée, 2011)를 출간했다. 현재 기 드보르의 영화에 관한 책을 집필 중이다.

서론

영혼이 비물질적이라고 말하는 사람들은 헛소리를 하는 것이다.
왜냐하면 영혼이 비물질적이라면, 영혼은 어떤 것에 영향을 주지도 않고
어떤 것으로부터 영향을 받지도 않을 것이기 때문이다.
그러나 실제로 우리는 이러한 두 가지 속성 모두가 영혼에 속함을 분명히 알 수 있다.
— 에피쿠로스, 『헤로도토스에게 보내는 편지』, par. 67.[1]

내가 논의하려고 하는 영혼Soul은 정신spirit과 아무런 관계가 없다. 영혼은 오히려 생물학적 물질을 생동하는 신체로 전환하는 활기찬 숨결이다.

나는 영혼을 유물론적 방식으로 논의하고 싶다. 신체가 할 수 있는 것, 그것이 바로 신체의 영혼이라고 스피노자는 말했다.

푸코Michel Foucault는 산업사회의 형성과 함께 나타난 주체화 과정들을 기술하기 위해서 사회적 생산의 기계들을 통해 신체를 제압할 수 있는 제도들과 장치들을 만들어 신체를 규율[훈육]하는 근대에 대한 이야기를 한다. 산업적 착취는 신체들, 근육들, 팔들을 다룬다. 이러한 신체들이 활기차고 기동적이며, 지적이고 반응적이지 않았다면 어떠한 가치도 지니지 못했을 것이다.

내가 기호자본주의Semiocapitalism라고 부르는 포스트포드주의적 생산양식의 발흥은 마음mind, 언어, 창의성을 가치 생산을 위한 그 자신의 주요한 도구들로 취한다. 디지털 생산의 국면에서 착취는 본질적으로, 노동하는 인간의 시간에 의해 생산된 기호적 흐름 위에서 이루어진다.

우리가 비물질적 생산을 이야기하는 것은 이러한 의미에서이다. 언어와 화폐는 결코 은유들이 아니지만, 그럼에도 불구하

---

1. *The Philosophy of Epicurus*, translated by Gorge K. Strodach, Evanston : Northwestern University Press (1963), pp. 128~129 [에피쿠로스, 『쾌락』, 오유석 옮김, 문학과지성사, 2000, 75~76쪽].

고 비물질적이다. 언어와 화폐는 아무것도 아니지만, 그럼에도 불구하고 모든 것을 할 수 있다. 언어와 화폐는 움직이고, 대체하며, 증식하고 파괴한다. 언어와 화폐는 기호자본Semiocapital의 영혼이다.

만일 오늘날 미셸 푸코의 계보학적 작업을 계승하고자 한다면, 우리는 이론적 관심의 초점을 정신적 반응, 언어, 상상력의 자동현상automatism으로, 그리하여 인터넷the Net에서 발생하는 정신적 작업의 소외와 불확실성의 새로운 형태들로 옮겨야 한다.

이 책에서 나는 1960년대에 지배적이었던 맑스주의 언어를 새롭게 고찰하고, 포스트구조주의, 분열분석, 사이버문화의 언어들의 활력을 재확립하기 위해 노력할 것이다.

'영혼'이라는 말이 위와 같은 역사적 시기에 결코 사용된 적이 없다는 사실에도 불구하고, 나는 소외라는 논점에 주목하는 다수의 문제들의 핵심을 재사고하기 위해 ─ 은유적으로 그리고 심지어는 다소 아이러니하게 ─ 이 말을 사용하고자 한다. 헤겔적 시각에서 이 논점이 인간 본질과 활동의 관계에 의해 규정된다면, 이탈리아 노동자주의(오뻬라이스모)의 유물론적 시각에서 소외는 인간 시간과 자본주의적 가치의 관계로, 다시 말하자면 신체와 영혼 모두의 물화로 규정된다. 20세기의 헤겔적 맑스주의의 전통에서 '소외' 개념은 육신성corporeality과 인간 본질 사이에 존재하는 관계에 특히 주목한다. 헤겔에게 '소외[외화]'Entäusserung라는 단어는 타자가 되는 자아를 나타내고, 존재와 실존 사이에 존재하는 역사적이고 세속적인 분리를 나타낸다.

맑스에게 소외 개념은 삶과 노동의 분열을, 노동자들의 신체적physical 활동과 그들의 인간성, 즉 인류로서의 그들의 본질 사이의 분열을 뜻한다. 1960년대의 급진 철학이 주요하게 참조했던 『1844년의 수고』[2]의 저자인 청년 맑스는 소외 개념에 중심적인 역할을 부여한다.

이전의 헤겔에게서처럼 맑스의 용어에서 소외[외화]와 소외[소원]Entfremdung는, 동일한 과정을 서로 다른 두 개의 입장에서 규정하는 술어들이다. 소외[외화]는 자본 지배의 상황에서 하나의 대상[객체]과 직면했을 때 의식에 의해 감지되는 상실감을 뜻한다. 소원[외화]은 의식과 외면적인 느낌 사이의 대립을 나타내며, 노동에 대한 의존성을 거부하는 것을 바탕으로 하는 자율적인 의식의 창출을 나타낸다.

이탈리아의 노동자주의적 사유는 당시의 지배적인 맑스주의적 시각을 뒤집었다. 노동계급은 더 이상 소외의 수동적인 대상으로 간주되지 않고 그 대신 자본주의 사회의 이해관계들로부터 소원해지기[거리를 두기] 시작함으로써 공동체를 건설할 수 있

---

2. [한국어판] 칼 마르크스, 『경제학-철학 수고』, 강유원 옮김, 이론과실천, 2006.

는 거부의 능동적인 주체로 간주된다.

소외는 따라서 인간적 진정성authenticity의 손실이 아니라 자본주의적 이해관계로부터의 소원[거리두기]으로, 그리하여 궁극적인 인간관계 ─ 노동관계들과 거리를 두고 또 그것들에 적대적인 공간 속에서의 인간관계 ─ 의 구축을 위한 필수적인 조건으로 간주된다.

임상적 소외를 바라보는 전통적 시각에 대한 이와 유사한 전복이 프랑스의 포스트구조주의에 의해 모습을 드러내고 있었다. 정신의학에 의해 단지 자기의식의 분리와 상실로만 여겨지던 정신분열이 펠릭스 가따리에 의해 완전히 새로운 용어들로 다시 사유된다. 정신분열은 의식의 분열에 의한 수동적 효과가 아니라 오히려 복합적이고 증식적이며 유목적인 의식의 형태라는 것이다.

이 책에서 나는 소외와 총체화[전체화]라는 헤겔주의적 개념들에 기초하는 1960년대의 개념적 틀과 생명[관리]정치학 및 욕망의 정신병리학의 개념들에 기초하고 있는 오늘날의 개념적 틀을 비교하고자 한다.

이 책의 1장에서 나는 1960년대 철학과 노동이론들 사이의 관계를 기술하고자 한다. 헤겔주의적 르네상스와 비판이론의 구성이라는 물결 속에서, 산업노동은 소외의 관점에서 이해되었으며, 착취에 대한 산업노동자들의 반란은 탈소외disalienation 과정의 시작으로 이해되었다.

이 책의 2장에서 나는 노동과정들의 점진적인 정신화, 그리고 그 결과로서의 영혼의 노예화에 대해 설명할 것이다. 영혼을 노동하도록 배치하는 것, 이것이 소외의 새로운 형태이다. 우리의 욕망하는 에너지는 자기기업[자기-모험심]self-enterprise이라는 속임수의 덫에 걸리고, 우리의 리비도적 투자들은 경제적 규칙들에 의해 규제되며, 우리의 관심은 가상적 네트워크들의 불확실성에 포획된다. 정신적 활동의 모든 파편들은 자본으로 변형되어야 하는 것이다. 나는 가치화 과정에서의 욕망Desire의 길 뚫기channeling를 기술할 것이다. 또 영혼이 노동과정들에 종속당하는 현상의 정신병리학적인 함축들을 기술할 것이다.

3장에서 나는 소외에 대한 관념론적인 개념에서부터 정신병리학의 분석적 개념에 이르는, 몇몇 급진적인 이론들의 진화를 추적할 것이다. 나는 또한 욕망의 철학(들뢰즈와 가따리)과 시뮬레이션 철학(보드리야르)을 비교하여, 그들의 차이들뿐만 아니라 그들의 상보성 역시 강조할 것이다.

이 책의 4장에서 나는 노동의 — 특히 인지노동의 — 불확실화가 불러온 효과들, 그리고 언어와 정동들에 대한 생명[관리]정치적 정복이 가져온 효과들의 윤곽을 그려보려 노력할 것이다.

결론 부분에서 나는 전 지구적 경제인 통합적인 정신기계적 유기체가 오늘날 붕괴되고 있는 것에 대해 논평할 것이다. 최근의 금융적 균열에 뒤이은 전 지구적 경제의 붕괴는 영혼을 위한 자율과 해방의 새로운 세기의 개시가 될 수 있을 것이다.

1장

1960년대 철학에
나타난 노동과 소외

투쟁 속에서 하나가 된 노동자들과 학생들

1960년대에 맑스주의는 구조주의, 현상학, 신헤겔주의 같은 다양한 학파의 사유를 끌어당기는 기둥이었다. 그리고 1968년의 위대한 국제적인 폭발은 수많은 수준들에서 발전해 오고 있었던 이론적 작업을 위한 도달점으로, 다양한 기획들의 교차점으로 읽힐 수 있다.

인류의 역사에서 이전에 들어보지 못했던 공시성을 갖추었던 1968년에, 우리는 이 자본주의의 **몰록**moloch 1과 사회주의 세계의 권위주의 모두에 맞서 싸우는 전 세계의 거대한 인민 대중들 — 노동자들과 학생들 — 을 볼 수 있다.

이러한 견지에서 볼 때, 1968년의 운동들은 의식적인 세계화의 첫 번째 현상이었다. 우선, 국제주의가 그 행위자들의 의식 속에서 나타났다. 버클리에서는 사람들이 베트남 참전을 반대하기 위해 집결했는가 하면, 상하이에서는 파리의 학생들과 연대하는 집회들이 있었다. 프라하에서는 학생들이 소비에트 권위주의에 맞서 싸우고 있었는가 하면, 밀라노에서의 타격 대상은 자본주의 국가였다. 그렇지만 이와 같은 상이한 운동들에서 나

---

1. [옮긴이] 히브리어(語)로는 Molek. 원래 바빌로니아(바벨론) 지방에서 명계(冥界)의 왕으로 알려졌고, 가나안에서는 태양과 천공(天空)의 신으로 알려졌다. 어린이를 제물로 바쳐 제사 지내는 인신공희(人身供犧)도 행했다. 예루살렘 남쪽의 힙놈계곡에서는 이러한 이교적 제의가 많이 행해졌던 모양이나(예레 32:35~), 그 후 요시아 왕의 종교개혁 때에 전부 퇴치되었다(열왕 23:10~)고 전한다.

타나는 긍정적인[적극적인] 의미는 어디에서나 동일했다.

이러한 운동들이 갖는 의미는 새로운 역사적 동맹이 출현했다는 것이었다. 그 동맹은 대중의 지적 노동과 산업노동에 대한 노동자들의 거부 사이에서 이루어진 동맹이었다.

20세기의 역사에 깊이 뿌리박고 있었음에도 불구하고, 또한 20세기에 새겨진 다양한 학파의 사유에 의해 이데올로기적으로 영향을 받았음에도 불구하고, 1968년은 산업사회들로부터 벗어나는 출구의 시작을, 근대 민족-국가의 이탈로 이어지는 과정의 시작을 표시한다.

노동자들과 학생들, 이 두 항들은 일반적인 사회노동의 구성에서 새로운 특질을 표시하며, 20세기의 역사에서 새로운 종류의 혁신적인 잠재성의 표현[분절]을 함축하고 있다.

지적이고 기술적이며 과학적인 노동의 출현은 1960년대를 가리키는 기호이다. 1968년 운동들의 정치적 힘은 대중이 되어버린 학생들에게서 유래한다. 그들은 세계적 수준에서 강력한 동질성을 특징으로 하는 일반적인 사회적 노동력의 일부가 되었다.

이와 같이 1960년대에 산업 노동계급은 노동의 조직화에 점점 더 소원해지게[거리를 두게] 되었고, 마침내 이 소원[거리두기]은 공공연한 불복종과 조직된 반란이 되었다.

일부 생산부문들에서, 예컨대 자동차 생산 주기에서처럼, 노동은 대규모의 탈인격화된 특징을 갖게 되었다. 노동거부가 더 의미 있게 폭발한 것은 바로 이 부문들에서이다. 1970년대 중반 전체 유럽의 자동차 생산 주기는, 자본주의적 규칙의 재언명再言明을 목표로 한 과학기술적 재조직화가 노동자들의 힘을 패퇴시키기 전까지, 노동자들의 투쟁들, 사보타지, 결근의 물결에 휩쓸렸다. 과학기술적 재구조화는 인간 노동의 기계로의 대체, 전체 생산 주기들의 자동화, 정신적 활동의 복종을 수반했다.

'투쟁 속에서 하나가 된 노동자들과 학생들'은 어쩌면 소위 '이탈리아의 붉은 2년간'의 가장 중요한 슬로건일지도 모른다. 1968년과 1969년에 이러한 말들은 수많은 집회, 회합, 파업, 시위에서 외쳐졌다. 그것들은 정치적이고 이데올로기적인 동맹이나 외면상의 연대 형태를 훨씬 뛰어넘는 것이었다. 그것들은 노동과 지성 사이의 유기적 통합을 알리는 신호였다. 그것들은 맑스가 『그룬트리세』에서 논의한 일반지성의 의식적인 구성을 의미했다.

이 기간 중에 분명히 드러난 이론적 문제들, 사회학적 상상력, 그리고 철학적 비판은 — 산업노동의 거부에 기초한 운동에 문화적이고 생산적으로 수렴하는 — 학생운동의 사회적이고 문화적인 발달들 속에 직접적으로 함축되어 있다.

종종 '노동자주의'라고 일컬어지는 이탈리아의 신맑스주의는 노동계급 투쟁들과 지적이고 과학기술적인 변형들 간의 관계에 초점을 맞추는 사유 학파이다.

근대적 지성

오늘날 '지성'이라는 단어는, 이 단어 주변에 사회적 지식의 논점들뿐만 아니라 윤리학과 정치학 역시 합쳐지면서, 20세기 전반에 걸쳐 자신이 지니고 있던 의미의 대부분을 잃어버렸다. 20세기 후반 지적 노동은 자신의 본성을 완전히 바꿔 점점 더 경제 생산의 영역 속으로 흡수되어 버렸다. 디지털 과학기술들이 인지노동의 개별 부분들의 연계를 가능하게 만들자, 분할된 지적 노동은 가치 생산 주기에 종속되었다. 20세기의 유산인 좌파의 이데올로기적이고 정치적인 형태들은 이러한 새로운 맥락에서 효력을 상실하게 되었다.

과거 부르주아 사회의 맥락에서, 근대 계몽의 영역에서, 지식인은 그/녀의 사회적 조건에 의해 정의되지 않고, 보편적 가치 체계의 대표로 정의되었다. 계몽이 지식인들에게 부여한 역할은 — 이성을 행사함으로써 — 인간적 권리들의 존중, 평등, 법의 보편성을 확립하고 보장하는 것이었다.

근대적 지식인 형상은 칸트의 사유에서 철학적 정당성을 발견한다. 그러한 맥락 속에서 지식인은 사회적 실존과 독립적인 형상으로서, 아니면 최소한 사회적으로 영향을 받지 않고 윤리적이고 인지적인 선택을 하는 형상으로서 출현한다. 보편적인 인간적 합리성의 담지자인 계몽된 지식인은 칸트의 '나는 생각한다.'라는 사회적 결정으로 간주될 수 있다. 지식인은 어떠한 경계들로부터 자유로운 사유의 보증인이다. 다시 말해 보편적인 인간적 이성의 표현이다. 이러한 점에서 지식인은 민주주의의 보증인이다. 민주주의는 어떠한 문화적 뿌리나 귀속으로부터 유래할 수 없다. 민주주의는 오직 가능성들과 선택들의 무한한 지평으로부터, 보편적 이성에 접근하기 위해 기호들을 교환하는 기호적 행위자이자 주체인 모든 사람들에게 주어지는 접근권 및 시민권의 기회들로부터 유래할 수 있을 뿐이다. 이러한 점에서 지식인의 형상은 민중에 대한 낭만주의적 관념과 반대되며, 오히려 그러한 관념에서 벗어나고 있다. 민주주의의 근대적 모험은 보편적 사유로부터 태어나는바, 이러한 보편적 사유는 사실상 문화의 역사성과 영토성에서 벗어나고 있다. 민주주의는 문화, 민중, 전통의 표시를 가질 수 없다. 민주주의는 귀속을 주장하기보다는 근거를 갖지 않는 놀이, 창안, 집회가 되어야 한다.

역사적 유물론과 변증법적 유물론은 모두 그와는 완전히 다른 시각을 주장한다. 지식인은 사유의 역사로부터 사회계급들의 역사로 그 계통을 이을 운명을 타고난, 특정한 역사적 메시지의 행위자가 된다. 『포이에르바하에 관한 테제』*Theses on Feuerbach*의 열한 번째 테제에서 맑스는 지식이 역사적 과정에서 가져야 하는 역할에 대해 언급하면서 다음과 같이 쓰고 있다.

철학자들은 세계를 단지 다양하게 해석해 왔을 뿐이다. 그러나 중요한 것은 세계를 변화시키는 것이다.[2]

맑스주의적 지식인들은 자신들을, 계급 없는 사회를 만드는 것을 목표로 하는 역사적 과정의 수단들로 간주한다. 코뮤니즘적 기획은 이론으로부터 물질적 힘을, 지식으로부터 세계를 바꿀 수단을 만들어 낸다. 계급과 임금노동의 폐지를 향한 싸움에 참여하는 한에서만, 지식인은 실제로 보편적인 임무의 행위자가 된다.

지식인들의 역할은 20세기 정치철학에서, 특히 레닌Vladimir Ilich Lenin에게서 시작되는 코뮤니즘적인 혁명적 사유에서 결정적이다. 레닌은 『무엇을 할 것인가?』What is To Be Done? 에서 노동계급의 편에서 역사적 과정을 이끌 임무를 지식인들에게 부여한다. 자유로운 정신인 지식인들은 하나의 사회적 이해관계의 행위자가 아니라 새롭게 출현하는 이해관계에 봉사한다. 지식인들은 그러한 이해관계를 당(궁극적인 집단적인 지성)과 동일시한다. 레닌에게 지식인들은 하나의 사회계급이 아니며, 그들은 지지할 어떠한 특수한 이해관계도 갖지 않는다. 그들은 철학적 사유로

---

2. Karl Marx, *Theses on Feuerbach in Karl Marx*, (with Friederich Engels), *The German Ideology*, Prometheus Books : New York, (1998), p. 574 [칼 맑스·프리드리히 엥겔스, 『칼 맑스 프리드리히 엥겔스 저작 선집 L』, 김세균 감수, 박종철 출판사, 1991, 189쪽].

부터 유래하는 혁명적 의식의 행위자이자 조직자가 될 수 있다. 이러한 점에서 지식인들은 정신Spirit의 순수한 되기becoming에, 헤겔주의적인 자기의식의 발달에 가장 가까운 것이다. 다른 한 편, 노동자들은 사회적 이해관계의 행위자들임에도 불구하고, 철학적 유산을 구현하고 물려주는 당의 정치적 구조를 통하지 않는다면, 순수한 경제적 국면(헤겔이 말한 사회적 존재의 자기의식)에서 의식적인 정치적 국면(자기의식 그 자체)으로 이동할 수 없다.

지식인들에 대한 고찰이 더욱 특수해지고 구체적이 되는 것 은 그람시Antonio Gramsci부터이다. 그람시가 아직도 휴머니즘적인 지식인에 연결된 형상에 대해 생각하고 생산의 어떠한 동력으로 부터도 거리를 두고 있다는 사실에도 불구하고 말이다. 오직 20 세기 후반이 되어서야 지식인의 형상이 그 본성을 바꾸기 시작 하는데, 그 이유는 지식인의 기능이 과학기술적인 생산과정에 깊숙이 통합되기 때문이다.

1968년으로 이어지는 문화적 분위기의 형성에서 대단히 중 요한 사르트르의 저작에서, 지식인 개념은 생산적이고 사회적인 관점보다는 여전히 의식의 관점에 묶여 있다.

지식인은 인간과 사회라는 전 지구적인 개념의 이름으로, 자신의 일이 아닌 것에 참견하고 통념의 진리들과 그것들이 촉발한 일반적 으로 인정되는 행위에 대해 문제를 제기하는 사람이다. … 핵전쟁 기술을 완성하기 위해 핵분열에 관련된 일을 하는 과학자들이 '지식인'으로 불려서는 안 될 것이다. 그들은 과학자에 지나지 않는다. 그러나 이와 같은 과학자들이 (자신들이 창조하는 데 기여했던) 이 장치들의 파괴적인 힘에 두려움을 느껴, 힘을 합쳐 원자탄의 위험성을 여론에 경고하는 선언서에 서명한다면, 그들은 지식인이 된다. … 그들은 자신들이 권능을 발휘하는 분야를 벗어나 길을 잃는다. 원자탄을 만드는 것과 그것의 사용을 평가하는 것은 별개다. … 그들은 원자탄이 가지고 있을지도 모를 기술적 결함을 이유로 원자탄의 사용에 저항하는 것이 아니라, 인간 삶을 그 최고의 표준으로 이해하는 매우 논쟁적인 가치 체계의 이름으로 저항한다.[3]

이런 맥락에서 보면, 사르트르에게 지식인은 보편적인 대의들을 위해 참여하는 것을 선택하는 사람이다. 지식인은 이러한 참여에 사회적으로 운명 지어져 있지 않다. 그러나 지적 노동이 직접적으로 생산적인 기능이 된다면, 과학자들이 인지적 생산의 기계에 응용되는 노동자들이 된다면, 그리고 시인들이 선전, 즉 상상적 생산의 기계에 응용되는 노동자들이 된다면, 완수되어야 할 보편적 기능이란 더 이상 존재하지 않는다. 지적 노동은 자본

---

3. Jean-Paul Sartre, "A Plea for Intellectuals," translated by John Matthews, in *Between Existentialism and Marxism*, New York : Pantheon, (1974), pp. 228~285, pp. 230~1.

의 자율적인 과정의 일부가 된다.

비록 그 운동의 아주 작은 부분만을 알아차릴 수 있었지만, 1968년에 그러한 문제에서의 변화가 잠재적으로 존재하고 있었다.

대중의 학자화, 그리고 생산의 기술적이고 과학적인 변형의 결과로, 지식인의 역할은 다음과 같이 다시 규정되었다. 그들은 더 이상 생산으로부터 독립한 계급이 아니며, 순수하게 윤리적이고 자유롭게 인지적인 선택의 임무를 떠맡은 자유로운 개인들도 아니다. 그들은 대중적인 사회적 주체이며, 일반적인 생산 과정의 필수적인 부분이 되어가는 경향이 있다. 빠올로 비르노는 선진 산업사회에서 지적 능력들의 대량화에 상응하는 사회적 주체성을 이해하기 위해 '대중 지성'에 대해 이야기한다. 1960년대에 학생운동이 증가한 것은 지식인의 새로운 형상이 출현하고 있던 사회적 장면의 내부에서 일어난 이러한 변화의 신호였다.

이탈리아의 '노동자주의적' 시각

앞에서 말했듯이, 1960년대 말에 숙성한 시각의 변화는 소위 이탈리아 노동자주의(마리오 뜨론띠, 라니에로 빤찌에리Raniero Panzieri, 또니 네그리, 로마노 알꽈띠Romano Alquati, 세르지오 볼로냐Sergio Bologna)에 의한 독창적인 방식으로 분석된다. 나는 이 학파의 사유를 '구성주의'로 규정하고 싶은데, 그 까닭은 그 것의 본질적인 이론적 기여가 사회적 구성의 맥락에서 정치적 조직의 논점을 재공식화하는 것에 있기 때문이다.

구성주의는 집단적 지성으로서의 레닌주의적 당 개념을 재 규정하는데, '지성' 개념과 결별하고 '일반지성'이라는 맑스주의 적 개념의 재독해를 제안한다. 맑스는 '기계에 대한 단상'으로 알 려진 『그룬트리세』의 일절에서 일반지성에 대해 다음과 같이 쓰 고 있다.

> 자연은 기계, 기관차, 철도, 전보, 자동 방적기 등을 제작하지 않 는다. 이들은 인간의 근면의 산물이다. 자연을 지배하는 인간 의지의 기관이거나 자연에서의 인간 의지의 활동 기관으로 전 환된 자연적 재료이다. 그것들은 인간의 손으로 창출된 인간 두뇌의 기관들이다. 대상화된 지력知力이다. 고정자본의 발전은 일반적인 사회적 지식이 어느 정도까지 직접적인 생산력으로 되 었고, 따라서 사회적 생활 과정 자체의 조건들이 어느 정도까지 일반적 지성의 통제 아래 놓였으며, 이 지성에 따라 개조되는가 를 가리킨다. 사회적 생산력이 지식의 형태로뿐만 아니라 사회 적 실천의 기관들, 현실적 생활 과정의 직접적인 기관들로서 어 느 정도까지 생산되었는가를 가리킨다.[4]

---

4. Karl Marx, *The Grundrisse* Edited and Translated by David Mc Lellan, New

20세기 초반 공산주의 혁명들의 시기에, 맑스레닌주의적 전통은 일반지성 개념을 무시했고, 그리하여 지적 기능을 외재성으로, 그리고 철학의 순수한 정신적 영역 내부에서 결정되는 정치적 지침으로 간주했다. 그러나 생산의 탈산업적 변형이 이루어지는 가운데 일반지성은 중심적인 생산력으로 출현했다. 20세기 말 디지털 과학기술들과 전 지구적 텔레매틱telematic 5 네트워크의 구성 덕분에 일반 사회과정general social process은 '**일반지성**'으로 재정의되며, 레닌주의적 당 개념은 영구히 단념된다. 그람시의 유기적 지식인 개념 역시 그 구체적 참조점을 상실해가고 있는데, 그 까닭은 이 개념이 지식인들의 이데올로기에 대한 애착에 의존하고 있기 때문이다. 그렇지만 오늘날 중요한 것은 새로운 사회적 영역의 창출이며, 우리는 그것을 '**일반지성**'의 사회적 주체성을 나타내는 '코그니타리아트'라고 부를 수 있을 것이다.

만일 우리가 오늘날의 변동들의 핵심을 정의하고자 한다면, 인지노동의 사회적 기능에 초점을 맞춰야 한다. 지적 노동은 더 이상 일반적 노동과 분리된 사회적 기능이 아니라, 사회적 과정 전체 내부의 횡단적 기능이 되고, 생산적 과정과 사회적 소통 양

York : Harper Torchbooks, (1972), p. 143 [칼 맑스, 『정치경제학 비판 요강 II』, 김호균 옮김, 382쪽].

5. [옮긴이] 원격통신(Telecommunication)과 정보과학(Informatics)이 결합된 용어로서, 컴퓨터와 전기통신의 상호 융합작용이 고도화되어 가는 현상을 의미한다. 커뮤니케이션(compunication)과 거의 같은 뜻이다.

자의 유동성을 보장하는 기술적·언어적 인터페이스들의 창조가
된다.

주체성과 소외

　1960년대에 우리는 맑스주의적 사유의 내부에서 다음과 같
은 세 가지 경향들을 발견할 수 있었다.
　첫 번째 경향은 청년 맑스의 사유, 그의 휴머니즘적 소명, 주
체성의 논점을 강조했다. 이 경향은 헤겔, 특히 그의 『정신현상
학』과의 연속성을 강조했다.
　두 번째 경향은 주로 『자본론』에, 그리고 헤겔주의와 인식
론적으로 단절한 이후의 맑스의 저작에 초점을 맞췄다. 이 경향
은 구조주의에 연결될 수 있다.
　세 번째 경향은 『그룬트리세』의 중요성, 그리하여 구성과 일
반지성 개념을 발견하고 강조했으며, 현상학과의 개념적 연결들
을 유지했다.

　칼 맑스의 초기 저작들은, 그것들을 학문적이고 교조적으
로 보존하는 책임을 맡은 학회(주로 맑스레닌주의 학회)들에 의
해 매우 늦게 발행되고 배포되었다. 맑스의 『1844년의 수고』는
베를린의 디에츠 페르라크 출판사에서 인쇄된 『맑스·엥겔스 선
집』에 실려 1957년이 되어서야 출판되었다. 이 저작은 하나의 스

캔들로, 즉『자본론』의 엄밀한 저자와는 구별되는 또 다른 맑스의 의외의 발견으로 간주되었다. 여기에서 경제적 유물론은 맑스의 주요 저작들의 기하학적 구조를 뺀 노동자들의 주체성에 대한 고찰에 의해 약화되었다.

1956년 20세기 CPUS 의회에 의해 조성된 분위기[6]는 비판적 맑스주의, 급진적인 헤겔주의, 그리고 소위 휴머니즘적 맑스주의의 경향들을 재평가할 길을 열었다.

1950년대 초, 사르트르는 맑스주의적 연구들 내의 교조주의와 결정론에 맞서는 비판적인 전투를 이끌었으며, 변증법적 환원주의에 맞서 휴머니즘적 정식화와 주체성을 재평가하는 길을 열었다. 그러나 사르트르의 철학적 단절 지점은 급진적인 반헤겔주의적 실존주의이다.

헤겔주의적인 변증법적 분야 내에서조차 주체성에 대한 재평가를 지지하는 사례들이 존재했다. 헤겔의 사유에 대한 ― 처음에는 1920년대에, 이어 **프랑크푸르트학파**의 연구들 전반에 걸쳐, 마지막에는 1960년대의 **헤겔 르네상스**와 함께 일어난 ― 새로운 관심은 주체성에 대한, 그리고 특히 역사적 과정들 내의 인간에 대한 논쟁으로 귀결되었다.

주체성이라는 주제의 점진적인 출현을 이해하기 위해 우리

---

6. [옮긴이] 1947년 9월 바르샤바에서 유럽의 9개국 공산당이 창설한 국제공산당 정보기관인 코민포름(Cominform)이 해체된 상황을 가리키는 것으로 보인다.

는 1960년대에 이루어진 맑스주의 연구들에서, 그리고 보다 일반적으로는 비판적 문화 분야에서, 그와 관련된 맑스의 초기 저작의 재독해를 시작할 수 있다.

청년 맑스의 사유의 핵심에는 ― 그리고 중요하게는 1960년대의 정치적·철학적 문제들의 핵심에도 역시 ― 소외 개념이 있다. 이 말의 의미를 이해해 보자.

노동자는 부를 많이 생산하면 할수록, 그의 생산의 힘과 범위가 증대될수록, 더욱더 가난해진다. 노동자가 상품을 더 많이 생산할수록 그는 더 값싼 상품이 된다. 사물세계의 가치증대에 정비례해서 인간세계의 가치절하가 일어난다. … 노동자는 자신의 노동의 생산물에 대해 소외된 대상에 대해서처럼 관계한다. 이러한 전제에 따르면 다음과 같은 것이 자명해진다. 노동자가 힘들여 노동할수록 그가 자신에 대립되도록 창조한, 소외된 대상적 세계는 더욱 강력해지며, 그 자신, 그의 내적 세계는 더욱 가난해지게 되고 그 자신의 것으로 귀속되는 것들은 더욱 적어진다.[7]

맑스의 관심은 자본주의적 생산 구조 내의 노동 조건의 인류학적 결과들에 초점이 맞추어져 있다. 임금을 벌어야 하는 생

---

7. http://www.marxists.org/archive/marx/works/1844/manuscripts/labour.htm [칼 마르크스, 『경제학–철학 수고』, 강유원 옮김, 이론과실천, 2006, 85~86쪽].

산관계에 포획되어 있는 인간 존재에게 무슨 일이 일어나는가? 본질적으로 다음과 같은 일이 일어난다. 임금소득자의 에너지가 생산적 활동에 투여되면 될수록, 그/녀는 적敵, 즉 자본의 능력을 더욱 강화하게 되며, 자기 자신에게 남겨지는 것은 더욱 적어진다. 생존을 위해, 봉급을 받기 위해, 노동자들은 자신들의 인간성, 즉 자신들의 시간과 에너지들의 인간적 투자를 포기해야 한다.

소외 개념은 다음과 같은 종교 문제에 대한, 그리고 포이에르바하의 사유에 대한 맑스의 계속되는 성찰에서 유래한 것이다.

이는 종교에서도 마찬가지다. 인간이 신에 더 많은 것을 귀속시킬수록 그가 자신 안에 지니고 있는 것은 적어진다. 노동자는 자신의 생명을 대상 속으로 집어넣는다. 그러나 이제 생명은 그에게 속하는 것이 아니라 대상에 속하는 것이다. 그러므로 이러한 활동이 커질수록 노동자는 더욱더 대상을 잃어버리게 된다. 그의 노동의 생산물인 것이 노동자는 아닌 것이다. 그러므로 이러한 생산물이 커질수록, 노동자 자신은 더욱 작아진다. 노동자가 자신의 생산물에서 외화된다는 것은 그의 노동이 하나의 대상으로, 하나의 외적인 현실적 존재로 된다는 것을 의미할 뿐만 아니라, 그의 노동이 그의 외부에, 그에게서 독립되고, 소외되어 존재하며, 그에게 대립하는 자립적 힘이 된다는 것, 그가 대상에게 부여했던 생명이 그에게 적대적이고 소외된 것으로 대립

한다는 것을 의미하기도 한다.[8]

1960년대의 사회적 상황에서, 산업사회들의 완전한 발달이 이루어진 상황에서, 성숙한 자본주의는 점점 더 많은 양의 재화를 생산했고, 소비자들을 위한 부의 조건들을 창출했으며, 더욱 만족스러운 경제적 삶을 모두에게 약속했다. 그러나 경제적 필요들의 충족은 삶의 시간, 즐거움의 시간, 자신을 위한 시간의 점진적인 손실을 수반하였다. 수백만 명의 사람들이 자신의 삶 속에서 이것을 경험하고 있었다. 경제적 기계가 더 강력해지면 강력해질수록, 노동자의 삶은 더욱더 비참하게 된다. 이러한 깨달음은 당시 널리 확산되었고, 맑스의 초기 저작들은 그것을 해석할 수 있게 해주었다. 소외 개념은 이런 주제 분야를 정의하는 것인데, 이 소외 개념은 헤겔주의적인 개념적 맥락에서 나와 맑스에 이르렀으며 전체 담론에 대한 헤겔주의적 독해에 권위를 부여하였다.

우리가 『1844년의 수고』의 이면에서 감지할 수 있는 주제적 배경은 헤겔주의적 관념론의 배경이다. 그리고 실제로, 1960년대에 이 저작의 발견은 프랑크푸르트학파의 비판적 사유와 관념론에서 파생한 휴머니즘의 광범한 확산을 수반하였다.

소외의 개념적 장치는 그것이 인간의 진정성, 즉 상실되고,

---

8. Ibid. [같은 책, 86쪽].

부정되고, 버려지고, 유예되어 온 본질을 전제하는 한 관념론적이다. 따라서 청년 맑스는 코뮤니즘이 자본주의적 생산관계에 의해 부정되었던 진정한 인간적 본질의 회복이라고 생각한다. 다른 말로 하자면, 코뮤니즘적인 혁명과정은 원래의 정체성의 회복으로 간주된다. 그것의 왜곡, 일시적인 말살 — 다시 말해 '소외' — 은 노동자들의 현재의 조건에 의해 표현된다.

> 그러므로 사회적, 다시 말해서 인간적 인간으로서 인간의 자기 자신으로의 완전한, 의식적인, 그리고 지금까지의 발전의 부 전체 내부에서 생성된 귀환하는 것으로서의 코뮤니즘. 이러한 코뮤니즘은 완성된 자연주의=인간주의로서, 완성된 인간주의=자연주의로서 존재하며, 인간과 자연 그리고 인간과 인간 사이의 충돌의 참된 해결이며, 실존과 본질, 대상화와 자기 확인, 자유와 필연성, 개체와 유[類] 사이의 싸움의 진정한 해결이다. 이 코뮤니즘은 역사의 해결된 수수께끼이며, 자신을 이러한 해결로서 알고 있다.[9]

청년 맑스의 정식화가 지니고 있는 이데올로기적 결점은 전적으로 일반적인 인간 본질에 대한 이러한 가정 속에 존재하는바, 이러한 본질의 부정은 노동계급들이 처한 조건들의 구체적 역사

---

9. Ibid. [같은 책, 127~128쪽].

에 의해 표현될 것이다. 하지만 이러한 가정이, 인간 본질의 관념론적 근본 원리hypostasis에서가 아니라면, 어디에서 자신의 근거를 발견하겠는가? 여기에서 맑스의 언어는 헤겔의 언어와의 개념적 연속성을 드러내며, 관념론적인 문제 분야 안에서 유지되고 있음을 드러낸다.

소외 개념의 관념론적 기능, 그리고 일반적인 인간 본질이라는 — 그리고 역사적 주체성이라는 — 개념에 연결된 관념론적 성향 machinery을 더 잘 이해하기 위하여, 우리는 헤겔의 저작을, 즉 다음과 같은 헤겔주의적 언어의 바로 그 역동성을 언급해야 한다.

추상적인 대자적 존재로서의 '나'에 맞서, 마찬가지로 존재[seyend]로서의 비유기적 자연이 정립한다. '나'는 자기 자신을 그것[그 비유기적 자연]과 부정적으로 관계 맺게 하며, 그것을 양자의 통일로 무효화시킨다. 하지만 '나'가 우선 그러한 추상적인 대자적 존재를 자신의 자아로 구체화하고, [그 안에서] 그 자신의 형태를 보며, 따라서 자신 역시 소비하는 식으로 그렇게 한다. 존재 그 자체의 요소 속에서, 자연적 필요들의 실존과 범위는 다수의 필요들이다. 그러한 필요들을 충족하기 위해 기여하는 사물들이 만들어지며[verarbeitet], 그것들의 보편적인 내적 가능성들은 외부의 가능성으로, 즉 형태로 가정된다[표현된다]. 하지만 사물들의 이러한 과정[verabeiten]은 그 자체로 다면적이다. 그것은 자신을 하나의 사물로 만들어가는 의식이다. 그러나 보편성의 요소 속에서, 그것은 바로 이런 식으로 추상적 노동이 된다. 필요들은 많다. '나', 즉 노동 속의 그러한 다수성의 통합은 보편적인 모델들Bilder의 추상이지만, [그것은] 자기추진적인 형성과정Bilden이다.[10]

노동의 소외된 성격은 여기에서 명백히 (비록 매우 모호한, 전형적으로 헤겔주의적인 언어에서일지라도) 마음의 되기becoming에 연결되고, 대자적 존재와 대타적 존재의 변증법에 연결된다. 이런 사고방식은 노동과 자본주의적 전유의 완전한 (구체적인, 역사적) 변증법을 주체와 실체의 관념론적인 변증법 내부에 흡수시킨다. 헤겔의 『정신현상학』에서 우리는 다음과 같은 내용을 읽을 수 있다.

생동하는 실체야말로 참으로 주체적인, 다시 말하면 참으로 현실적인 존재이다. 그것은 실체가 자기 자신을 정립하는 운동이며 나아가서는 스스로 자기를 타자화하는 가운데 자기와의 매개를 행하기 때문이다. 실체가 곧 주체라고 하는 것은 바로 이 실체에 순수하고도 단순한 부정성이 작용하면서 바로 이로 인하여 단일한 것이 분열됨을 뜻한다. ⋯ 이렇게 해서 회복된 동

10. *Hegel and the Human Spirit : a Translation of the Jena Lectures on the Philosophy of Spirit (1805~)* with commentary by Leo Rauch, Detroit : Wayne State University Press, (1983), p. 120.

일성, 다시 말하면 밖으로 향하면서 곧 다시 자기 자체 내로 반성·복귀하는 움직임, 즉 최초에 있던 직접적인 통일과는 다른 이 두 번째의 동일성이 바로 진리이다. 진리는 자체적으로 생성되는 것으로서, 이는 자기의 종착점을 사전에 목적으로 설정하고 이 지점을 출발점으로 하여 중간의 전개과정을 거쳐 종착점에 다다를 때라야 비로소 현실적인 것이 되는 원환圓環 같은 것이다.[11]

관념론적 철학에 대한 비판에도 불구하고 맑스가 『1884년의 수고』에서 코뮤니즘을 '실존과 본질 사이의 투쟁의 해결'로 생각하자고 제안할 때, 그는 여전히 헤겔주의적인 개념적 체계에 갇혀 있는 것이다. 여기에서 맑스는 마치 기존의 모순들의 외부에서 실현되어야 할 진리를 표현하는 근원적인 내세[초월]beyond가 존재하는 것처럼 코뮤니즘에 초월적이고 종말론적인 성격을 부여하고 있다. 코뮤니즘에 대한 이러한 신학적 시각은 노동운동의 역사에서 이루어진 [특정한] 결과들에 지나지 않는다.

역사와 존재론 사이의 소외

---

11. G. W. F. Hegel, *The Phenomenology of Mind*, translated by J. B. Baillie, London : Allen & Unwin, (1931), pp. 80~81 [G. W. F. 헤겔, 『정신현상학 1』, 임석진 옮김, 한길사, 2009, 52~53쪽].

비판이론으로 알려진 위대한 성공은 이 관념론적 르네상스의 맥락 속에서 이해될 수 있다. 이 이론의 토대들은 호르크하이머Max Horkheimer, 아도르노Theodor Adorno, 마르쿠제Herbert Marcuse 같은 저자들의 책들에서 발견될 수 있다.

다른 시각에서 본다 할지라도, 소외 논쟁은 프랑크푸르트학파의 비판적 사유의 핵심에 놓여 있으며, 또한 — 완전히 다른 변형이긴 하지만 — 실존주의자들, 특히 사르트르의 성찰의 핵심에도 놓여 있다. 실존주의와 비판적 사유 내의 가장 중요한 두 사례들을 참고해 보면, 사르트르와 마르쿠제의 입장들은 — 근본적으로 다르긴 하지만 — 동일한 지형, 즉 자본주의로부터의 해방 과정을 위한 휴머니즘적 토대들에 위치한다. 이러한 서로 다른 입장들을 고찰해 보면, 우리는 중요한 문제의 핵심 — 즉 1960년대의 역사적·정치적 전투들이 일어났던 기간의 소외라는 철학적 관념의 활기와 그 [소외 관념의] 소진 — 에 도달할 수 있을 것이다. 소외는 실존주의적 정식화들 속에서는 인간의 조건의 불가피하고 구성적인 요소로 간주되었다. 그 까닭은 타자(사회관계의 조건)와 물화(생산관계의 조건) 양자가 자아의 상실을 함축하기 때문이다. 사회관계 속에서, 타자의 현전 속에서, 일정한 형태의 소외, 불안은 암묵적이다. 타자는 지옥[또는 지옥은 타자]L'enfer c'est les autres이라고 실존주의는 선언한다. 타자들은 우리가 살아가고 있는 사회적 조건에서 독립된, 소외의 지옥이다.

헤겔과 맑스, 그리고 프랑크푸르트학파는, 다른 한편, 소외가 존재론적으로 타자 및 물화와 동일하지 않고, 그 대신 역사적으로 결정된 형태를 구성하며, 그리하여 그것을 역사적으로 극복하는 것이 가능하다는 믿음을 공유한다.

마틴 제이Martin Jay는 『변증법적 상상력』*The Dialectical Imagination*이라는 제목의 프랑크푸르트학파를 다룬 책에서 이 문제에 대해 다음과 같이 쓰고 있다.

마르쿠제가 보기에, 사르트르는 역사적 조건보다는 존재론적 조건에서 터무니없는 오류를 범하였다. 그 결과, 사르트르는 자유를 외적인 타율적 세계와 대립하는 어떤 것으로서 내면화시키는 관념론적 입장으로 전략하고 말았던 것이다. 그가 공언한 정치학과 철학은 전혀 엉뚱한 것이었다. 자유를 대자pour-soi 자리에 놓고 대자가 즉자en-soi, 즉 an-sich화될 수 있다는 입장을 거부함으로써, 사르트르는 이상적인 화합가능성조차도 부정해 버리는 방식으로 주관성을 객관성으로부터 분리시켰다. 더욱이 주체의 자유를 지나치게 강조하고 역사 조건에 의하여 생겨나는 제약을 무시해 버림으로써, 사르트르는 부지불식간에 현상유지의 변호자가 되었다. 인간은 비록 그 운명이 끔찍한 것이라 할지라도 그들의 운명을 선택했다는 사르트르의 주장은 터무니없는 것이었다. … 마르쿠제에게는, 선험적인 본질 관념을 갖지 않는 '실존주의' 철학의 모든 기획이 불가능한 것처럼 보였다.[12]

마르쿠제의 가장 중요한 저작들 중의 하나인 『이성과 혁명』*Reason and Revolution*에서 우리는 다음과 같은 구절들을 읽을 수 있다.

노동자는 그의 생산물로부터 소외되는 동시에 그 자신으로부터도 소외된다. 그의 노동 자체는 이미 자신의 것이 아니게 되며, 노동이 타인의 소유[재산]가 되어 버린다는 사실은 인간의 본질 그 자체에 관계되는 하나의 수탈을 의미하고 있다. 진정한 형태의 노동이란 인간의 진정한 자기실현을 위한 매개이자 인간의 잠재력들의 충분한 발전을 위한 매개인 것이다.[13]

여기에서 마르쿠제는 두 가지 매우 상이한 화제들 — (노동자와 자본 간의 갈등이 일어나는 사회적·기술적 역사 속에서 구체적으로 결정되는) 잠재력들의 발전과 인간의 자기실현 — 을 그것들이 마치 동일한 것들인 것처럼 연결시킨다.

잠재력들의 발전이 물질적이고 엄밀한 논제라면, 인간의 자기실현은 그와 달리 철저히 관념론적이고 본질주의적인 논제

12. Martin Jay, *The Dialectical Imagination. A History of the Frankfurt School and the Institute of Social Research 1923-1950*, Toronto, Little Brown & Company, (1973), p. 274 [마틴 제이, 『변증법적 상상력 — 프랑크푸르트학파의 역사와 이론』, 황재우 옮김, 돌베개, 1981, 410쪽].

13. Herbert Marcuse, *Reason and Revolution. Hegel and the Rise of Social Theory*, London, New York : Oxford University Press, (1941), p. 277 [H. 마르쿠제, 『이성과 혁명』, 김현일·윤길순 옮김, 중원문화, 1987, 294쪽].

이다.

그와 반대로, 사르트르가 자신의 『변증법적 이성비판』[14]에
서 주장하는 바에 따르면, 소외는 사회관계와 인간 조건의 구성
적 형태인, 타자성alterity의 내적 양태에 지나지 않는다.

마르쿠제가 소외를, 역사적으로 극복될 수 있을 역사적 형태
로 간주한다면, 사르트르는 인류학적으로 역사적 조건 자체에
기초를 두고 싶어 한다. 사르트르는 역사의 인류학적 뿌리를 희
소성과 타자성에 둔다.

사르트르는 자신을 헤겔주의 유파의 외부에 위치시키는데,
그 까닭은 그가 소외를 존재와 본질의 역사적 분리로서 간주하
지 않기 때문이다. 이것이 그가 왜 희소성과 타자성의 인류학적
차원들의 극복, 그리고 그것들로부터의 탈출이라는 생각을 품
고 있지 않은가 하는 이유이다. 그는 변증법적 유물론이 확립한
코뮤니즘의 신학적 시각을 거부한다. 사르트르의 주장에 따르
면, 희소성은 역사적 관계를 인류학적으로 구성한다.

소외[소원] 대 소외[외화]

빠찌에리와 뜨론띠의 저작들에서 시작하는 이탈리아 노동자

---

14. [한국어판] 장 폴 사르트르, 『변증법적 이성비판』 1~3권, 박정자·윤정임·변광
배·장근상 옮김, 나남출판, 2009.

주의의 ─ 내가 구성주의라고 부르기를 선호하는 ─ 철학적 스타일은 휴머니즘의 용어들과는 급진적으로 상이한 용어들로 소외의 논점을 제시한다. 소외 자체를 신헤겔주의와 프랑크푸르트학파의 시각과 실존주의적인 사르트르적 시각 양자로부터 자유롭게 한다.

소위 **변유**diamat, 즉 정통 맑스레닌주의의 변증법적 유물론의 교조주의의 반대편에서 발전되어 온 휴머니즘적 시각에 따르면, 소외는 인간 존재들 간의 분리, 역사적 실존 속에서의 인간 본질의 상실이다.

구성주의가 비록 스탈린주의적 변유, 즉 변증법적·역사적 교조주의에 대한 비판에 완전히 동의한다 할지라도, 이것은 인간성의 어떠한 회복도 예견하지 않고, 어떠한 인간적 보편성도 선언하지 않는다. 그러면서 인간성에 대한 자신의 이해의 기초를 계급 갈등 위에 세운다.

구성주의는 소외 문제에 내재하는 논점을 뒤집어엎는다. 그것은 바로, 인간적 집단성이 기초할 수 있는 노동자들의 실존의 급진적인 비인간성, 즉 더 이상 자본에 의존하지 않는 공동체 덕분이다. 사실상 바로 이 노동자들이 자신들의 노동으로부터 거리를 두는 것, 소외를 느끼는 것, 그리고 소외를 거부하는 것, 이것들이야말로 인류가 자본으로부터 집단적으로 자율적으로 되기 위한 토대들이다.

『노동계급』Classe operaia과 이후의 『노동자의 힘』Potere operaio

같은 잡지들에 실린 글들 속에서, '소원[거리두기]'이라는 단어가 '소외'라는 단어를 대체한다. 소외라는 말이 불가피하게, 인간 본 질을 재확립하고 인간 본질을 적극성의 주체로 호출할 수 있는 종합synthesis을 기다리는, 역사적 과정 속에서 상실된 이전의 인 간 본질을 암시하기 때문이다. 노동은 더 이상 인간의 사회성의 자연적인 조건이 아니라, 정치적 비판을 겪을 필요가 있는 특정 한 역사적 조건으로 간주된다. '노동자주의'에 대한 비판은 맑스 의 초기 저작들 속에서 이미 다음과 같이 드러나 있었다.

그런 까닭에 노동은 어떤 욕구의 만족이 아니라 노동 바깥에 있는 욕구를 만족시키기 위한 수단일 뿐이다. 그 노동의 낯섦 은 어떠한 물질적인 혹은 그 밖의 강제도 존재하지 않게 되자 마자 노동이 마치 페스트처럼 기피된다는 것에서 뚜렷하게 나 타난다. 외적인 노동, 인간이 스스로를 외화하는 노동은 자기 희생의 노동, 자기를 고통스럽게 하는 노동이다. 마지막으로 노 동자에 대한 노동의 외재성은 노동이 노동자 자신의 것이 아니 라 다른 사람의 것이라는 것, 노동이 그에게 속하지 않는다는 것, 그가 노동에서 자기 자신이 아닌 다른 사람에게 속한다는 것에서 나타난다. 종교에서 인간적인 상상력, 인간적인 두뇌, 인 간적인 심정의 자기 활동이 개인에게 독립되어, 다시 말해서 낯 선, 신적인 또는 악마적인 활동으로서 개인에게 영향을 끼치듯 이 노동자의 활동은 자기 활동이 아니다. 노동자의 활동은 다

른 사람에게 속하며, 노동자 자신의 상실이다.[15]

노동은 근대 문명의 전체 역사 시기에 만들어진 규율[훈육]적 구조들이 구축되면서 일상생활에 부과된 노동자들의 실존에 소원해지는[거리를 두는] 활동이다. 오직 노동으로부터의 소원[거리두기]만이 해방적 동역학을 가능하게 하며, 욕망의 흐름을 (산업적) 반복으로부터 (인지적) 차이로 바꾼다. **소외[소원]** 개념은 소원해지는[거리를 두는] 행위에 의해 결정되는 의도성을 함축한다.

　무엇으로부터의 소원[거리두기]인가? 그것은 바로 자본에 의존적인 모든 노동 형태들로부터의 소원[거리두기]이다.

　노동자들은 자신들의 소외를 능동적인 소원[거리두기], 즉 거부로 변형할 수 있을 때 소외로 인해 고통을 겪지 않는다.

　따라서 하나의 적처럼 노동계급에 대면하는 노동은 꼭 적대만이 아닌 그 자신의 조직을 위한 출발점이다. 노동자들의 소외가 의미를 갖는다면, 그것은 위대한 혁명적 사실, 즉 소외의 조직이라는 의미이다. 객관적인 것은 다시 한 번 높은 수준의 거부이다. 계획되고 조직되는 능동적이고 집단적인 거부, 정치적인 대중적 거부이다. 조직된 노동의 직접적인 임무는 이제 수

---

15. http://www.marxists.org/archive/marx/works/1844/manuscripts/labour. htm [칼 마르크스, 『경제학-철학 수고』, 앞의 책, 90쪽].

동성을 극복하고 있다.[16]

뜨론띠가 논의하는 소외는 휴머니즘적 용어들(인간 본질의 상실)이 아니라 생산양식과 그 규칙들로부터 소원[거리두기]의 조건, 즉 노동의 거부로 기술된다. 노동자주의적·구성주의적 사고 유형은 휴머니즘적 함축들의 이러한 전복에서 두드러진다. 휴머니즘에서 파생된 부정적 사유에 의해 소외의 기호로 이해된 것을 노동자주의자·구성주의자들은 소원[거리두기]의 기호로, 자본주의 경제의 일반적 이해관계를 거부하는 것으로 이해한다. 다시 말하자면, 소외[소원]은 자신들의 불완전한partial 인간성을 강도의 지점으로, 고도의 사회적 형태의 전제, 고도의 인간성 형태의 지점으로 가정하는 것에 저항하는 사람들의 조건으로 간주되지, 자신들의 본질적인 인간성을 포기하도록 강제되는 사람들의 조건으로 간주되지 않는다.

뜨론띠는 노동계급을 '다루기 힘든 이교도 인종'으로 서술하면서, 마르쿠제의 관념론 그리고 그것이 프롤레타리아의 사회적 구성의 현실에, 그것의 노동 조건들에, 뿐만 아니라 노동자들이 대도시 지역들에서 수행할 수 있는 사회화와 투쟁 과정에 투사하는 휴머니즘적이고 신학적인 시각들의 부적절함을 설명한다.

---

16. M. Tronti, *Operai e capitale*, Torino : Einaudi (1973), p. 261, English version by the translator.

뜨론띠와 마르쿠제

마르쿠제는 1964년 미국에서 발행된 가장 영향력 있는 책들 중의 하나인 『일차원적 인간』*One Dimensional Man*에서, 노동계급이 자본주의적 체계로 통합될 운명을 내다본다. 그 결과 그는 사회 질서를 바꾸려고 하는 사람들이 초과-생산적[생산외적] 주변부들의 영역에 그들의 정치적 관심을 돌리고 직접적인 생산관계 영역에서 벗어날 필요성을 발견한다. 마르쿠제의 분석은 당대의 청년 문화에 지속적인 영향을 끼쳤다. 그 까닭은 그의 분석이 이미 혁명적 투쟁이라는 목적을 만회할 수 없게 된, 기존의 통합된 노동계급을 대체하기 위한 반자본주의 운동의 지도 세력으로서의 학생운동들을 예견하는 것처럼 보였기 때문이다.

마르쿠제의 책에서 1968년의 청년들은, 이미 유럽을 한동안 순환하고 있던 생각에 뚜렷한 형태를 부여할 필요가 있는 논점들과 단어들을 발견했다. 비록 덜 명확한 방식이긴 하지만 말이다. 그것은 유럽 사회들이 파시즘과 전쟁이 종결된 지 채 20년이 안 되어 이미 봉쇄된 사회들이 되었다는 생각이었다.… 이 사회들은 미래의 변화들을 위한 희망의 수준에서조차 봉쇄되었다. 그것은 청년들이, 노동계급의 대부분은 전통적 좌파에 속하는 혁명 정당들과 아울러 기존 사회체계에 통합되어, 더 이상 신뢰할 수 없는, 급진적인 혁신들을 부과할 수 없는 역사적 주

체가 되었다고 간주했기 때문이었다.[17]

노동조합화, 경제주의가 물질적 조건들을 개선하고 소비주의가 자본주의 체계 속으로의 사회적 통합이라는 효과를 일으킨 이래로, 노동계급이 잃어버린 변화를 위한 희망이 나타난 것은 생산과정에 연루되어 있지 않은 ― 또는 적어도 그렇다고 생각되는 ― 학생들로부터였다. 이러한 생각은 당시 널리 퍼졌고 학생들의 의식의 일부가 되었다.

노동계급은 소비주의 사회의 거미줄에 포획된 것처럼, 자율적이 될 수 있는 역량을 모두 상실했다. 마르쿠제는 영국과 유럽 사회들을 이와 같이 묘사했다. 마지막 분석에서 마르쿠제가 1964년에 내다본 것은 성장하는 사회평화의 시기였으며, 이 시기에 학생들은 위협받는 휴머니즘적 의식의 담지자들로서 행동해야 했을 것이다.

선진 산업문명에는 안락하고 순탄하며 그런대로 합리적인 민주적 부자유가 널리 퍼져 있다.[18]

---

17. Luciano Gallino, *Nota a L'uomo a una dimensione*, Torino : Einaudi, (1967), p. 262, English version by the translator.

18. Marcuse, Herbert, *One Dimensional Man; Studies in the Ideology of Advanced Industrial Society*, Boston : Beacon Press (1966), p. 1 [H. 마르쿠제, 『일차원적 인간-선진 산업사회의 이데올로기 연구』, 한마음사, 2009, 47쪽].

기술적 발전과 실용적 원리는 사회적 통합을 이루어내는바, 그 결과 갈등적이고 잠재적으로 혁명적인 동역학이 삭제된다. 그 당시에 풍요 사회는 인간적 진정성에 족쇄를 채우는 것으로 인식되었다.

> 새로운 과학기술적 노동 세계는 이리하여 노동계급의 부정적 지위의 약화를 부득이하게 만든다. 노동계급은 더 이상 기존 사회에 대한 살아있는 모순으로 나타나지 못한다. … 지배는 경영[관리]으로 변신한다.[19]

수십 년이 지난 오늘날 우리는 마르쿠제 담론에 나타나는 중요한 요소들을 볼 수 있다. '지배는 경영으로 변신한다.'는 진술은 겉으로 보기에 대안들이 없는 경제적·금융적 자동화 체계의 창출이라는 새로운 관점에서 다시 생각할 필요가 있다. 마르쿠제의 재독해가 오늘날에는 유용할 수 있겠지만, 1960년대에 그의 저작의 유포는 최소한 마리오 뜨론띠의 입장에서 볼 때에는 부정적 결과들을 가져왔다.

우선 마르쿠제의 사유는 암묵적으로 경제주의적인 것으로, 그리고 통합적인 것으로 묘사되는 임금 소득을 위한 싸움과 진정한 정치적인 혁명적 싸움을 기계적으로 ─ 레닌주의 전통과 동

---

19. Ibid. pp. 31~2 [같은 책, 79쪽].

일한 방식으로 ─ 분리시켰다.

둘째, 마르쿠제의 사유는, 학생이 자본주의의 생산 주기에서 분리되는 것을 찬양하는 결과를 낳았다.

1960년대의 노동자주의적 잡지들, 특히 『붉은 노트』*Quaderni rossi*, 『노동계급』, 그리고 마지막으로 『노동자의 힘』에서, 임금 소득을 위한 싸움은 정치적 싸움으로 평가되었다. 노동자들의 운동은 자본의 정치적 평형들을 탈안정화시킬 수 있는 반이데올로기적 운동으로 인식된다.

『노동자의 힘』에 표현된 입장들에 따르면, 노동자들의 투쟁이 임금 소득 측면들에 초점을 맞춘다고 해서, 이 싸움이 통합적인 것으로 그리고 하위적인 것으로 고려되어야 하는 것은 아니다. 그와 반대로, 모든 것은 임금 소득 투쟁이 이해되고, 조직되고, 지도되는 방식에 달려 있다. 임금들이 자본주의적 발전에 의존하는 변수로서, 재정적인 수준과 정치적인 수준 양자에 의존하는, 이윤과 양립해야 하는 변수로 고려된다면, 물론 그것들은 어떤 것이라도 전복하거나 변형시킬 수 있는 손잡이가 아니다. 그러나 임금들이 만약 사회적 부를 공격하고 그것을 급진적으로 재분배하는 정치적 수단들로 이해된다면, 임금들이 만약 (노동력의 사용가치와 교환가치 사이에서 벌어지는 갈등 수준에서 벌어지는) 노동자들과 자본 간의 갈등 속의 한 요인으로 고려된다면, 그것들은 결국, 경제적이고 정치적인 차원들이 자본주의적 발전과 헤게모니로부터의 노동자들의 자율이라는 시각과 적극적으로 연결되는 싸움의 주요 수단이 될 것이다.

노동자주의 이론은 소비주의 개념을 거부한다. 그것은 이 이론이 '이교도적'pagan이고 거친 방식이긴 하지만 노동자들의 소비를 급진적이고 정치적인 충돌의 전선을 열어짖힐 전유 형태로 간주하기 때문이다.

학생과 학생운동에 대해 말하자면, 노동자주의 이론은 나중에 언젠가 결실을 거둘 이념을 예견한다. 즉 학생은 사회적 노동의 한 부문이며, 이들의 노동은 발달 중에 있는 노동이며, 자본의 유기적 구성의 변화에서 중심적인 요인인 것이다. 그러므로 학생들의 투쟁이 이데올로기적 전투로 찬양되지 않으며, 노동자들의 전투의 대체물로 찬양되지 않는다는 것은 말할 것도 없다. 그 대신 학생들의 투쟁은 생산적 노동의 동역학에 내재적인 사회적 부문 속의 특수한 운동으로 찬양된다.

마르쿠제의 시각에서 학생들이 사회적 생산의 수준에서 원인들이나 직접적인 결과들을 갖지 않는 어떤 행위의 행위자들로 고려된다면, 노동자주의 이론은 처음부터 학생들을 일반적인 노동력의 일부 ─ 노동자들이 자신들의 노동의 생산물들을 빼앗기는 것과 꼭 마찬가지로 자신의 지식을 빼앗기는, 진행 중인 노동력 labor force in progress ─ 로 이해한다.

특히 마르쿠제의 이론과 같은 휴머니즘적 이론들이 노동자들의 행위들의 자발성을 인간 보편성이나 역사적 목적론의 원리라는 이름으로 판단하는 것이 가능하다고 믿는 반면, 뜨론띠는 노동자들의 행위들이 유래하거나, 또는 그에 따라 노동자들의 운동이 판단될 수 있는 보편적인 원리란 존재하지 않는다고 대답한다. 노동자들의 입장은 오히려 자신을 자본주의 사회의 논리와 보편적 이해관계의 외부에 두는, 소원[거리두기]의 입장이다.

『노동계급』지에 개진된 담론에 따르면, 임금은, 직접적인 계급 행위가 자본주의적 질서와 상응하지 않는다는 의미에서 정치적 무기로 간주된다.

노동자주의적 시각은, 사회적 과정에서 최초로 출현하는 것이 자본에 대한 노동자들의 저항, 그리고 노동에 대한 거부라는 생각에 기초하고 있다. (정치적 기구들, 과학기술적 모델들 같은) 그 밖의 모든 것은 계급들 간의 세력 관계에 의거한다.

구조주의와 『자본론』

맑스의 초기 저작은 마르쿠제와 사르트르 양자의 인류학적 성찰의 핵심에 놓여 있다. 비록 그들이 완전히 반대의 결과들을 낳는 방향으로 논의를 전개한다 할지라도 말이다. 마르쿠제는 본질의 인류학에서 출발하며, 그래서 역사적 과정을 부정된 총체성의 회복으로 간주한다. 반면 사르트르는 역사적 되기의 인류학적 가정인 **타자성과 희소성**rareté의 조건에서 출발한다. 사르트르는 역사적 과정들과 실존적 과정들이 모두 실패할 운명이며 오직 혼종성의 계기만이 살아남을 것이라고 생각한다.

알튀세르Louis Althusser의 『맑스를 위하여』*Pour Marx* 20는 맑스주의 연구에서 새로운 변화를 나타내는바, 이 책은 맑스의 초기 저작들에서 관심을 돌려 그 대신 — 성숙한 맑스주의 그리고 특히 『자본론』에서의 — 맑스의 이론을 헤겔주의적 영역의 외부에 가져오는 인식론적 단절을 강조한다.

이렇게 해서 역사가 아닌 구조가 중요한 역할을 하게 되는데, 그것은 지식의 과정이 기초하고 있는 것이 역사적 수준이 아니라 구조적 수준이기 때문이다.

『맑스를 위하여』는 맑스주의 휴머니즘에 대한, 즉 맑스주의의 관념론적 함축들에 대한 전쟁의 선언이다. 사실상 이 책은 맑스의 이론을 헤겔주의적 체계의 단순한 '전복'으로 고려하는 어떠한 주장도 제거해 버린다.

헤겔주의적인 문제들의 영역에서 벗어나고자 한다면, 우리는 변증법을 내려놓아야 하고, 정신의 자동-실현auto-realization의 수준과 급진적인 휴머니즘의 자동주장auto-assertion의 수준 양자에서 본래의 진리가 회복되어야 한다는 생각을 단념해야 한다.

『맑스를 위하여』 이후 알튀세르는 『『자본』을 읽자』*Lire Le Capital*를 출간했다. 이 책은 자본주의적 과정을 이해하고 노동

---

20. [한국어판] 루이 알튀세르, 『맑스를 위하여』, 이종영 옮김, 백의, 1997.

과 지식 사이에 존재하는 깊은 연계를 강조하는 것을 목표로 하는 구조적 방법을 제안하고 있다.

알튀세르는 우선 청년 맑스의 휴머니즘과 일정한 거리를 유지하자고 다시 제안한다.

『1844년의 수고』의 청년 맑스는 인간 본질을 직관적으로, 직접적으로, 인간의 소외를 통해 독해한다. 그와 반대로 『자본론』은 그 구조 속에 각인된, 현실 속에서의 거리와 내적 탈구 ─ 그들 자신의 효과들을 스스로 읽을 수 없는 것으로 만들기 위한 거리와 탈구 그 자체 ─ 를 정확하게 측정한다. … 역사의 텍스트는 목소리(로고스)가 말을 하는 텍스트가 아니라 들을 수 없고 읽을 수 없는 구조들의 구조 효과들의 기호이다.[21]

소외 개념은 정체성이 회복되는 과정을 보여준다. 모순되게도, 우리는 이때 소외된 상태가 전복되는 역사의 변천들 전반에 걸쳐 이성Reason이 영리하게 길을 개방하는 궤적들을 분명하게 볼 수 있다.

전복, 극복, 참인 것으로 만드는 것making true. 끊임없이 이성을 통한 역사 독해의 가능성을 언급하는 헤겔주의적 용어들의

---

21. Louis Althusser [and] Etienne Balibar, *Reading "Capital,"* translated [from the French] by Ben Brewster, London : NLB, (1977), p. 17.

전체적인 장광설. 중요한 것은 전복이나 극복(폐지하면서 동시에 유지할 수 있는 부정을 통해 실현된다는 것을 의미하는, 특별한 헤겔주의적 의미에서의 지양)이 아니다. 중요한 것은 행동(그리고 또한 이론적 실천들)을 생산으로 간주하는 것이다. 여기에서 생산한다는 것은,

> 잠재되어 있는 것을 드러나게 하는 것을 의미한다. 그렇지만 실제로는 (기존의 원재료에 목적에 부합하는 대상의 형태를 부여하기 위해) 어떤 의미에서 이미 존재하는 어떤 것을 변형하는 것을 의미한다.[22]

알튀세르는 지식이란 우리 앞에 오는 것을 시각적으로 기록하는 과정이 아니라고 말한다. 지식은 엥겔스의 자칭 유물론의 통설처럼 반영reflex이 아니다. 지식은 대상의 구축이다.

> 우리는 우리가 지식을 갖고 있다는 생각을 완전히 재조직해야한다. 우리는 직접적인 시각과 독해라는 거울 신화들을 내버려야 한다. 그리고 지식을 하나의 생산으로 간주해야 한다. … 보이지 않는 것은 보이는 것들에 의해 그것의 보이지 않는 것으로, 그것의 금지된 시각으로 정의된다. 보이지 않는 것은 따라서 단순

---

22. Ibid. p. 34.

히 (공간적인 은유로 돌아가기 위해) 보이는 것의 외부에 있는 것이 아니다. 배제의 외부적 어둠도 아니다. 오히려 그것의 구조에 의해 정의되기 때문에 보이는 것 자체의 내부에 있는, 배제의 내적 어둠이다.[23]

보이는 것의 구조는 인지적 생산이 제공하는 결정된 양태이다. 다시 말해 인지적 생산은 생산양식들과 적절한 인식론적 내용들에게 결정된 형태를 제공할 뿐만 아니라, 다름 아닌 그러한 내용들에 의해 정의되고 보이게 된 세계에도 결정된 형태를 제공한다. 보이는 세계를 절단하는 시야라는 은유 덕분에 우리는 지식이라는 논점을 알튀세르 이론에서 핵심적인 '생산'으로 포착할 수 있게 된다.

지식이 생산으로 이해될 필요가 있다고 주장하는 것은 (알튀세르에 의해 개진된 것만이 아닌) 풍부한 함축들을 지니는 진술이다. 그 첫 번째 함축은 마음이 세계에 적응하여, 그 세계를 '마음의 세계'로 만드는 방식과 관련된 단지 인식론적인 함축이다.

그러므로 그것은 엄밀하게 말하자면, 잠재되어 있는 것을 드러나게 하는 것을 의미하는 것처럼 보이는, 그렇지만 실제로는 (기

23. Ibid. pp. 24~6.

존의 원재료에 목적에 부합하는 대상의 형태를 부여하기 위해) 어떤 의미에서 이미 존재하는 어떤 것을 변형하는 것을 의미하는, 생산하기의 문제이다. 이러한 생산은, 필수적인[필연적인] 원의 형태를 생산 활동production operation에 부여한다는 이중적인 의미에서, 지식의 생산이다.24

여기에서 알튀세르는 실재의 대상들과 지식의 대상들을 혼동하는 것(그보다도 의도적으로 그리고 명백하게 헤겔의 이론을 지배하는 혼동)을 거부하는 맑스에게서 시작한다.

인지의 대상은 특별하게 결정된 생산 활동의 결과이다. (『그룬트리세』로도 알려진) 『정치경제학 비판 요강』에 붙이는 맑스의 1857년 서문은 생산으로서의 지식 개념이 어떻게 작용하는지에 대해 관심을 갖는 모든 사람에게 가장 중요한 참조가 된다.

구체적인 것은 그것이 수많은 규정들의 총괄, 다양한 요소들의 통일이기 때문에 구체적이다. 따라서 구체적인 것은 비록 그것이 실재적 출발점이고 따라서 직관과 표상의 출발점이라고 할지라도, 총괄 과정, 결과로서 현상하지 않는다. ··· 이러한 방식으로 헤겔은 현실적인 것을 자체 속에서 총괄되고, 자체 속으로 침잠하며, 자체로부터 운동해 나오는 사유의 산물로 파악

---

24. Ibid. p. 34.

하려는 환상에 빠진 반면, 추상적인 것으로부터 구체적인 것으로 상승하는 방법은 사유가 구체적인 것을 점취하고, 이를 정신적으로 구체적인 것으로 재생산하는 방식일 뿐이다. 그러나 결코 구체적인 것의 생성 과정 자체는 아니다.… 따라서 이해하는 사유가 실재적 인간이고, 이해된 세계 자체가 비로소 현실적인 세계가 되는 인식 ― 철학적 의식이 이렇게 규정된다 ― 에서 범주들의 운동은 세계를 그 결과로 낳는 실재적인 생산 행위로서 현상한다.… 이는 사유 총체성, 사유 구체성으로서의 구체적 총체성이 사실상 사유의, 이해의 산물인 한에서는 옳다. 그러나 직관과 상상의 밖에서 또는 위에서 사유하고 스스로 잉태되는 개념의 산물이 아니라, 직관과 상상을 개념들로 가공한 산물. 두뇌 속에서 사유의 총체로 현상하는 바와 같은 전체는 세계를 유일하게 가능한 방식으로 점취하는 사유하는 두뇌의 산물인데, 이 방식은 세계의 예술적·종교적·실천적이고 정신적인 점취와는 상이하다. 즉, 두뇌가 사변적·이론적 상태에만 있는 한에서, 현실적 주체는 여전히 두뇌 밖에서 자립적으로 존속한다. 따라서 이론적인 방법에서도 주체, 즉 사회는 전제로서 항상 표상에 어른거리고 있어야 한다.[25]

25. Karl Marx, The Grundrisse, op. cit., pp 34~35 [칼 맑스, 『정치경제학 비판 요 강 I』, 김호균 옮김, 백의, 2000, 71~72쪽].

우리는 여기에서 놀랄 만한 단어들로 압축되어 있는, 시각들의 이중적인 전복을 발견한다.

첫째, 맑스는 구체적인 것이 추상적 활동의 산물이라고 주장한다. 다시 말해 그는 우리가 구체적이라고 생각하는 것이 구체적인 것을 사고하는 활동에 지나지 않으며, 따라서 마음의 활동이라고 주장한다. 언뜻 볼 때 이것은 관념론적인 합리화 방식인 것처럼 보일 수 있을 것이다. 그러나 그렇지 않다. 맑스가 구체적인 것과 마음에 대해 이야기할 때 그는 실재적인 것과 합리적인 것 사이의 관계에 대해 이야기하고 있는 것이 아니기 때문이다. 맑스가 구체적이라고 정의하는 것은 정신적 활동의 투사로서의 실재적인 것의 총체성이다. 그리고 맑스가 사고하는 마음이라고 부르는 것은 칸트주의적인 순수 자아가 아니며, 정신Spirit이 되는 헤겔적 주체도 아니다. 맑스가 이야기하고 있는 사고하는 마음은 실재를 생산하는 바로 그 노동, 다시 말해 투사로서의 노동이다.

그와 동시에 맑스는 '구체적 주체'(주체의 형태로 결정되는 역사적 자료, 재료)가 마음 바깥에 확고하게 자율적인 것으로 남아 있다고 덧붙인다.

맑스는 여기에서 물질의 존재론적 선차성을 문제 삼지 않는다. 그 대신 맑스는 물질이, 자신의 (생물학적, 역사적, 상관적) 되기 속에서, 투사적projective 활동, 우리가 구체적 총체성이라고 부를 수 있는 비밀스러운 사유의 활동을 생각한다고 말한다. 다시 말해, 사유하는 생산성보다 먼저 존재하지 않는 세계의 형태를 생산한다고 말하고 싶어 한다. 세계는 사회적이고 역사적인 결정들 속에서 정신적 활동에 의해 활성화되는 모든 무한한 투사적 수준들 간의 정신역학적 교차이다.

지금까지 알튀세르는 역사주의와 실재의 정신적 재현성re-pro- ducibility에 대한 관념론[이상주의]적 야망에 대한 비판을 그 출발점으로 삼는 이론을 전개해 왔다. 이런 식으로 알튀세르는 맑스의 텍스트 속에 이미 암시적으로 존재하는 무언가를 우리가 보도록 해 준다. 세계가 무엇보다도 생산된 세계이며 인간의 과거 노동의 산물일 뿐만 아니라 과거와 현재의 정신적 활동의 산물이라는 점을 말이다.

그러나 알튀세르가 단지 언급은 했지만 완전하게 개진하지 못한 또 다른 함축이 존재한다. 그럼에도 불구하고 우리는 그러한 증거의 흔적들을 맑스의 저작에서, 심지어 동일한 1857년의 서문에서 매우 분명하게 발견한다.

이 두 번째 함축은 정신노동의 생산적 성격이다. 다시 말해 추상적 노동 개념으로부터 **일반지성** 개념으로의 이행이다.

맑스에게 '추상적 노동'은 무엇을 의미하는가? 맑스는 이러한 표현을 통해 노동을 단순히 교환가치의 생산자, 그리하여 가치 속에 물질화된 시간의 순수한 분배로 언급한다. 시간 속에 배치된 활동이 구체적인 쓰임새를 갖는 대상들을 생산한다는 사실은 자본의 시각에서는 전혀 관심거리가 아니다. 자본은 노동에 투자된 시간이 아름다운 구두를 생산하거나 또는 감자를 요리할 냄비를 생산한다는 사실에 관심을 갖지 않는다. 자본은 이러한 대상들을 통해 자본을 축적하는 데 관심을 갖는다. 자본은 추상적 가치의 생산에 관심을 갖는다. 이러한 목적을 위해, 자본은 질적으로 유용한 대상들을 창조할 수 있는 특별하고 구체적인 능력들을 동원할 필요가 없으며, 질quality 없는 시간의 추상적 분배를 필요로 한다.

어떤 특정한 노동 종류에 대한 무차별성은, 어떤 것도 모든 것을 지배하는 노동이 아닌 실재적인 노동 종류들의 매우 발전된 총체를 전제로 한다. 따라서 가장 일반적인 추상들은 하나가 다수에게 공통적인 것으로 나타나고, 모두에게 공통이 되는 그러한 가장 풍부한 구체적 발전에서만 등장한다. … 다른 한편에서 노동 일체라는 이러한 추상은 단순히 노동들의 구체적 총체의 정신적 결과만은 아니다. 일정한 노동에 대한 무차별성은 개인들이 한 노동에서 다른 노동으로 쉽게 이행할 수 있으며, 일정한 노동 종류가 그들에게는 우연적이고 따라서 무차별적인 그러한 사회 형태에 조응한다. 여기에서 노동은 범주에서만이 아니라 실제로도 부 일체를 창출하기 위한 수단이 되었고, 더 이상 규정으로서 특수성 속의 개인들과 유착되어 있지 않다.[26]

---

26. Ibid. p. 38 [칼 맑스, 같은 책, 75쪽].

노동자들이 완전한 무차별성의 조건들 속에서 가치를 생산하기 위한 그들의 시간을, 자신들의 생산물의 유용한 질에 부여할 때 우리는 추상적 노동에 대해 이야기하고 있는 것이다.

노동의 추상, 말하자면 인간의 활동들이 추상적 시간의 공허한 수행들로 변형되는 것은 모든 가능한 사회적 활동 형태들로 점차 확대되고 있다. 이 과정의 최종 지점은 정신적 활동 자체가 가치와 관련된 생산적 노동 영역에 포섭되는 것이다. 이러한 포섭은 정신적 활동의 궁극적인 환원과 추상으로 귀결된다.

맑스의 『그룬트리세』에 있는(서문뿐만 아니라 '기계에 대한 단상'으로 알려져 있는 절에도 있는) 이 두 번째 함축은 1960년대와 1970년대의 노동자주의와 구성주의적 이론들에서 본질적인 요소가 된다. 여기에서 그 본질적인 요소의 지반을 찾는 것은 현재의 자본주의적 생산양식의 가장 선진적인 경향들을 미리 보여주는 것이다. 정신적 노동의 생산과정 내부로의 포섭과 정신적 노동의 추상적 노동으로의 환원, 즉 어떠한 유용한 질도 갖지 않고 어떠한 의미도 없는 노동으로의 환원, 오직 교환가치의 생산을 위해서만 바쳐지는 정신적 시간.

『그룬트리세』의 일반지성과 구체적 총체성

1960년대에 (마르쿠제와 사르트르 같은 인물들에 끌리고 있던) 비판적 휴머니즘은 맑스의 『초기 저작들』*Early Writings*에서 거대한 에너지를 발견했다. 인간의 원초적 진정성은 출발점임과 동시에 혁명적 참여의 목적론적 의미였다.

알튀세르의 구조주의는 무엇보다도 『자본론』을 읽자는 제안이다. 왜냐하면 그것은 생산과정의 구조가 기존 세계에 대한, 그리고 기존 세계의 파괴로 이끄는 혁명적 과정 양자에 대한 비판적 이해가 성취되는 장소로 여겨지기 때문이다.

구성주의에 영감을 받은 이탈리아 신맑스주의적 노동자주의는 1968년에 이탈리아에서 처음 간행된 맑스의 저작인 『그룬트리세』로 관심을 옮긴다. 사회 구성과 혁명적 주체성의 형성은 인간의 본성이 역사적 행동을 통해 실현될 것이라는 관념론적 가설에 의해서도, 또는 생산관계들의 구조 속에 내재하는 모순에 대한 분석에 의해서도 설명될 수 없다. 인간성이 회복될 필요가 있다는 가정도, 또는 자본에 대한 분석도 20세기 역사의 현장에서, 즉 계급투쟁들과 자본의 재구조화의 무대에서 일어나는 일을 이해하는 데는 충분하지 않다.

우리는 생산적 변형 그리고 정치적 반란 양자의 동역학을 이해하기 위해서, '노동거부의 입장을 취하는 것이 필요하다.'는 가장 선진적인 표현들 속에서 드러나는 노동의 시각을 채택할 필요가 있다. 그렇게 할 때 우리는 결국, 생산적, 과학기술적, 경제적, 정치적 맥락들을 바꾸면서 사회 구성이 끊임없는 변형 과정에 있다는 것을 이해할 수 있다. 이 부단한 변형의 동력은 임금 소득 서비스들로부터 산[활기찬lived] 시간을 배제하는 원동력이다.

구성주의 이론은 반노동자주의적 시각을 취한다. 이탈리아 신맑스주의자들은, 노동에서 산[활기찬 lived] 시간을 배제하는 것, 노동거부, 그리고 그 사멸의 기획에서 출발하여, 자율적인 집단적 활동의 구축을 연구하려 했던 잡지 『노동계급』 주변에 모였다.

맑스는 『자본론』의 첫 쪽에서부터 인간들이 자연 및 다른 인간들의 사회와 관계를 맺는 일반적 활동과 임금노동의 특정한 형태, 다시 말해 봉급을 위해 교환되는 추상적 시간의 제공을 구별하는 것이 필요하다고 진술한다.

노동거부는 활동의 제거를 의미하는 것이 아니라, 노동의 지배에서 벗어난 인간적 활동들의 가치화를 의미한다.

맑스는 『자본론』에서 다음과 같은 용어들로 '추상적 노동'을 규정한다.

만약 상품의 사용가치를 무시한다면 거기에는 오직 하나의 속성, 즉 그것이 노동생산물이라는 속성만 남는다.… 노동생산물의 유용성이 사라짐과 동시에 노동생산물에 체현되어 있는 노동의 유용한 성질도 사라지고, 따라서 노동의 구체적 형태도 사라진다. 이들 노동은 더 이상 서로 구별되지 않고 모두 동일한 종류의 노동, 즉 추상적 인간노동으로 환원된다.[27]

27. Karl Marx, *Capital: a Critique of Political Economy*, translated from the

자본주의 발전의 결과, 산업노동은 활동의 구체적 성격과 맺는 모든 관계를 상실한다. 그리고 순수하게 시간을 벗어나 그 구체적이고 유용한 질이 잉여가치의 교환과 축적을 가능하게 하는 이해관계 이외의 어떤 이해관계도 갖지 않는 생산물들 속에 객관화[대상화]된다.

> 모든 점에서 서로 상이한 각종 노동의 동등화는, 우리가 그 현실적 차이들을 사상捨象함으로써만, 즉 모든 노동을 인간노동력의 지출[추상적 인간노동]이라는 공통적인 성격으로 환원시킴으로써만 이루어질 수 있다.[28]

산업노동자(와 더욱 일반적으로는, 하나의 경향으로서, 사회적 노동의 전체 주기)는 순수하게 추상적이고 반복적인 지식의 담지자이다. 추상, 이 구심적이고 동시에 근대 시기를 횡단하는 통일적 힘은 디지털 시대에 완성된다. 물질을 물리적으로 변형하는 노동은 너무 추상적이 되어 이제는 쓸모가 없다. 기계들이 노동을 완전히 대체한다. 그와 동시에 정신적 노동의 포섭 과정이 시작되었으며, 그와 함께 정신적 노동 자체가 추상화된 활동으

---

third German edition by Samuel Moore and Edward Aveling, edited by Frederick Engels, revised and amplified according to the fourth German edition by Ernest Untermann, New York : The Modern Library, 1936, pp. 440~5 [K. 마르크스, 『자본론 I(상)』, 김수행 옮김, 비봉출판사, 1992, 47쪽].

28. Ibid. p. 84 [같은 책, 93쪽].

로 환원[축소]된다.

오히려 노동은 기계적 체계의 수많은 점들에서 개별적인 살아 있는 노동자들에게서 의식적 기관器官으로 나타날 뿐이다. 노동은 분산되어, 기계류 자체의 총 과정에 포섭되어, 스스로 체계의 한 관절을 이룰 뿐인데, 이 체계의 통일은 살아 있는 노동자들에 실존해 있는 것이 아니라 노동자의 개별적인, 사소한 행위에 비해 강력한 유기체로서 노동자에게 맞서 나타나고 살아 있는 (활동적인) 기계류에 실존해 있다. 기계류에서 대상화된 노동은 노동 과정 자체에서 살아 있는 노동에 대하여 이것을 지배하는 권력으로서 맞서는데, 이 권력은 그 형태에서 볼 때 살아 있는 노동의 점취로서의 자본이다.[29]

노동자는 압도된 것처럼, 공허한 시간을 생산하는 수동적인 부속물로, 생명 없는 시체로 축소되는 것처럼 보인다. 그러나 이어서 곧바로 시각은 다음과 같이 바뀐다.

노동 생산성의 증대와 필요노동의 최대의 부정은 자본의 필연적 경향이다. 이 경향의 실현이 노동 수단의 기계류로의 전환

---

29. Karl Marx, *The Grundrisse*, op. cit. p. 133 [칼 맑스, 『정치경제학 비판 요강 II』, 앞의 책, 371쪽].

이다.… 기계에 대상화된 가치는 하나의 전제로 나타나고, 이에 반해 개별적인 노동자의 가치 증식하는 힘은 무한히 작은 것으로 소멸한다.[30]

맑스는 과학의 축적과 사회적 지성의 일반적 힘 덕분에 노동이 잉여적이 된다고 반복해서 말한다. 순수한 형태의 자본은 인간 노동의 직접적이고 물질적인 형태를 가능한 한 많이 제거하려고 하는 경향이 있다. 그것은 과학[학문]을 과학기술적으로 사용함으로써 그러한 노동을 대체하기 위함이다. 이러한 경향의 발전은 사실상 근대 자본주의 체계의 패러다임 궤도에서 전 지구적 체계를 끄집어낸다. 우리가 인간의 활동, 과학기술들, 인터페이스들과 사회적 상호작용들의 새로운 성좌를 이해하고, 더욱 중요하게는, 그것을 해방시키기를 원한다면, 새로운 패러다임 체계를 발견할 필요가 있다. 그러나 패러다임의 변동은 **일반지성**의 과학기술적이고 생산적인 잠재력들의 타이밍[31]과는 다른 타이밍을 가지고 있다. 그것은 문화, 사회적 관습, 구성된 정체성, 권력관계들, 지배적인 경제 질서의 느린 시간 속에서 뒤얽히게 된다. 문화적이고 인식론적인, 또한 경제적이고 사회적인 체계인

---

30. Ibid. p. 134 [같은 책, 371쪽].
31. [옮긴이] 여기에서 '타이밍'(timing)은 'the choosing of exactly the right moment to do something so as to get the best effect', 즉 행동의 효과가 가장 크게 나타나도록 속도를 맞추는, 또는 적기(適期)를 포착한다는 의미를 갖는다.

자본주의는 환원적인 패러다임 노선들에 따라 탈산업적 체계의 기계적 잠재력들을 기호화한다. 근대 시기의 유산은 그 모든 산업적 금속성clanking 그리고 또한 정신적 습관들 및 그 공격적이고 경쟁적인 상상력의 금속성과 함께, 임금 노동의 재분배의 배치와 그 확산을 가로막는 넘을 수 없는 방해물이 되어 새로운 시각들의 발전을 압박한다.

여기에서 자본은 — 전적으로 의도하지는 않았지만 — 인간 노동, 에너지의 지출을 최소한으로 감축한다. 이는 해방된 노동에게 도움이 될 것이고, 또한 노동 해방의 조건이다.[32]

직접적 노동의 시간은, 정교하게 자동화된 체계와 비교해 보면, 양과의 관련성이 적어지게 된다. 필요노동시간의 축소, 그리하여 노동자들이 점진적으로 제거되는 것을 『노동자의 힘』에서는 기쁜 시각으로 바라본다. 구성주의적 담론에서 필요노동시간의 축소는 이러한 상황을 자본주의적으로 활용하는 것에 반대하며 지성의 자율적auto-assertive 역량들을 신뢰하는 것으로 바뀐다.

직접적인 형태의 노동이 부의 위대한 원천이기를 중지하자마자,

---

32. Ibid. p. 138 [칼 맑스, 『정치경제학 비판 요강 II』, 앞의 책, 376쪽].

노동 시간이 부의 척도이고 따라서 교환가치가 사용가치의 척도이기를 중지하고 중지해야 한다. 대중의 잉여 노동이 일반적 부의 발전을 위한 조건이기를 중지했듯이, 소수의 비노동도 인간 두뇌의 일반적 힘들powers의 발전을 위한 조건이기를 중지했다. 이에 따라 교환가치에 입각한 생산은 붕괴하고 직접적인 물질적 생산 과정 자체는 곤궁성과 대립성의 형태를 벗는다. 개성의 자유로운 발전, 따라서 잉여가치를 정립하기 위한 필요노동시간의 단축이 아니라 사회의 필요노동시간의 최소한으로의 단축 일체, 그리고 여기에는 모든 개인들을 위해 자유롭게 된 시간과 창출된 수단에 의한 개인들의 예술적·과학적 교양 등이 조응한다.[33]

과학기술적 권력과 일반적인 사회 지식 간의 동맹은 자본주의적 모델의 저항 권력resistant power과 대면하는데, 이 [자본주의적 저항]권력은 프롤레타리아화된 인류의 사회적, 문화적, 심리학적 기대들을 억누른다.

일반적인 기호적 감옥처럼 경제는 과학기술의 물질적이고 지적인 구조 속에 여전히 존재하는 잠재적인 것의 발달을 가로막는다. 맑스에게로 돌아가 보자.

---

33. Ibid. p. 142 [같은 책, 381쪽].

자본 자신은 노동 시간을 최소한으로 단축하기 위해 노력하는 반면, 다른 한편으로는 노동을 부의 유일한 척도이자 원천으로 정립함으로써 진행되는 모순이다. 따라서 자본은 노동시간을 잉여노동의 형태로 증대시키기 위해서 필요노동의 형태를 감소시킨다. 따라서 갈수록 자본은 잉여노동시간을 필요노동시간을 위한… 조건으로 정립한다. 요컨대 자본은 한 측면에서 보면 부의 창출을 위해 사회적 결합 및 사회적 교류뿐만 아니라 과학과 자연의 모든 힘을 소생시킨다. 다른 측면에서 보면 자본은 이렇게 창출된 방대한 사회적 힘들을 노동시간으로 측정하고자 하며, 이미 창출된 가치를 가치로 유지하기 위해 필요한 한계 안에 이 사회적 힘들을 묶어두고자 한다.[34]

『그룬트리세』가 이탈리아에 알려지기 시작한 해에 구성주의 이론가들에게 읽혀 가치가 인정된 이 쪽수들은 20세기의 사회적, 정치적, 경제적 역사 발전 방향을 매우 명료하게 규정하고 있다.

추상적 노동이라는 개념은, 미시경제학의 확산에 의해 처음으로 가능해지고 마침내 일반화된 생산과정의 디지털화를 이해하는 데에서 가장 유용한 안내자의 역할을 한다.

맑스는 자본이 과정 중에 있는 모순이라고 이야기하면서 20세기의 깜짝 놀랄 만한 역사에 대해 예견한다. 20세기에 자

---

34. Ibid. pp. 142~143 [같은 책, 381쪽].

본은 자신의 사회적, 경제적 모델을 보존하려는 본능 때문에 자신이 기술적 영역 내부에 창조했던 잠재력들을 스스로 파괴했다. 창조적, 예술적, 과학적 능력들의 발달을 예언하면서 맑스는 포스트포드주의 시대를 특징짓는 오늘날의 노동 지성화를 내다본다.

지성을 생산에 응용하는 발달의 어느 지점에서, 자본주의 모델은 지성을 임금·규율[훈육]·의존의 형태 속에 가두는 패러다임적 감옥이 된다.

맑스는 패러다임이라는 개념을 사용할 수 없었지만, 종종 헤겔에게 기원을 둔 모호한 개념들을 가지고 그것을 대체할 것들을 발견했다. 부정을 통해 실현될 변증법적 극복, 또는 숨겨진 핵심의 전복과 해방 등은 헤겔주의적인 개념적 체계에서 파생된 것이다.

20세기를 경험하고 난 뒤 우리는 근대 역사가 변증법적인 방법으로는 긍정적 출구를 향해 나아가지 못하며, 지평선에는 변증법적 극복이 존재하지 않는다는 점을 매우 잘 이해하고 있다. 자본은 오히려 병을 일으키는 메커니즘, 즉 일종의 "이중구속"인 것처럼 보인다. 그레고리 베이트슨Gregory Bateson 35은, 관계 맥락

---

35. 다음을 보라. Gregory Bateson "Toward a Theory of Schizophrenia," in *Steps to an Ecology of Mind : Collected Essays in Anthropology, Psychiatry, Evolution, and Epistemology*, Chicago : University Of Chicago Press (1972) [그레고리 베이트슨, 『마음의 생태학』, 박대식 옮김, 책세상, 2006].

이 소통의 의미와 모순되는 역설적인 소통 형태를 이해하기 위해 이중구속 개념을 사용한다. 이중구속(들)은 모순적인 명령들injunctions — 예컨대 언명하는 주체가 메시지 수신자에게 말로는 이것을 요구하고, 몸짓, 감정, 억양으로는 모순적인 또 다른 것을 요구하는 것과 같은 명령들, 간청들 또는 요청들 — 이다. 이중구속은 하나의 관계 맥락에 두 개의 기호적 코드들을 나란히 놓는 것에서, 또는 단일한 과정의 발달에 두 개의 서로 다른 해석적 코드들을 중첩하는 것에서 비롯된다. 역사적 수준에서 우리는 자본이 자신의 물질적이고 사회적인 의미에 적합하지 않은 (경제적 가치 평가) 코드에 따라 과학기술적 과정을 기호화한다고 주장할 수 있다. 자본주의적 생산의 사회적 내용은 그 자신의 기호적 테두리와 모순된다. 따라서 그 내용은 오해의 체계, 모순적인 명령들, 잘못된 병치들을 생산한다.

예를 들어 소위 실업 문제에 대해 생각해 보자. 실제로 과학기술적 발전은 육체노동을 쓸모없게 만들고 임금에 의한 평가evaluation를 불가능하게 만드는 경향이 있다. 그러나 이 메시지와 이 과정이 삽입되는 관계 맥락이 (임금소득의 규정 및 노동의 중심성에 기초하고 있는) 자본주의의 관계 맥락이기 때문에 이중구속이 작용하기 시작한다.

이중구속 개념은 변증법과 관계가 없다. 이중구속(들)은 언명 단계에서 시작하여 관계 맥락이 재규정될 때에만 해결된다.

어떠한 총체적인 전복도 자본주의의 이중구속 앞에서는 가능하지 않는데, 그 까닭은 자본주의의 사회적 역사에서는 사실 상 긍정적이거나 부정적인 총체성이 존재하지 않기 때문이다.

한스 위르켄 크랄의 이론 : 과학, 노동 그리고 기술

한스 위르켄 크랄Hans Jurgen Krahl은 1970년 어느 날 밤 교통 사고로 사망했다. 서른 살도 안 되었지만 그는 반권위주의적 독 일 운동에서 가장 영향력 있는 사상가들 중의 한 사람이었다. 이 운동은 1967년부터 거리들에서 폭발했는데, 이 해에 스물여 섯 살의 젊은 학생 베노 오네소르크Behno Onesorg가 이란의 국왕 팔레비에 반대하는 반제국주의 집회 참석 중에 경찰에 의해 살 해당했다. 이 사건 이후 다른 학생들이 급속히 이 운동에 결합 해 독일 사회의 민주화를 위해 싸웠고, 베트남 전쟁에 반대하는 항의를 했으며, 놀랄 만한 반란의 몸짓으로 스프링거Springer 그 룹[36] 소속 신문들에 의해 조작된 미디어 과부하mediatic overload-

---

36. [옮긴이] 악셀 스프링거(AG)는 유럽의 최대 멀티미디어 회사들 중의 하나로서 11,500명 이상의 직원이 근무하고 있으며 1년 소득이 대략 290억 유로가 된다. 스프링거는 헝가리, 폴란드, 체코 공화국, 러시아와 독일, 프랑스, 스페인, 스위 스 등을 포함해 총 36개국에서 활동하고 있다. 230개 이상의 신문과 잡지, 30개 이상의 온라인 제공물들과 텔레비전 및 라디오 방송국의 지분을 갖고 있다. 저 널리스트 악셀 스프링거가 1946년에 처음 만들었다. 현재 CEO는 마티아스 되 프너다. 악셀 스프링거 사(社)는 유럽 최대의 출판사다. 이 회사는 독일의 일간 신문에서 가장 많은 점유율(23.6%)을 차지하고 있다. 그 주된 이유는, 이 회사 의 최고의 타블로이드 신문인 『빌트』(Bild)가 매일 3백50만 명의 독자에게 가 장 빨리 배달되는 신문이기 때문이다.

ing를 고발했다.

처음부터 독일 운동(이후에는 주로 독일사회주의학생연맹의 노선에 따라 조직되었다)은 두 개의 서로 다른 전제들, 즉 '조직적인' 것과 '자발적인' 것에 관심을 가졌다. 이후 첫 번째 것은 맑스레닌주의에 영감을 받은 '붉은 세포'로 조직될 것이고, 두 번째 것은 '청년센터'와 '자율' 집단과 같은 청년 운동들의 다양한 경험들로 조직될 것이었다.

한스 위르켄 크랄은 죽기 2년 전에 탈레닌주의 혁명 이론의 일반적 노선들을 정교화했다. 크랄은 자신의 책『구성과 계급투쟁』[37]에서 지적 노동의 새로운 사회적 구성이 전통적인 노동자 운동의 정치적·조직적 범주들로 축소될 가능성을 문제 삼는다. 그의 고찰은 프랑크푸르트학파 이론들, 특히 아도르노의 이론에서 출발하여, 그 이론들을 산업[사회]의 소외된 노동의 실천과 반권위주의적 투쟁들과 관련해서 발전시킨다. 크랄은 사회적 구성과 전위적인 정치조직 간의 관계 문제를 다시 사고하고 있다. 레닌은 20세기의 혁명적 풍경을 지배하게 될 주체적이고 자발적인[주의주의적인] 방식으로 이 문제에 답했지만, 1960년대에 운동들은 또 다른 해결책들을 찾기 시작했다.

---

37. Hans Jurgen Krahl, *Konstitution und Klassenkampf*, Frankfurt : Neue Kritik, (1971).

계급의식에 대한 전통적 이론들, 특히 레닌에 기원을 두는 이론들은 계급의식을 그 경제적 요소들에서 분리시키는 경향이 있다. 이 이론들은 부와 문명을 창출하는 과정에서 생산적인 주체성에 의해 수행되는 메타경제적인, 구성적인 역할을 간과한다.[38]

경제적인 것의 수준과 의식적인 것의 수준을 분석적으로 분리하는 것은 생산적 노동이 지적 노동과 구조적으로 분리되어 있었을 때에는 유효한 지반을 갖는다. 하지만 지적 노동이 일단 구성적 방식으로 일반적 생산과정에 결합하게 되면 그 의미를 상실하게 된다.

생산은 단지 수요와 공급의 법칙에 의해서 지배되는 단순한 경제적 과정으로 간주되어서는 안 된다. 경제외적 요인들이 그 과정에서 중요한 역할을 하며, 이들 모두는 노동 주기가 지성화될 때 더욱 의미를 갖는다. 사회문화, 발산적 상상력, 기대와 환멸, 증오와 외로움, 이 모두는 생산과정의 리듬과 유동성을 바꾼다. 감정적, 이데올로기적, 언어적 영역들은 사회적 생산성의 필요조건이 된다. 이것은 이와 같은 감정적, 언어적, 투사적projective 에너지들이 가치생산 과정에 더 많이 관여할수록 더 명확해

38. Hans Jurgen Krahl, *Konstitution und Klassenkampf,* op. cit., p. 357, translated by Giuseppina Mecchia, cfr. Franco Berardi (Bifo), "Technology and Knowledge in a Universe of Indetermination," *SubStance,* #112, Vol 36, no. 1, 2007.

진다.

한스 위르켄 크랄은 지난 10년을 특징짓는 생산적 변형들의 혁신적 의미를 성공적으로 예견한다. 이 10년은 산업적 모델에서 벗어날 출구를 특징짓는 시기이다. 크랄은 이것을 개념적으로 예견하면서, 다음과 같이 비판적 맑스주의의 추상적 범주들을 따른다.

> 노동시간은 자신이 더 이상 생산의 양적 확대를 포괄하지 못할 때조차도 가치의 척도로 남는다. 과학과 과학기술은 우리 노동 역량의 최대화를 가능하게 하고, 그것을 자본주의적 기계발달의 과정에서 점점 더 주요한 생산력이 되는 사회적 결합으로 변형한다.[39]

크랄은 1969년 『사회주의 통신-인포』*Sozialistische Korrespondenz- Info* 지誌에 실린 「과학 지성과 프롤레타리아 계급의식 간의 일반관계에 대한 테제」에서 그 운동의 정치적 문제들의 본질적인 핵심에 초점을 맞춘다. 과학기술은 핵심적 논점으로서, 과학과 노동과정 간의 관계가 결정된 형태로 이해된다.

> 과학이 (19세기 말 이래로 체계적으로 도구화된) 고정자본을

---

39. Ibid. p. 365.

구성하는 메커니즘들의 체계로 과학기술적으로 번역되고 자동화 경향이 이루어지면서 맑스가 노동의 자본으로의 실질적 포섭이라고 불렀던 것은 변화를 겪었다. 실질적 포섭은 순수한 형식적 포섭과 다른데, 그 까닭은 직접적인 노동과정의 과학기술적 구조조차 질적으로 변경하기 때문이다. 이것은 사회적 생산력들의 체계적 응용과 노동과 과학의 분리를 통해 발생한다. 맑스가 말한 바처럼, 노동의 자본에 의한 실질적 포섭의 가장 주목할 만한 특성들 중의 하나는, '사회적 발전의 일반적인 생산물인 과학을 직접적인 생산과정에 의식적으로 응용하는 것'이다. 사회적 결합은 생산을 점점 더 과학적으로 만들고, 그렇게 해서 그것을 하나의 총체성으로, '총체적' 노동자로 구성하고, 그와 동시에 개인의 노동 능력을 단순한 계기로 축소한다.[40]

이러한 분석적 고찰들은 필연적으로 젊은 이론가들이 20세기 노동자 운동의 조직 양태들과 정치적 기획들을 근본적으로 문제 삼을 수 있는 결정적 논점을 가정할 수 있도록 이끌었다. 1960년대의 반권위주의적 집단들은 그것들[조직 양태들과 정치적 기획들]을 불확실하게 만들었지만 그것들을 제거할 수는 없었다.

---

40. Ibid. p. 365.

비경험적 범주인 계급의식의 이론적 구축을 성찰하지 못함으로써 … 사회주의 운동 내부에서, 계급의식 개념을 (대도시에는 부적절한) 레닌주의적 의미로 환원하는 결과를 낳았다.[41]

조직 모델이자 사회의식과 일반적 노동과정 간의 관계에 대한 이해방식인 레닌주의는 대도시적 조건을 읽어내는 데는 부적절하다.

레닌주의는 노동과정과 고도의 인지적 활동(말하자면 의식)의 분리에 기초한다. 이 분리는 초기의 산업 노동에 토대를 두고 있는데, 그 까닭은 노동자들이 그들 자신의 능력들에 대한 지식은 가지고 있지만, 사회를 구조화하는 인지 체계를 인식하진 못하고 있[다고 여겨지기 때문이다. 이 분리의 뿌리들은 (점점 더 분할되고 노동을 소외시키는 활동으로 내몰리는) 대중노동자들이, 직접적으로 전복적이고 반자본주의적인 차원에서 자신의 사회성을 발전시킬 때 더욱더 깨지기 쉬워진다.

마지막으로 이 분리는 우리가 사회적 노동의 정신형태들에 대해 논의할 때 더 이상의 지반을 갖지 못한다. 그 까닭은 각각의 지성화된 오퍼레이터operator가 특별한 형태의 지식의 전달 수단이 될 때, 그/녀는 전체 생산 주기의 근저에 있는 사회적인 지식 체계를 — 비록 파편화되고 혼동되고 고통스러운 방식으로나

마 — 지각하기 때문이다.

디지털 범논리주의Pan-logism

그와 같은 시기에 마르쿠제 역시 사유의 형태들과 사회적 생
산 형태들 사이의 관계에 대한 논점을 다루고 있었다.

과학기술을 생산적으로 완결하는 것은 그 자신의 인식론적
구조들의 견지에서 사고과정을 종속시키는 것으로 귀결된다.

조작주의operationalism 42 — 개념을 거기에 대응하는 일련의 조
작과 같은 뜻으로 삼는다 — 의 특징은 '사물의 이름이 동시에
그 기능의 방식도 지시하는 것으로 간주하고, 성질과 과정의 이
름이 그것들을 발견 혹은 생산하는 데 이용된 장치를 상징하
는 것으로 생각하는' 언어학적 경향에도 나타난다. 이것은 과학
기술적 추론으로, 이 추론은 '사물과 그 기능을 동일시하는' 경
향이 있다.[43]

---

42. [옮긴이] 과학적 개념은 그 개념을 측정한 구체적인 절차나 정신적 조작에 의하
여 규정되어야 한다는 견해를 일컫는다. 모호한 용어에 대하여 명확한 조작 절
차를 제시함으로써 용어의 의미를 정확히 하는 데 목적이 있다.

43. Herbert Marcuse, *One Dimensional Man; Studies in the Ideology of Advanced
Industrial Society*, op. cit., pp. 86~87 [H. 마르쿠제, 『일차원적 인간-선진산업
사회의 이데올로기 연구』, 앞의 책, 135쪽]. 마르쿠제는 여기에서 Stanley Gerr,
"Language and Science," in *Philosophy of Science*, April 1942, p. 156을 인용하
고 있다.

『이성과 혁명』과 『헤겔의 존재론』*Hegel's Ontology* — 이 책들은 부정성, 과정성, 분리에 초점을 맞추고 있는데, 헤겔주의 철학에 대한 고뇌어린 해석을 제시했다 — 같은 저작들에서 묘사된 관념론적 프레임에서 출발한 마르쿠제는 『일차원적 인간』에서 다음과 같이 쓰고 있다.

> 과학기술적 합리성의 전체주의적 세계는 이성의 관념이 변질한 최신 형태이다.[44]

마르쿠제는 1967년 이탈리아에서 간행된 『에로스와 문명』*Eros and Civilization*이란 책에서 과학기술로 상징되는 해방의 잠재력들에 대한 담론을 발전시키는 한편, 『일차원적 인간』에서는 이와 같은 잠재력들이 기능주의에 의해 축소되는 것을 고발한다. 마르쿠제는 자신을 실현하는 이성의 변증법을 기능주의적 환원들에 대비시켰다. 그의 입장은 관념론적 입장으로 남아 있고, 그의 이론에는 사회적 재구성 과정들에 대한 구체적인 참조점이 없다. 그럼에도 그는 후기 자본주의적 과정의 본질적인 요점을 이해하고 있다. 그는 과학기술을 통해 로고스와 생산이 완전히 통합하는 경향을 찾아낸다. 마르쿠제가 서술한 경향의 지평에서 우리는 세계의 디지털화 과정을 발견한다. 이 디지털화

---

44. Ibid. p. 123 [같은 책, 174쪽].

는 헤겔주의적 범논리주의가 그의 비변증법적인, 권한이 박탈된disempowered, 진정된pacified 설명[견해] 속에서 역설적으로 실현된 것이다.

> 기술적 진보의 끊임없는 원동력에는 정치적 내용이 침투했다. 그리고 기술의 로고스는 지속적인 노역奴役의 로고스로 바뀌었다. 과학기술의 해방적인 힘 — 사물의 도구화 — 은 해방의 족쇄로 변하고 인간의 도구화로 변한다.[45]

생산과정들 속에서 알고리듬algorithm을 사용하는 것, 그리고 논리적 장치들을 통해 알고리듬을 전송하는 것은 가동되는 종류의 합리성을 고립시킨다. 그러나 이런 식으로 세계는 그것의 디지털적·논리적 환원 속에 포섭되고, 그리하여 기술적 이성으로 구체화되는 자본주의적 형태 속에 (헤겔을 전복하면서) 영원히 포획된다.

> 과학기술은 물화의 거대한 매개가 되었다. 그것은 가장 성숙하고 가장 유효한 형태를 취한 물화이다.[46]

---

45. Ibid. p. 159 [같은 책, 212쪽].
46. Ibid. pp. 168~9 [같은 책, 221쪽].

우리는 헤겔주의 이론의 본질적인 문제가 현실의 로고스로의 환원, 따라서 동일자the Same의 확립, 모든 차이의 폐지, 동일성[정체성]의 건설이라고 말할 수 있다. 근대 역사 전반에 걸쳐 우리는, 폭력을 통해서건 또는 승인homologation을 통해서건, 민주주의 체제에 의해서건 또는 전체주의 체제에 의해서건, 동일성을 회복하려는 시도들의 목록을 목격했다. 낭만주의는 동일성의 전제를 찾을 수 있는 기원으로 이어지는 길로 되돌아가려 한다. 20세기의 전체주의는 이러한 망상에서 유래한다. 파시스트 국가들의 도덕적 전체주의는 공통의 뿌리라는 신화의 토대 위에서 동일자를 실현하려고 하는 한편, 전체주의적 공산주의 국가는 차별[차이] 없는 사회라는 역사적 이상의 실현을 통해 동일자를 실현하려고 한다.

그러나 [그들은] 차이들의 실재를 정복할 수 없었다. 비록 축소[환원]되고 억압되었을지라도 차이들의 실재는 폭력적이고 분노에 찬 형태들 속에서 항상 재탄생했다. 그와 달리 사회적 삶 속에서 사람들은 비본질적이고 이기적인 요구들에, 민족주의들에, 지역주의들에, 인종주의들에 지배당한다.

그렇지만 동일성은 또 다른 수준, 즉 정보의 수준에서 스스로를 실현한다. 이 수준은 인간 환경habitat의 모든 공간을 포섭하여, 시간에 대한 역사적 지각을 디지털 지각으로 대체한다. 이렇게 해서 동일자의 생산은 비본질적인 것을 규정함으로써 비본질적인 것을 배제하는 상태들을 연속적으로 발생시키는 프로그램으로서 결정된다.

이러한 시각에서 볼 때, 컴퓨터화된 사회는 범논리주의가 실현된 것으로 이해할 수 있다.

절대 지식은 지성 기계들의 세계 속에서 가시화한다. 총체성totality은 역사가 아니라, 지성 기계들의 세계에 의해 미리 프로그램되고 미리 결정되는 상호연결들의 가상적 아쌍블라주assemblage이다. 따라서 헤겔주의적 논리는 컴퓨터들에 의해 참이 되어 왔는데, 이것은 오늘날 정교화 및 미디어 기계들의 세계에 의해 등록되지 않으면 어느 것도 참이 아니기 때문이다. 컴퓨터들을 낳는 총체성은 궁극적인 헤겔주의적 총체성을 대체했다.

우리는 전 지구적인 네트Net가 전체주의화 없는 총체성을 정초한다고 말할 수 있을 것이다.

매트릭스가 사건을 대체하고 있다. 이것이 근대적 합리화Rationalisierung의 최종 지점이다.

네트워크화된 세계에서 인정받기 위해서 우리는 매트릭스의 발생 논리에 부합해야 한다. 코드화된 영역에 속하지 않는 것은 사회적으로 인정받을 수도 없으며 의미도 없다. 설령 그것이 아직도 부적절성의 영역에, 잔여성residuality의 영역에 존재한다 해도 말이다. 따라서 그것은 자신의 실존을 폭력적으로 거듭 주장하기 위하여 격노와 절망으로써 반항한다.

역사가 컴퓨터화된 절대 지식이 전개된 것이라 해도, 차이는 정복되지도, 해소되지도 않는다. [비록] 차이가 잔여적인 것이 되고, 무력해지며, 인식 불가능하게 되었다 [하더라도 말이다].

2장

노동하는 영혼

디지털 노동과 추상

오늘날, 노동한다는 것은 무엇을 의미하는가? 노동은 일반적으로 다음과 같은 신체적 유형들을 따라 수행되는 경향이 있다. 다시 말해 우리는 모두 화면 앞에 앉아 자판 위에서 손가락을 움직여 타이핑을 한다.

한편으로 노동은 신체적·인간공학적 시각에서 볼 때 훨씬 더 획일적이 되었지만, 다른 한편으로 노동이 발전시킨 내용들과 관련해서 볼 때에는 훨씬 더 분화되고 전문화되어 가고 있다. 건축가들, 여행 안내업자들, 소프트웨어 개발자들, 변호사들은 똑같은 신체적 몸짓들을 공유한다. 하지만 그들은 결코 [이러한] 일자리들을 교환할 수 없을 것이다. 왜냐하면 이러한 일자리들 하나하나는 특수하고 한정적인 능력을 발전시키기 때문이다. 이러한 능력은 동일한 교육과정을 함께 준비하지 못하고 그와 같은 복잡한 인지적 내용들에 익숙하지 않은 사람들에게는 전달될 수 없다.

노동은 실질적으로 교환불가능하고 탈개인화된 성격을 지니고 있기 때문에 이질적인 무언가로 인식되었다. 노동은 위계에 의해 기계적으로 부과되었고, 오직 임금을 위한 교환 속에서만 수행되는 할당된 작업으로 표현되었다. 종속노동과 임금소득에 대한 정의는, 누군가의 시간을 순수하게 차용하면서 이루어지는 이러한 종류의 사회적 활동을 가리키는 데 적합했다.

디지털 과학기술들은 노동에 대한 완전히 새로운 시각을 제시한다. 우선 디지털 과학기술들은 구상과 실행 간의 관계, 그리하여 노동의 지적 내용들과 그 신체적 실행 간의 관계를 변형한다. 육체노동은 일반적으로, 자동으로 프로그래밍된 기계에 의해 실행되는 한편, 혁신적 노동, 즉 가치를 효율적으로 생산하는 노동은 정신노동이다. 변형되어야 할 물질들은 디지털 시퀀스sequence들에 의해 시뮬레이션된다. 생산적 노동(가치를 생산하는 노동)은 나중에 컴퓨터화된 기계들에 의해 현실적 물질로 변형되는 시뮬레이션들을 작동시키는 가운데 이루어진다.

노동의 내용은 정신적이 되는 한편, 그와 동시에 생산적 노동의 한계들은 불확실하게 된다. 생산성 개념 자체는 확정되지 않는다. 시간과 생산된 가치의 양 사이의 관계는 결정하기 쉽지 않은데, 그 까닭은 인지노동자에게 모든 시간은 생산된 가치의 견지에서 볼 때 동일한 것이 아니기 때문이다.

추상 및 추상적 노동이라는 관념은 다시 정의될 필요가 있다. 맑스의 언어에서 '추상적 노동'이 의미하는 바는 무엇인가? 그것은 그 질과 상관없는, 생산된 대상들이 가질 수 있는 특수하고 구체적인 유용성과 관계없는, 가치를 생산하는 시간의 분배를 의미한다. 산업노동의 특수한 질과 구체적 유용성이 경제적 가치평가의 기능과 비교해 볼 때 전혀 관계가 없었기 때문에, 산업노동은 일반적으로 추상적이었다. 우리는 이 추상적 환원이 정보생산 시대에 아직도 작동한다고 말할 수 있는가? 어떤 점에서 우리는 그렇다고 대답할 수 있으며, 이러한 경향이 그 극한까지 밀어 붙여지고 있다고 이야기할 수도 있다. 그 이유는 노동이 여하한 잔여적 물질성을 상실했으며, 생산적 활동만이 [그렇게] 남겨진 것 ─ 상징적 추상들, 바이트들bytes, 숫자들digits, 생산적 활동에 의해 정교화된 상이한 정보 ─ 에 자신의 능력들을 행사하기 때문이다. 우리는, 노동과정의 디지털화가 우리가 모두 다음과 같이 동일한 것을 하기 때문에 인체공학적이고 신체적인 시각에서 볼 때 모든 노동을 동일한 것으로 만들었다고 말할 수 있다. 우리는 화면 앞에 앉아 키보드를 두드린다. 우리의 활동은 나중에 기계들의 연쇄에 의해 건축학적 기획으로, TV 대본으로, 외과 수술로, 40개의 금속 상자들 또는 레스토랑의 식재료의 운반으로 변형된다.

이미 앞에서 말했듯이, 신체적 견지에서 볼 때, 여행 안내업자, 정유 회사를 위해 일하는 기술자나 탐정소설을 쓰는 작가의 노동 수행에는 차이가 없다.

그러나 우리는 그 반대를 이야기할 수 있다. 노동은 정신적 과정의 일부 ─ 즉 지식을 풍부하게 갖춘 기호들의 정교화 ─ 가 되었다. 노동은 훨씬 더 특수하게, 훨씬 더 전문적으로 되었다. 변호사들과 건축가들, 컴퓨터 기술자들과 쇼핑몰 판매업자들은 모두 똑같은 화면 앞에 앉아 똑같은 자판들을 두드린다. 그렇지만 그들은 일자리를 교환할 수는 없을 것이다. 그들이 정교화하는 활동들의 내용은 완전히 다르며, 쉽게 전달될 수 없다.

다른 한편, 신체적 시각에서 볼 때에도 역시, 화학, 금속, 기계 노동자들은 완전히 다른 작업들을 하지만, 금속 또는 기계 노동자가 화학 산업에 속한 노동자의 작업을 하는 데 필요한 조작 지식을 획득하는 데는 단 며칠이 걸릴 뿐이며, 그 역도 마찬가지다. 산업노동이 더욱더 단순화되면 될수록 그것은 더욱더 상호교환이 가능하게 된다.

인간의 신경 말단들terminals은 컴퓨터 앞에서 똑같은 신체적 몸짓들을 수행하고, 그것들은 모두 정교화와 소통의 보편적 기계에 연결된다. 하지만 그들의 작업이 신체적으로 단순화되면 될수록, 그들의 지식, 능력들, 수행은 점점 더 상호교환이 가능하지 않게 된다. 디지털 노동은 절대적인 추상적 기호들을 능숙하게 다루지만, 그것의 재결합 기능이 더욱 특수할수록 그것은 점점 더 개인화되고, 그리하여 훨씬 더 교환이 가능하지 않게 된다. 결국, **하이테크** 노동자들은 노동을 자신들의 삶 속에서 가장 본질적인 부분으로, 가장 특수하고 개인화된 부분으로 여기는 경향이 있다.

이것은 산업노동자들에게 일어났던 일들과 정반대이다. 그들에게, 임금을 벌어들이는 8시간 노동은 일종의 일시적 죽음이었다. 그들은 자명종이 울려 노동일의 마감을 알린 뒤에야 일어날 수 있었던 것이다.

기획[모험심]과 욕망

휴머니즘적 르네상스의 의미에서, 기획[모험심][1]이라는 단어는 세계에 인간적 형태를 부여하는 것을 목표로 하는 활동을 가리킨다. 휴머니즘적인 예술적 기획[모험심]이라고 할 때의 '기획[모험심]'은 운명fate으로부터 그리고 심지어는 신적 의지로부터 인류가 독립한다는 신호이다. 마키아벨리에게 기획[모험심]은 운fortune으로부터 스스로를 해방하고 공화국을 실현한다는 점에서 정치학과 같다. 공화국은 상이한 인간 의지들이 자신들의 기교와 자신들의 창조 능력을 시험하고 비교하는 장소다.

자본주의적 의미에서 기획[모험심]이라는 단어는 비록 자유롭고 구성적인 활동이라는 자신의 의미를 결코 상실하지는 않지만 새로운 뉘앙스를 획득한다. 이러한 새로운 뉘앙스들은 모두 노동과 기획[모험심]이 대립된다는 것과 관계가 있다. 기획[모험심]은 발명과 자유 의지를 의미한다. 노동은 반복이며 실행하는 행동이다. 기획[모험심]은 노동이 가능하게 만드는 가치화valorization 덕분에 새로운 자본을 낳는 자본의 투자이다. 노동은 자본을 가치화하지만 노동자들을 평가 절하하는 임금소득 서비스이다. 오늘날 노동자들과 기획[모험심]의 대립에는 무엇이 남겨져 있으며, 기획[모험심]이라는 바로 그 개념에 대한 인식은 사회적 상상력 속에서 어떻게 변화하고 있는가?

기획[모험심]과 노동은 사회적 인식 속에서는, 그리고 인지노

---

1. [옮긴이] 'enterprise'를 옮겼다.

동자들의 의식, 다시 말해 최고 수준의 생산 노동을 수행하는, 노동의 사회적 과정들의 일반적 경향을 대표하는 사람들의 의식 속에서는 훨씬 덜 대립한다. 고도의 인지적 수준을 갖추고 작업하는 사람들, 그리하여 자신들의 장소를 거의 바꿀 수 없었던 사람들은 자신들의 노동을 기획[모험심]의 창출에 대립시키지 않는다. 그와 반대로, 그들은 자신들의 노동(비록 형식적으로는 의존적일지라도)을 하나의 기획[모험심]으로 간주하기에 이른다. 여기에서 그들은 기획[모험심]이 자신을 표현하는 경제적이고 법률적인 조건들과 독립적으로, 자신들의 에너지의 최선의 부분을 소비할 수 있다.

기획[모험심] 개념에 대한 인식에서 일어난 이러한 변동을 이해하기 위하여 우리는 다음과 같은 결정적인 요인을 고려할 필요가 있다. 산업노동자들이 비주체적인 반복 모델에 따라 자신의 임금소득 서비스들에 기계적인 에너지들을 투자했다면, 하이테크 노동자들은 거기에 자신들의 특수한 권능들competences, 즉 자신들의 창조적이고 혁신적이고 소통적인 에너지들, 요컨대 그들의 지적 역량들의 최선의 부분을 투자한다. 그 결과, (소유와 노동의 법률적 관계로부터 독립적인) 기획[모험심]은 욕망이 모이는 중심, 즉 경제적일 뿐만 아니라 심리적이기도 한 투자의 대상이 되는 경향이 있다. 이것을 고려할 때에만 우리는 지난 20여 년간 왜 불평disaffection과 결근absenteeism이 주변적인 현상이 되면서도 다른 한편으로 후기산업 시대의 사회관계들에서 중심적인 요소가 되었는지 이해할 수 있다.

1980년대에 (그리고 알다시피 1990년대에는 훨씬 더) 평균 노동시간은 인상적으로 늘어났다. 1996년에 평균 노동자는 자신의 동료가 1973년 노동에 바쳤던 것보다 더 많은 148시간 이상을 노동에 바쳤다. 미국 노동통계국에 따르면 일주일에 49시간 이상 노동하는 개인들의 백분율은 1976년 13%에서 1998년 19%로 늘어났다. 관리자들의 경우에는 40%에서 45%로 늘어났다. 자동화를 선호하는 컴퓨터화된 과학기술의 발전이 사회적 노동시간의 축소를 결정할 것이라는 선견지명은 참과 동시에 거짓으로 판명이 났지만, 최종 분석에서 우리는 그것을 거짓으로 간주해야 한다. 실제로 산업생산의 측면에서 필요노동시간이 줄어든 것이 사실이고, 그리하여 점점 많은 수의 산업 직업들이 기계들에 의해 제거, 대체되거나 노동이 (비용이 들지 않는, 그리고 노동조합들에게서 보호받지 못하는) 세계의 영역들로 전이되는 것은 사실이다. 하지만 외관상 기계에 의해 해방된 것처럼 보이는 시간이 사실상 사이버 시간, 즉 사이버 공간의 무한한 생산과정들 속으로 흡수되는 정신적 과정의 시간으로 변형된다는 것 역시 사실이다.

불평에서 수용으로의 노동자들의 이러한 전환을 어떻게 설명할 수 있을까? 확실히, 그러한 이유들 중의 하나는, 과학기술적 재구조화, 그 결과로 일어난 실업, 그리고 정치적 전위에 가해진 폭력적인 억압 등으로 인한, 1970년대 말 이후의 노동계급이 겪은 정치적 패배이다. 그러나 이것으로는 충분하지 않다.

노동자에 대한 사회심리학적 태도 변화를 이해하기 위해 정신노동 영역으로부터 인지노동 영역으로 사회적 핵심이 변동한 것과 연결된 결정적인 문화적 변형을 고려하는 것이 필요하다.

인지노동의 영역 속에서 무슨 일이 일어나고 있는가? 이 새로운 종류의 노동자는 왜 노동을 자신의 삶의 가장 흥미로운 부분으로 가치 평가하며, 그리하여 노동일의 연장을 더 이상 반대하지 않고 그것을 사실상 개인적인 선택과 의지로까지 기꺼이 늘리려 하는가?

이 물음에 대답하기 위해 우리는 몇 가지 요인들, 즉 이러한 맥락에서 분석하기 어려운 것들 중 몇 가지를 고려할 필요가 있다. 예컨대 지난 10여 년간 도시 및 사회 공동체들은 점점 흥미를 잃어갔으며, 그것들은 자신들이 맺어나가는 관계들에 인간성과 기쁨을 담지 못하는 용기容器들로 축소되었다. 성적 욕망과 쾌락은 표준화된, 승인된, 상품화된 메커니즘들로 변형되었다. 동일성을 염원하는 욕구need가 신체의 특이한 기쁨들을 점진적으로 대체하였다. 마이크 데이비스Mike Davis의 『석영도시』*City of Quartz*와 『공포의 생태학』*Ecology of Fear* 같은 책들은, 공동체의 유대의 희박화와 안보에 대한 박멸적 집착 때문에 실존의 질이 정동적이고 심리학적으로 악화되었음을 보여준다.

인간관계 속에서, 일상생활 속에서, 정동성과 소통 속에서 [이제] 기쁨과 안도를 발견하기란 훨씬 더 어려워진 것처럼 보인다. 일상생활 속에서 이러한 에로스를 상실한 결과는 욕망이 노동에 투사된다는 것이다. [여기에서] 노동은 경쟁의 규칙들에 의거하여, 타자를 경험, 기쁨, 부유함이 아닌 소위 위험, 빈곤화, 한계로 인식해 왔던 개인들에게 나르시시즘적 강화를 제공하는 유일한 장소로 이해된다.

지난 10여 년간 일상생활에서 이루어진 결과는, 전반적으로 연대가 상실되었다는 것이다. 타자를 경쟁자로, 그리하여 적으로 체계적으로 변형하는 것을 통해 경쟁의 명령은 노동에서, 미디어에서, 일반 문화에서 지배적으로 되었다.

부?

그러나 우리는 아직도 다음과 같은 물음에 답하지 못했다. 노동거부로 특징지어지는 사회적 자율의 긴 시기(이 시기에는 사회적 연대가 경쟁을 극복했으며, 삶의 질이 권력과 자본 축적을 극복했다)가 지난 후에 노동이 어떻게 상상력에서(사회적으로 조직된 가치들의 규모 그리고 집단적 심리학 양자에서) 중심적인 지위를 다시 획득하는 일이 일어났는가? 오늘날 왜 엄청나게 많은 노동자들이 노동을 삶의 가장 흥미로운 부분으로 여기며, 노동일의 연장을 더 이상 반대하지 않고 오히려 노동일을 늘리는 것을 자발적으로 선택하는가? 물론 이것은 또한, 30여 년간의 **탈규제**에 의해 결정된 사회적 보장[제도]들의 극적인 악화와 공적 원조 구조들의 제거 때문이지만, 그것은 단지 부분적인 이유일 뿐이다.

인류학적 수준에서 볼 때, 결정적 국면은 전적으로 부의 가치에 초점을 맞춘 생활모델이 주장되고, 부 개념이 경제 및 구매 능력으로 축소[환원]될 때 조성되었다. 그러나 사실상 부가 소유[재산]와 동일한 것인지는 결코 자명한 것이 아니다.

'부란 무엇인가'라는 물음에 대해 우리는 두 가지 완전히 대비되는 방식으로 대답할 수 있다. 우리는 소유한 재물과 가치들의 양에 의거하여 부를 평가할 수 있다. 또는 우리는 우리의 경험들이 감각 기관들 속에서 생산해 낼 수 있는 즐거움과 기쁨의 질에 의거하여 부를 평가할 수 있다. 첫 번째의 경우 부는 객관화된 양이며, 두 번째의 경우 부는 경험의 주관적 질이다.

화폐, 은행 계좌, 그리고 경제성장이, 지난 20여 년의 심리학적이고 경제학적인 장면을 지배하는 노동을 위한 새로운 애정 affection의 이면에 있는 동기들인 것만은 아니다. 그것들은 [또한] 분명 지배적인 요인이기도 하다. 경제주의 이데올로기는 자신의 일을 사랑하는 것이 돈을 뜻하며 돈은 행복을 뜻한다는 신념에 강제적으로 초점이 맞추어진다. 이것은 단지 부분적으로만 참이다.

반복해서 물어보자. 부는 무엇을 의미하는가? 이 물음에 유효한 유일한 대답은 당연히 경제적 대답이다. 부는 우리가 소비할 수 있도록 해주는 수단을 소유하는 것을 의미한다. 부는 화폐, 신용, 권력을 이용할 수 있는 가능성이다. 그렇지만 이것은 아직 불충분한 대답이며, 부분적인, 아니 어쩌면 모든 사람들을, 심지어는 많이 축적할 수 있는 사람들조차 비참하게 만들 수 있는 완전히 잘못된 대답일 수 있다. 이 대답은 부를 (습득과 소비를 통한 권력 쟁취를 목표로 하는) 시간의 투사projection로 간주한다. 하지만 우리는 그보다도 부를 시간, 집중concentration, 자유의 면에서 이용 가능한 세계를 즐길 수 있는 단순한 역량으로 간주할 수도 있을 것이다.

당연히 부에 대한 이 두 가지 정의들은 상충하며, 또한 단지 정의상으로만 상충하는 것이 아니다. 이것들은 사실상 세계, 시간, 신체들과 맺는 두 개의 상이한 관계 양상들이다. 우리가 소비 수단을 획득하는 데 더 많은 시간을 쓰면 쓸수록, 우리에게 이용 가능한 세계를 즐길 시간은 점점 줄어들게 된다. 우리의 신경 에너지들을 구매 능력의 획득에 더 많이 쏟아부으면 부을수록, 우리는 우리 자신을 즐기는 데에 그 에너지들을 덜 쓰게 된다. 오늘날 초자본주의hyper-capitalistic 사회들에서 행복과 불행의 문제가 다루어지는 것이 ― 경제적 담론에서는 완전히 무시되는 ― 바로 이 논점이다. 더 많은 경제적 권력(더 많은 화폐, 더 많은 신용)을 가지기 위해서는 더욱더 많은 시간을 사회적으로 인정받는 노동에 바치는 것이 필요하다. 그렇지만 이것은 기쁨과 경험을 위한, 다른 말로 하면 삶을 위한 시간을 축소할 수밖에 없게 된다는 것을 의미한다. 즐거움으로 이해되는 부는 경제적 축적으로 이해되는 부의 성장에 비례하여 감소한다. 그것은, 후자의 테두리 내에서는 정신적 시간이 즐거움보다는 축적에 충당된다는 단순한 이유 때문이다.

다른 면에서 경제적 축적으로 이해되는 부는, 사회적 신경계로 하여금 위축과 스트레스를 겪게 하는, 확산적 기쁨의 축소에 비례하여 늘어난다. 이러한 축소 없이는 어떠한 축적도 가능하지 않다.

그러나 이 두 시각들은 동일한 효과를 생산한다. 경제 영역의 확장은 에로스 영역의 축소와 일치한다. 사물들, 신체들, 기호들이 경제의 기호적 모델의 일부가 될 때, 부는 중재되고, 반영되고, 연기되는 방식으로 경험될 수 있을 뿐이다. 거울들의 무한한 유희play에서처럼, 실제로 경험되는 것은, 우리가 시간을 낭비할 수 없기 때문에 신속하고 죄스러우며 신경과민적인 소비로 상쇄되는, 희소성과 필요의 생산이다. 우리는 노동으로 되돌아가야 하는 것이다. 따라서 부는 더 이상 사물들, 신체들, 기호들을 시간 속에서 즐길 수 있는 능력이 아니라, 교환가치와 걱정속에서 변형된, 그러한 손실의 가속적이고 확장적인 생산이다.

이제 우리는 마침내 다음과 같은 물음에 대답할 수 있다. 노동이 사회적 정서 속에서 중심적 공간을 다시 차지하는 일이 어떻게 일어났으며 사회는 왜 노동에 대한 새로운 애정을 발달시켰는가?

한 가지 이유는 잘 알려져 있다. 경쟁 상황 속에서 노동자들은 아주 오래된 공갈 — 가능한 한 많이 노동하라, 그렇지 않으면 죽을 것이다 — 을 받아들이지 않으면 안 된다는 것이다. 그러나 일상생활의 빈곤화, 타자와 맺는 관계, 즉 소통 경험 속에서 에로티시즘eroticism이 상실되는 것과 관련하여 우리가 제공할 수 있는 또 다른 대답이 존재한다.

일하는 것에 대한 새로운 사랑 이면에 있는 이유들은 사회적 보장들이 붕괴되는 것에서 비롯되는 물질적 빈곤화에서뿐만 아니라 실존과 소통의 빈곤화에서도 역시 발견되어야 한다. 우리는 경제적 생존이 더 어려워지고 일상생활이 외롭고 지루하게 되기 때문에 노동을 향한 애정을 반복[갱신]한다. 도시생활이 너무 슬퍼서 그것[노동에 대한 애정]을 팔아 돈을 버는 것이 낫다는 것이다.

노동, 소통, 공동체

산업자본주의 국면에서 인간노동의 발달, 가치의 축적처럼, 단지 경제적 합목적성들을 갖춘 자본주의적 조직을 의미했던 '기획[모험심]'이라는 단어는 이제 한없이 더 복잡한 어떤 것을 의미한다. 기획[모험심]이라는 단어는 그 본래의 휴머니즘적 의미를 지닌 어떤 것을 회복하면서, 세계, 자연, 그리고 사람들이 타자와 맺는 바로 그 관계를 변형하는 책임 있는 인간적 기상initiative을 가리킨다.

물론 기획[모험심]은 자본주의 경제의 프레임 내부에서 발전하며, 따라서 그것의 한계들은 한 사람을 규정짓는 본질적인 자본주의 형태들 — 착취, 희소성의 생산, 폭력적 강제, 무력武力에 근거하는 규칙들 — 과 동일하다. 그러나 우리는 여기에 모호함이 있음을 이해해야 한다. 즉 기획[모험심]은 자본주의 규칙에 종속되지만, 이 둘은 전혀 동일한 것이 아니다. 자유, 인간성, 행복(이것들 위에 가치의 축적이 군림한다)을 찾기 위한 필사적인 시도는 이 잠재적인 차이에 의존한다.

욕망에의 투사는 노동에서 작동하기 시작하는데, 그 까닭은 사회적 생산이 정신적 활동의, 그리고 상징적, 소통적, 정동적 행동의 더욱더 많은 부문들을 통합하기 시작했기 때문이다. 인지적 노동과정에 관계되는 것은 사실상 본질적으로 인간 존재들에 더 많이 속해 있는 것이다. 생산적 활동은 물질의 물리적 변형으로 마무리되는 것이 아니라, 오히려 소통으로, 즉 정신적 상태의 창조로, 감정들의 창조로, 상상력의 창조로 마무리된다.

고전적인 산업노동 그리고 특히 포드주의적 기업의 조직 형태는 기쁨과 관계가 없다. 그것은 소통과도 관계가 없다. 실제로 노동자들이 조립라인 앞에서 작업을 하는 한 소통은 방해받고 파편화되고 차단되었다. 산업노동은 주로 지루함과 고통을 특징으로 했는데, 이는 1950년대와 60년대에 노동자들이 겪는 소외와 원자화의 조건들을 연구했던 사회학자들에게 제공된 야금과 기계 분야에 관한 보고서에서도 목격되고 있다.

따라서 산업노동자들은 자본에 반대하여 조직한, 전복적인 노동 공동체들, 정치 조직들이나 노동조합들에서 사회화를 위한 공간을 발견했다. 노동자들의 코뮤니즘은, 자본이 삶의 대부분을 비인간적 조건들 속에서 살아가도록 강제한 (그리고 아직도 강제하는) 계급을 위한 의식적인 조직의 그리고 바람직한 생활의 주요 형태가 되었다. 코뮤니즘은 또한 자본이 정신적 수동성의 조건들 속에서 살아가도록 강제한 (그리고 아직도 강제하는) 계급을 위한 유일한 지식 형태였다. 코뮤니즘은 노동 공동체가 생산하는 보편적인 의식 형태였다. 코뮤니즘적 조직 속에서 노동자들은 자신들의 추상적 노동 조건들은 제쳐놓고 공통의 기획, 공유된 신화를 통해 구체적인 소통을 재발견할 수 있었다. 이러한 종류의 코뮤니즘은 봉건적이고 군사적이며 이데올로기적인 관료들에 의해 20세기 전반에 걸쳐 강요된 역사적 공산주의와 전혀 관계가 없다. 소련과 그 밖의 레닌주의 정당들에 의해 강제된 국가 공산주의와 노동자들의 자율적인 코뮤니즘[2] 간에 어떠한 관계가 있다면, 그것은 후자를 복종시키고, 규율[훈육]시키고, 파괴하기 위해, 전자에 의해 체계적으로 자행된 폭력이다.

---

2. [옮긴이] 'communism'은 문맥에 따라 '공산주의', 또는 '코뮤니즘'으로 서로 다르게 옮겼다. 다중의 자율적인 공통의 기획의 의미를 담을 때는 '코뮤니즘'으로, 정치적 및 경제적 권력으로서 역사에 실재했던 체제를 가리킬 때는 '공산주의'로 옮겼다.

정치적 공산주의는 자본의 세계화하는 동역학으로부터 자신의 권력을 지키기 위해 억압과 폭력을 행사한, 퇴보적이고 전제적인 관료들의 권력이었다. 일단 이와 같은 동역학이 관료들의 저항보다 더 강력하게 되었을 때, 정치적 공산주의는 결국 세계 자본주의와 자본주의적 세계화의 경제적 권력에 패배했다. 노동자들의 자율적인 코뮤니즘은 상이한 — 어느 정도는 유사하지만, 매우 다른 — 운명을 겪었다. 노동자들의 코뮤니즘은 부분적으로 자본에 포섭되었다. 이때 자본은 노동자들의 반대를 혁신적인 원동력(노동의 거부, 노동자들의 노동을 기계로 대체하는 것, 디지털 주기들을 향한 생산변형)으로 변형했다.

그래서 노동자들의 코뮤니즘은 부분적으로는 불모^{不毛}의 잔여지로, 항상은 더욱 변두리의[주변적인] 잔여지로 축소되었다. 노동자들의 코뮤니즘은 더 이상 존재하지 않는데, 그것은 노동자들이 더 이상 어떤 공동체에 속하지 않기 때문이다. 산업노동자들은 지구의 표면에서 사라지지 않았다. 세계화는 실제로 산업노동의 주기를 엄청나게 확대했으며, 그것을 지구의 가장 가난한 변두리들로 옮겨 반노예의 조건으로 격하시켰다.

그러나 자본의 탈영토화^{deterritorialization}는 빠른 걸음을, 즉 노동자들이 자신들의 공동체들을 건설하는 데 필요했던 시간보다 훨씬 빠른 걸음을 보였다. 폴 비릴리오^{Paul Virilio}는 자신의 책에서, 근대 전반에 걸쳐 국가들과 군사적 블록들 간의 관계에서 작용하는 속도의 기능을 매우 잘 묘사한다. 그러나 계급투쟁,

즉 노동계급과 자본 간의 전쟁의 속도는 훨씬 더 결정적이었다. 디지털 과학기술과 세계경제의 금융적 성격은, 자본이동의 속도, 노동 조직화에서 변화의 속도, 전 세계에서 생산적 중심들의 제거의 속도를 가속화했다. 이 가속화는 자본이 생산과정을 시작하는 장소들에서 공동체들의 형성을 방해한다.

산업노동이 소통을 수반하지 못하고 욕망하는 에너지들을 끌어당기지 못했다면, 인지노동에 대해서는 그 반대를 말할 수 있다. 정보노동자들은 때때로 장인으로 묘사될 수 있는데, 그것은 그들이 네트워크들을 생산하는 과정 속에 자신의 지식과 창의성을 쏟아부을 수 있기 때문이다. 그들의 에너지는 생산적 네트워크의 한 지점에서 다른 지점으로 옮겨진다. 끊임없이 변하는 일반적 프레임 내부에 정보의 파편들을 재결합하기 위해 그것들을 포획하기.

에너지 쏟아붓기, 이것은 지역 공동체와 그 필요들에 깊게 연결된 장인에 대해서는 위안을 주는 성격을 가지고 있었다. 하지만 정보노동자에 대해서는 근심, 불안, 끊임없는 변화를 생산하는 매우 다른 노선들을 따라 전개된다. [이러한] 유연성은 바뀌고 이동되고 끊임없이 변하는 전망들에는 필수적인 것이다. 이것은 정보노동자의 욕망과 생산성의 양면적인 받침대이다. 경험, 지식, 유동은 실존의 구성적 측면들임과 동시에 활동적 노동의 맥락이다.

인지노동은 본질적으로 소통의 노동, 다시 말해 노동하도록 배치된 소통이다. 어떤 시점에서 볼 때, 이것은 경험의 풍부화로 이해될 수 있을 것이다. 그러나 그것은 또한 빈곤화일 수도 있다(그리고 이것이 대개 관례이다). 그 까닭은 소통이 무상의 접촉, 기쁜 접촉, 에로틱한 접촉의 성격을 상실하고 경제적으로 필요한 것, 즐거움 없는 허구가 되기 때문이다.

더욱이, 어쨌든 정신적인 활동들로 정의될 수 있었던 노동의 모든 형태들이 소통, 발명, 창조에 연결되는 것은 아니다. 정보노동의 특징적인 측면은 사실 어떠한 범주로, 심지어는 탈영토화로 또는 자율이나 창의성으로 환원될 수 없다. 화면 앞의 단말기에 앉아 매일 수천 번 똑같은 작업을 반복하는 사람들은 산업노동자들이 하는 것과 같은 방식으로 자신들의 노동과 관계한다. 하지만 이해할 필요가 있는 것은, 새로운 요소, 즉 네트워크 서클 속의 창조적인 노동이 한없이 유연하며, 결합될 수도 해체될 수도 있다는 사실이다. 그리고 우리가 그것의 욕망과 불안 둘 다를 발견할 수 있는 곳이 정확히 이 해체적dismantling 동일시라는 사실이다. 정신노동 전체에서 우리는, 지적 에너지들이 부단한 창조적 탈영토화에 관여하는 인지노동과 아직도 양적으로 우세한 순전히 실용적인 종류의 정신노동을 올바르게 구별해야 한다. 정신노동 주기 내부에서조차, 우리는 두뇌노동자들과 체인노동자들chain workers 3을 구별할 수 있다. 그러나 나는 가

---

3. [옮긴이] 'chain work'는 사슬을 세공하는 노동을 말한다. 문맥상 바로 위에서

장 혁신적이고 특수한 형태들에 초점을 맞출 것이다. 그것들이 사회적 생산 전체를 변형하고 있는 동향을 대표하기 때문이다.

네트워크 안에서의 인지노동

노동에 대한 사회적 인식이 지난 수십 년 동안 겪었던 변형과 그것이 어떻게 노동자의 문화적·심리적 의존의 조건을 침식했는지 이해하기 위하여 우리는, 정보생산의 영역 내부에 욕망들을 쏟아붓는 것과 노동관계들의 형식적 측면들 모두를 분석할 필요가 있다.

디지털 변형은 두 가지의 다르지만 통합된 과정을 개시했다. 첫째는 네트워크 내부로 노동을 포획하는 것, 다시 말해 디지털 하부구조에 의해 가능하게 된 정보 및 생산의 독특한 흐름 속에서 상이한 노동 파편들이 협조하는 것coordination이다. 둘째는 노동과정이, 형식적으로는 자유롭지만 실제로는 통합되고 궁극적으로는 의존적인, 다수의 생산적 힘들[생산력] 속으로 전이되는 것이다. 앞에서 말했듯이, 인지노동은 정보노동으로서, 말하자면 디지털 지원支援을 통해 이용 가능한 수많은 정보의 무한한 재조합으로서 모습을 드러낸다. 협력이 디지털화된 정보를

언급하고 있는 "아직도 양적으로 우세한 순전히 실용적인 종류의 정신노동"을 수행하고 있는 노동자들을 가리키기 위해 비유적으로 쓴 표현으로 보인다.

전송하고, 정교화하고, 디코딩하는[해독하는]decoding 것을 의미할 때, 네트워크가 이런 과정의 자연적 프레임으로서 작동한다는 것은 분명하다.

명령의 기능은 더 이상 공장 내에 한정된 위계적 부과가 아니라, 노동 시간의 모든 파편에 스며드는, 횡단적이고 탈영토화된 기능이다.

네트워크 소통의 비위계적 성격은 사회적 노동의 전체 주기에서 지배적으로 된다. 이로 인해 정보노동이 노동의 독립적 형태를 대표하게 된다. 그러나 앞에서 보았듯이 이 독립은 사실상 새롭게 성장하는 의존의 형태를 은폐하는 이데올로기적 허구이다. 비록 이전의 형식적 위계들 속에서 생산적 행동에 대한 이 명령이 직접적이고 자발적이었다 할지라도 말이다. 이 새로운 의존(성)은 네트워크의 자동적 유동성 속에서 점점 더 분명해진다. 우리는 아주 독특하지만 ─ 외부적이면서도 내부적인 자동현상automatisms의 사슬에서부터 모든 몸짓, 모든 생산적 무리들을 규제하는 노동과정들에 이르는 ─ 객관적으로는 유동 과정으로부터 독립적인, 주체적인 파편들의 철저한 상호의존을 목격한다.

단순 수행 노동자들과 기업 관리자들 모두는, 중단할 수도 없고, 또 주변화되는 것을 무릅쓰지 않고는 물러설 수도 없는 부단한 흐름에 그들이 의존한다는 생생한 인식을 공유한다. 노동과정에 대한 통제는 더 이상 테일러식 기업에 전형적인 더 거대하고 더 소규모의 사장들의 위계의 보장을 받지 못하지만, 이

유동성에 통합된다. 휴대폰은 아마 이러한 네트워크 의존성을 가장 잘 설명해주는 과학기술적 장치일 것이다. 정보노동자들은 일하고 있지 않을 때조차도 대부분 휴대폰을 지닌 채 켜 두고 있다. 휴대폰은 개인을, 형식적으로는 자율적이지만 실질적으로는 의존적인 자기기업으로 조직하는 데 주요한 기능을 갖는다. 디지털 네트워크는 노동의 공간적·시간적 세계화가 가능해지는 영역이다. 전 지구적 노동은 모든 종류의 기호들과 정보적 단위들을 생산하고, 정교화하고, 분배하고 디코드하는 수많은 파편들의 끝없는 재조합이다. 노동은 네트워크가 끝없는 재조합을 활성화하는 셀 방식의[cellular 4] 활동이다. 휴대폰은 이러한 재조합을 가능하게 만드는 수단이다. 모든 정보노동자는 정보상품, 즉 기호자본인 조합적인 실재[combinatory entity]의 프레임을 구성하기 위해 무수히 다른 기호적 파편들과 만나 조합되어야 하는 특수한 기호적 단편[segment]을 정교화할 수 있는 역량을 가지고 있다.

그러나 이 조합이 가능해지기 위해서는, 단일하고 한없이 유연한(그리고 기호자본의 호출에 부단히 반응하는) 생산적 단편으로는 충분하지 않다. 단일한 단편들을 연결할 수 있는, 정보생산의 단편들을 시간 속에서 끊임없이 조정하고 집중시킬 수

---

4. [옮긴이] 'cellular'는 어떤 공간을 기하학적 모양으로 분할하여 분할된 각 셀 중심에 통신 중계국을 설치하는 방식을 말한다.

있는 장치가 필요하다. 지난 10년간 가장 중요한 소비 물품인 휴대폰은 대중적 수준에서 바로 이 기능을 제공한다. 산업노동자들은 특정한 분야에서 반복해서 수행되는 생산적 몸짓들의 대가로 봉급을 받기 원한다면 특정한 장소에서 매일 여덟 시간을 보내야 했다.

생산물의 이동(성)은, 노동자들이 공간과 시간 속에서 움직이지 않은 채로 있어야 하는 조립라인에 의해 가능해졌다. 그 대신 정보노동자들은 처음부터 사이버공간의 길이, 넓이, 깊이를 따라 이동한다. 정보노동자들은 기호들을 찾기 위해, 경험을 정교화하기 위해, 또는 단순히 그들 실존의 경로들을 따르기 위해 이동한다. 그러나 모든 순간과 장소에서, 그들은 [원하면 언제든지 어느 곳에서나 ― 옮긴이] 구할 수 있었으며, 전 지구적인 생산주기 속에 다시 끼워 넣어지는 생산적 기능을 수행하도록 다시 호출될 수 있었다. 어떤 의미에서, 휴대폰은 자본의 꿈을 실현한다. 생산주기가 필요로 하는 바로 그 순간에 모든 가능한 시간의 원자atom를 흡수하는 꿈 말이다. 이런 식으로 노동자들은 자신의 하루 전부를 자본에 제공하며, 자신의 시간이 셀 방식으로 만들어지는 순간들에 대해서만 지불을 받는다. 정보생산자들은 신경노동자들neuro-workers로 이해될 수 있다. 그들은 가능한 많은 시간 동안 활동적인 수용受容 신경 말단으로서의 자신의 신경 체계를 준비한다. 하루 전체는 필요할 때에만 직접적으로 생산적이게 되는 기호적 활성화에 종속되게 된다.

그러나 어떤 감정적, 심리적, 실존적 대가price가 우리의 영구적인 인지적 감전사electrocution의 부단한 인지적 스트레스를 수반하게 되는가?

불행의 공장

행복은 과학의 문제가 아니라 이데올로기의 문제이다. 행복은 이와 같은 방식으로 다루어져야 한다.

공적 담론에서 행복에 대한 과학적 토대를 갖춘 일관된 담론을 추구하는 게 가능하지 않다 하더라도 우리는 행복이라는 관념 위에 세워진 소통의 전체 흐름을 살펴보아야 한다. 우리는 정당성도 일관성도 거의 없지만 여전히 매우 효과적인, 단편적이고 가상적인imaginary 유혹들이 유통되는 것을 목격한다. 1990년대에 생산과정이 비물질적으로 되어가고 있을 때, 지배적 수사학은 모두 행복에 초점이 맞추어졌다. 행복해지는 것은 가능할뿐더러 거의 의무라는 것이다. 이 목표에 다다르기 위해 우리는 일정한 행위 규칙들과 양식들을 따라야 한다는 것이다.

전체주의적이고 민주주의적인 정치 담론 모두 행복을 집단적 행동의 지평에 두었다. 전체주의는 의무적인 행위 절차들을 부과했고 무시당하거나 박해받지 않으려면 그것들을 열정적으로 받아들일 것을 시민들에게 요구했다. 행복하지 않다면 그/녀는 불량한 애국자, 불량한 공산주의자이며, 파괴적 활동가 따위라는 것이다.

민주주의는 열정적 동의를 기대하지는 않는다. 그와 반대로, 성숙한 시각에서, 우리는 민주주의를, 개인들이 어떤 상대적 행복을 붙잡을 수 있는 개인적·공적 행위들과 동일시할 수 있도록 해주는, 가능한 생활양식modus vivendi의 끝없는 추구로 간주한다.

자본주의는 종종 (그리고 아무런 이유 없이) 민주주의의 불가분한 짝으로 제시되지만(그러나 우리는 자본주의가 그렇기는 커녕 종종 민주주의적인 체제들과는 거리가 먼 어둠 속에서 번영한다는 것을 알고 있다), 실제로 자본주의는 그렇게 관대하지 않다. 자본주의는 사실상 우리의 모든 에너지들의 완전하고도 납득이 갈 만한 배치 없이는 승리하는 게 불가능한 보편적인 경쟁에 [우리가] 열정적으로 참여할 것을 기대한다.

나치즘, 파시즘 그리고 권위주의적인 사회주의 국가들 같은 전체주의 체제들은 집단적이고 승인된 행복의 이름으로 국민들에게 자유를 인정하지 않았으며, 그렇게 해서 무한한 슬픔을 생산했다.

그러나 자유주의 경제조차, 광고 담론 속에 희화적이면서도 설득력 있는 방식으로 표현된 이윤과 성공에 대한 숭배cult를 통해, 부단한 경쟁, 패배, 죄의식[죄악]으로 인한 불행을 생산하는 것으로 귀결되었다.

1990년대에 **신경제** 이데올로기는 자유시장 활동play이 인류 일반의 행복의 최대치를 창조한다고 주장하였다. 실제로, **신경제**의 노력들 중의 하나는 이데올로기적인 메시지와 광고 메시지를 융합하는 것이었으며, 광고를 일종의 경제이론 및 정치행위의 패러다임으로 변형시키는 것이었다.

광고 담론이 소비자들이 본받고 싶어하는 가상적인 행복 모델들의 창출에 의거하고 있다는 점은 잘 알려져 있다. 광고는 환상들을 체계적으로 생산하고, 따라서 환멸을 체계적으로 생산하며, 아울러 경쟁과 패배, 도취와 우울을 체계적으로 생산한다. 광고의 소통 메커니즘은, 적당하다고 느끼기 위해서는 그리고 마침내 우리 곁을 떠나고 있던 행복을 실현하기 위해서는 소비자가 되어야 한다는 유혹과 결부된 '부족하다'는 느낌을 생산하는 것에 기초하고 있다.

자기실현과 노동거부

이미 앞에서 보았듯이, 1960년대와 70년대에, 산업체계의 성숙 국면의 최고 정점에서, 포드주의적 기구와 반복에 기초한 모델이 완전한 경지를 이루었을 때, 산업노동으로부터 격리된 것 같은 노동자들의 느낌과 그들의 노동거부는, 소외 논점을 그 비판 체계의 핵심에 놓은, 문화적 물결에서 지지를 받았다. 철학적 의미에서 볼 때 소외는 인간 본연의 상실, 즉 봉급, 화폐 또는 소비재 같은 무언가 물질적으로 가치 있는 것을 위해 인간 안에 있는 더욱 본질적으로 인간적인 것을 교환하는 것을 의미했다. 실존주의의 영향을 받은, 관념론에서 파생한 철학들은 당시의 정치운동에서 광범하게 유통되었다. 그들은 자본주의가 소외의 이유라고 생각했다. 재화의 회전에 종속적이고 체제 순응적으로 참여하는 대가로 자본주의가 사람들의 인간성을 제거한다는 것이다. 그 결과, 이러한 철학들은 생산적 노동과 자기실현이 동시에 일어나게 될 사회조건의 성취를 자신들의 주요한 정치적 목적이라고 주장했다.

당시 1970년대에 페미니즘 운동과 동성애 운동은 '개인적인 것이 정치적인 것'이라는 생각에 공감했다. 그들은 사회투쟁에서 중요한 것이 꼭 정치권력이나 공화국 정부만이 아니라는 것을 말하려고 했다. 중요한 것은 무엇보다도 삶의 질, 기쁨과 고통, 자기실현, 그리고 다양성에 대한 존중이었다. 즉 집단적 행동의 엔진인 욕망이 중요했다.

1970년대의 청년운동에 일정한 영향을 미쳤던 잡지인 『아/ 뜨라베르소』는 한때 '행복은 집단적이 될 때에만 전복적이다.'라는 제목을 달고 출간되었다. 1977년 운동 ─ 즉 다채롭고 창의적인 이탈리아의 관점에서 볼 때, 그리고 마찬가지로 영국의 관점에서 볼 때, 펑크적이고 촌스럽고gothic 불온한 운동 ─ 은 다음과 같은 한 가지 직관에 기초했다. 욕망은 모든 사회적 변동과정, 상상력의 모든 변형, 집단적 에너지의 모든 이동을 위한 결정적인 분야이다. 우리는 노동자들이 임금 획득을 거부하고, 결근과 사보타지를 통해 자신의 삶을 기존의 조립라인의 타이밍에 순응시키는 것을 거부한 것을 오직 욕망의 표명으로서만 이해할 수 있을 뿐이다.

부유하고 의식 있는, 생산적으로 그리고 문화적으로 자율적인 해방된 개인들은 희생 이데올로기와 노동윤리로부터 열정적으로 벗어났다. 노동은 어떠한 지성이나 창의성이 박탈된, 순전히 위계적인 반복이라고 비난받았다. 따라서 1977년 운동은 행복 이데올로기를 테일러주의 기업과 포드주의적 생산 주기에 반대하는, 뿐만 아니라 공장[기업] 모델에 기초한 사회적이고 규율[훈육]적인 구조에 반대하는 강력한 비판적 수단으로 활용했다.

이후의 시기에 몇몇 결정적인 사건들이 생산적인, 사회적인, 문화적인 풍경을 완전히 전복시켰다.

우선, 디지털 과학기술이 매우 급속히 확산되어, 여러 방식으로 생산노동과 그 연관들의 양식을 변형했다.

둘째, 공장 모델의 위계적 구조가 붕괴되었다.

자기실현의 열망은 디지털적인 생산양식들에 완전히 들어맞는 기능적인 사회모델의 재구조화에서 근본적인 것이 되었다. 사회적 역사는 노동거부에 대한, 그리고 생산체계의 재구조화에 대한 연속적인 이야기로 이해될 수 있다. 여기에 상호적인 저항과 반작용이 공존한다. 산업사회에서 자본과 노동계급은 모순적인 이해관계를 갖고 있었지만, 공통의 이해관계 역시 갖고 있었다. 모순은 자본이 산 노동으로부터 최대로 가능한 양의 노동시간과 가치를 취하려고 했던 반면, 노동자들의 이해관계는 그 대신 착취에서 벗어나 그들의 신체적이고 지적인 에너지들을 자신들을 위해 절약하려는 데 있었다는 사실로부터 나왔다. 그렇지만 그와 동시에, 노동자와 자본 양자는 필요노동시간을 축소하는 데 관심[이해관계]이 있어서 생산적 자동화, 기계, 과학기술을 도입했다. 이것이 실제로 일어났던 일들이다. 권력을 향한 노동자들의 투쟁은 자본으로 하여금 노동자들 대신 기계들을 사용하도록 몰아붙였는데, 이는 칼 맑스가 『그룬트리세』에서 정확히 예견했던 바의 것이다. 마이크로일렉트로닉 과학기술의 도입, 기계의 디지털화, 생산과정들의 컴퓨터화는 노동의 성격들의 변형과 노동의 일반지성화로 신속하게 귀결되었다.

20세기 동안에 지적 노동과 육체노동의 관계라는 논점은 끊임없이 제기되었다. 막스 베버는 이 관계를 논제로 삼았고, 레닌은 그것을 당의 이론을 위한 기초로 활용했으며, 그람시는 그것을 새롭게 조명하며 다시 고찰했다. 그러나 지적 노동이 노동운동의 이론적 전통 내에서 언급될 때, 그것은 동의를 주관하고 그것을 이데올로기적으로 조직하는 통제의 한 기능으로서, 그리하여 집행 및 정치의 기능으로서, 상품들의 생산과정으로부터 분리되는 기능을 가리킨다.

완전히 생산적인 기능은 본질적으로 육체노동, 다시 말해, 유형有形적 물질들의 직접적인 변형에 위임된다. 지적 노동은 물질적 역능을 얻어, 산업노동과 노동계급의 정치적이고 기술적인 권력 부여의 수단이 된다. 자동화는 이미 성숙한 산업 시기에 확산되기 시작했다. 이것은 기계가 변형적 기능들을 떠맡을 수 있으며, 그래서 육체노동이 엄청나게 강해졌다는 것을 의미했다. 1970년대에, 무수한 통제 도구들과 유연한 자동화 체계들의 도입으로, 점점 더 많은 조작적 기능들이 기계로 이전되었다. 그러나 1980년대의 결정적인 변형은 노동과정들이 체계적으로 컴퓨터화된 것이었다. 디지털화 덕분으로 모든 구체적인 사건은 상징화될 수 있을 뿐만 아니라 정보에 의해 시뮬레이션될 수도, 대체될 수도 있다. 그 결과 전체 생산과정을 정보의 정교화 및 교환으로 점진적으로 축소하는 것이 가능하게 된다.

그렇다면 정보란 사실상 무엇인가? 정보는 어떤 대상이나 사건을 나타내는, 단순히 기호들의 전송이 아니다. 정보는 형태의 창출이다. 그리고 정보는 대상 또는 사건 속으로 주입된다. 정보는 가치의 창출이며, 재화의 생산이다. 모든 대상, 사건, 그리고 상품은 그러한 대상이나 사건을 교환 가능한 실존으로 변형할 수 있는 알고리듬적 정보에 의해 대체될 수 있다.

정보생산은 재화, 서비스, 물질적이고 기호적인 대상의 모든 생산 주기에 손을 뻗는데, 이는 디지털화가 물리적 세계에 조작적으로 통합되는 세계의 시뮬라크럼simulacrum을 창조했기 때문이다.

정보생산 모델이 형성됨으로써 노동력에서 문화적·정신적 진화가 뒤따랐으며, 실제로 활동에 대한 인식 자체도 바뀌었다.

고전적인 산업사회에서, 노동자들은 자신들의 지성, 개성, 창의
성을 빼앗긴다고 느꼈다. 고도의 기술 생산에서 인지적 역량들
은 실제로 노동하도록 배치되며, 개인적 특성들은 가치가 평가
되는 것으로 보인다.

20세기의 지난 20여 년간 생산과정의 과학기술적이고 조직
적인 변형의 주요 효과인, 노동의 지성화는 자기실현을 위한 완
전히 새로운 전망들을 열어놓는다. 그렇지만 노동의 지성화는
자본의 가치화에 완전히 새로운 에너지들의 분야를 열어놓는
다. 위계와 반복에 대한 비판에 기초한, 산업노동에 대한 노동
자들의 불평은 1970년대 말 무렵, 자본으로부터 에너지를 취했
다. 모든 욕망들은 자본 외부에 위치해서 자본의 지배에 거리를
두는 세력들을 끌어당겼다. 정확히 그 반대의 것이 **신경제**의 새
로운 정보생산적 현실에서 일어났다. 욕망은 새로운 에너지들
을 노동을 통한 기획[모험심]과 자기실현으로 불러들였다. 어떠
한 욕망도, 어떠한 활력도 경제적 기획[모험심]의 외부에는, 생산
적 노동과 사업의 외부에는 더 이상 존재하지 않는 것으로 보인
다. 자본은 특히 창의성, 욕망, 그리고 자기실현을 위한 개인주의
적이고 자유주의적인 추동들을 흡수한 덕분에, 자신의 정신적,
이데올로기적, 경제적 에너지를 갱신할 수 있었다.

프로작-경제[Prozac-economy]

10년 동안 인지노동과 재구성적인 자본 간에 동맹이 이루어진 1990년대에, **인터넷 거래**net trading에 의해 발생한 금융 흐름들, 광고의 주기, 보험 자본, 퇴직기금 등은 가상적 생산의 주기로 이동했다. 따라서 인지노동은 기업[모험심][5]이 되어, 테크노스피어[6]와 미디어스케이프[7]에 들어갈 수 있었다. 창조적인 엔지니어들·자유주의적인 프로그래머들·예술가들의 부대部隊는 지성의 프롤레타리아들, 즉 자신들의 인지적인 노동력 외에는 어떤 것도 소유하지 않았던, 경제적이고 창의적인 기초 위에서 기업[모험심]을 시작할 수 있었던 사람들이 되었다. 그 당시 진정한 전투는, 분산되고 자유주의적이고 평등주의적이고 집단적인 지성과 **신경제**의 소수독점들 사이에서 일어났다.

인터넷회사dot.com 기업[모험심]이 확산되면서 연구와 실험을 위한 소득이 확보되고, 사회소득의 재분배 역시 이루어졌다. 네트워크 모델, 생산적 협력, 그리고 **오픈 소스**[8]는 재결합 자본re-

---

5. [옮긴이] 여기에서는 맥락상 'enterprise'를 '기업[모험심]'으로 옮겼다.

6. [옮긴이] http://en.wikipedia.org/wiki/TechnoSphere 참조.

7. [옮긴이] http://en.wikipedia.org/wiki/Mediascape 참조.

8. [옮긴이] 오픈소스란 소프트웨어 등을 만들 때 해당 소프트웨어가 어떻게 만들어졌는지 알 수 있도록 일종의 프로그래밍 '설계지도'인 소스코드를 무료 공개, 배포하는 것. 리눅스(Linux) 운영체제가 대표적으로, 누구나 무료로 이용할 수 있는데다 공개된 코드를 기반으로 프로그램을 마음대로 변형할 수도 있다. 인터넷을 이용하는 다수의 기술자가 소프트웨어를 공동으로 개발할 경우 보다 나은 소프트웨어를 단기간에 개발할 수 있다는 개념에서 추진됐다. 1970년대에는 대부분의 소프트웨어 소스코드가 무료로 배포되었으며 1980년대에는 프로그래머 리차드 스톨먼(Richard Stallman)이 유닉스 개발자들을 중심으로 FSF(자유

combining capital과 인지노동의 동맹 덕분에 사회에 뿌리를 내렸다.

1990년대의 이러한 동맹은 시장이 완벽한 자기규제가 가능한 공간이라고 기술하면서 시장을 찬미한 신자유주의적 이데올로기라는 표지 아래에서 이루어졌다. 완벽한 자기규제란 물론 순진한 이야기에 지나지 않는데, 그것은 실제적인 경제활동이 권력관계, 폭력, 마피아, 절도와 공갈 등을 수반하기 때문이다. 이렇게 해서 독점회사들이 정보 과학기술들과 미디어 체계를, 그리고 인지노동자들이 독립적 기업[모험심]들을 구성할 수 있다는 환상에 자신들의 에너지를 쏟아부었던 여타의 모든 부문들을 지배하게 되었다. 인지노동과 재결합 자본의 동맹은 시장이 소수의 독점 지배에 굴복하는 결과를 낳았으며, 인지노동은 세계경제를 지배하는 거대 금융 그룹들의 결정에 종속되었다. 2000년에 [미국] 증권 거래소의 붕괴로 결국 혁신 부문들에서 에너지의 손실이 일어났고, 낡은 석유기반 경제의 지배가 회복되었으며, 무의미한 전쟁의 공포가 다시 세상을 엄습했다.

경쟁은 지난 10여 년간 신자유주의의 보편적 믿음이었다. 경쟁을 촉진하기 위해, 공격적인 에너지의 강력한 주입 — 즉

소프트웨어 재단 Free software Foundation)에서 'GNU프로젝트'를 이끌며 소프트웨어의 무료 배포와 소스 공개를 주도했다. 1998년부터 일부에서 '자유 소프트웨어'라는 말 대신 '오픈소스 소프트웨어'라는 표현을 사용하기 시작해 지금은 '오픈소스 소프트웨어'라는 말이 널리 퍼졌다. 그러나 GNU 프로젝트는 '자유'라는 이념을 피력하기 위해서 '자유 소프트웨어'라는 용어를 사용하는 것을 좋아한다. http://terms.naver.com/entry.nhn?docId=706 21 에서 인용함.

정신적 에너지의 부단한 이동을 창출하는 일종의 영구적인 전기충격 ― 이 필요하게 되었다. 1990년대는 정신약리학의 10년이었다. 소위 프로작9-경제의 시기였다.

열광적인 리듬들이 1990년대 중반의 금융, 소비, 생활양식을 지배하게 되면서, 신경프로그래밍적 물질들을 포함하는, 행복감을 유발하는 마약을 체계적으로 사용하는 결과가 발생했다. 붕괴의 지점까지 다다른 중단 없는 정신적 과도흥분에 시달린, 서구 사회의 점점 더 많은 나라들이 한판의 굿판에서처럼 **밀레니엄 버그**라는 도시의 전설을 불러냈다. 일단 그런 공상적인 위협이 사라지자, 실재의 붕괴가 닥쳐왔다. 그러나 **신경제**의 집단 심리는 이미 돌아올 수 없는 지점에 다다랐다. 1999년 앨런 그린스펀이 '시장의 비이성적 과열'10에 대해 이야기했을 때, 그의 말은 금융진단 이상의 임상진단이었다. 과열은 마약의 효과였고, 이용 가능한 정신적 에너지의 과도착취의 효과였으며, 사람들을 공황의 극한까지 몰아가는 관심[주의] 집중의 효과였다.

---

9. [옮긴이] 우울증 치료제의 상품명. 선택적 세로토닌 재흡수 억제제 계열의 항우울제이다. 화학 공식은 C17H18F3NO이다. 플루옥세틴은 우울증, 강박 장애(성인, 소아과 인구 둘 다 해당), 폭식증, 신경성 무식욕증, 공황장애, PMDD(월경 전의 불쾌한 기분)의 치료에 승인을 받은 상태이다.

10. [옮긴이] 미국 주식시장의 거품을 우려하며 앨런 그린스펀 연방준비제도이사회 의장이 한 말. 1990년대 미국경제의 호황이 식을 줄 모르고 절정을 향하던 1996년 미국 주식시장에는 거품(bubble)이 생겼다. 사람들은 치솟는 주가를 보고 무작정 주식시장에 뛰어들었다. 투자자들이 이성을 잃고 주가가 계속 오를 것이란 기대감으로 너도 나도 증권시장에 몰려드는 현상에 대해 그린스펀은 '비이성적 과열'이란 딱 두 단어로 경종을 울렸다.

공황을 보면 우울증으로 인한 쇠약, 그리고 정신적 혼란과 불활성disactivation을 짐작할 수 있다.

그리하여 마침내 프로작 파산crash의 순간이 왔다.

새로운 밀레니엄의 시작은 메가톤급 핵융합을 찬양했다. AOL과 타임워너가 글로벌 정신을 널리 침투시키기 위해 자신들의 촉수들을 합병했다.[11] 곧이어 유럽의 원거리통신 기업들이 엄청난 양의 돈을 UMTS[12]에 투자했다. 이것들은 월드콤, 엔론,

---

11. [옮긴이] AOL-타임워너는 영화(워너브러더스), 잡지(타임, 포천, 스포츠일러스트레이티드), 방송(CNN), 유료 케이블 채널(HBO), 음악(워너뮤직), 아메리카온라인(AOL), 컴퓨서브(인터넷 서비스업체), 웹브라우저 넷스케이프 등을 소유한 세계 최대 미디어그룹이다. 2001년 1월 미국 최대의 인터넷 서비스 전문업체인 '아메리카온라인'(AOL)과 '타임워너사'가 합병해 탄생했다. '타임워너'는 1989년 타임출판사와 워너커뮤니케이션스가 합병해 탄생한 기업으로, 시사주간지 '타임'을 비롯, '포춘', '라이프', '스포츠 일러스트레이티드' 등 38종의 잡지와 유료케이블 TV채널 'HBO', 영화제작 스튜디오인 '워너 브러더스', '워너 뮤직그룹' 등을 보유하고 있으며 1995년에는 케이블 뉴스채널 'CNN'을 갖고 있는 테드터너로부터 '터너 방송국'을 인수했다. 1985년 설립된 'AOL'은 '컴퓨서브', '넷스케이프', '맵퀘스트', '디지털시티', 'ICQ' 등을 인수한 세계 최대 인터넷 서비스 공급업체이다. 이 두 미디어그룹이 전 세계의 이목을 집중시키며 합병, 세계 최대 미디어그룹인 'AOL-타임워너'가 탄생했으나, 이후 실적 악화와 주가 폭락으로 '실패한 합병'이란 평을 들어왔다. 결국 2003년 초 AOL의 공동창업자이자 2001년 두 그룹의 합병을 성사시켰던 스티브 케이스 회장이 물러나고 리처드 파슨스 전 COO(최고운영책임자)가 그룹회장 겸 CEO로 임명됐다. 이로써 합병을 주도했던 AOL 최고경영진 4명 중 3명이 회사를 떠났으며, 2003년 9월 AOL-타임워너는 사명에서 AOL을 삭제하고 '타임워너'로 변경했다.

12. [옮긴이] UMTS(Universal mobile telecommunications system)는 휴대폰, 무선전화, 무선가입자망, 무선 랜 등을 하나로 통합해 어디에서나 일정한 서비스를 받을 수 있도록 하는 차세대 개인이동통신 서비스로 유럽식 이동전화(GSM)망에 기반을 두고 있다.

그리고 넷경제의 전체 부분이 관련된 파산이 일어나기 전에 취해진 마지막 조치였다. 2008년의 최종적 파국의 어렴풋한 전조에 지나지 않았던 이 위기는 더욱더 많이 정신병리학적 징후들과 스트레스에 영향을 받은 인지노동자 무리들이 가한 몰락이 최초로 모습을 드러낸 것이었다.

공황 우울 신드롬과 경쟁

다니엘 에렌베르크Daniel Ehrenberg는 자신의 책『피로의 원인』*La fatigue d'être soi*에서 우울증[불경기]이 (특히 경쟁을 특징으로 하는 상황에 의존하는) 사회적인 병리학적 신드롬이라고 주장한다.

우울증[불경기]은 사회계급들과 젠더에 어떤 운명을 할당했던 금지들에 대한 권위 및 복종 규칙들과 규율[훈육]적 행위 모델이 새로운 규범들, 즉 모든 사람으로 하여금 개별 행동을 취하도록 밀어붙여, 개인들에게 정체성을 강제하는 새로운 규범들에 직면하여 붕괴된 이후에 전개되기 시작한다. 이 새로운 규범들로 인해, 우리 삶의 책임은 이제 우리들 각자에게 완전하게 할당된다. 우울증은 이렇게 해서, 부적절하다는 느낌에 의해 지배되는, 책임의 병리학으로 모습을 드러낸다. 우울한 개인들은 과제를 감당하지 못하며, 자신의 정체성에 싫증을 낸다.[13]

우울증은 자기실현 이데올로기와 행복 명령에 깊이 연결되어 있다. 다른 면에서 볼 때, 우울증은 경쟁적이고 생산적이며 개인주의적인 맥락 외부에서 병리적인 것으로 확실히 간주되지 않았던 행위를 심리학의 언어로 규정하는 방식이다.

> 우울증은 도덕적 고통보다는 금지, 나태slackening, 무력증에 의해 더 지배되는, 문제의 장場의 일부이다. 고대의 '슬픈 수동[열정]'은 행동의 블록으로 변형된다. 그리고 이것은 개인의 주도권이 인간의 척도가 되는 맥락 속에서 발생한다.[14]

경쟁은 위험한 자기도취적 자극을 수반한다. 그 이유는 자본주의 경제의 맥락, 특히 신경제의 맥락과 같은, 대단히 경쟁적인 맥락에서는, 많은 사람들이 몰려들지만 오직 소수만이 선택되기 때문이다. 사회규범들은 실패의 가능성을 용인하지 않는다. 그 까닭은 이러한 실패가 정신병리학적 맥락에 할당되기 때문이다. 실패와 패배 없는 경쟁이란 없으며, 사회적 규범은 자신의 이데올로기적 입지들을, 심지어는 자신의 경제적 효율을 문제 삼지 않고서는 실패의 규범을 용인할 수 없다.

신경제의 또 다른 측면은 당연히 정신자극제나 항우울제를

13. Alain Ehrenberg. *La fatigue d'etre soi : dépression et société*, Paris : Editions Odile Jacob, (1998), p. 10, English version by the translator.
14. Ibid. p. 18, English version by the translator.

사용한다는 것이다. 이것은 은폐되고 무시되고 배제되는 측면이지만, 매우 결정적인 측면이다. 신경제의 투기사投機師들 중에 프로작, 졸로프트Zoloft 15, 또는 더 나아가 코카인 없이 살아가는 사람은 몇 명이나 될까?

약국과 거리에서 살 수 있는 향정신성 물질들에 의존하는 것은 정신병리학적 경제의 구조적 요인이다.

경제적 경쟁이 사회 컨소시엄의 지배적인 심리적 명령이 되면 우리는 대중적 우울증의 조건들이 창출될 것이라 확신할 수 있다. 이러한 일이 실제로 우리 눈앞에서 벌어지고 있다.

사실상 사회심리학자들은 지난 10여 년간의 자유주의적인 초자본주의hyper-capitalism 기간에 실제로 두 개의 병상病狀들 ― 공황과 우울증 ― 이 매우 현실적이었음을 주목해 왔다.

공황은 심리학자들이 잘 알지 못하는 신드롬인데, 그것은 공황이 과거에는 단지 드물게 일어났었기 때문이다. 공황 신드롬은 최근에야 하나의 특수한 현상으로 진단되어 그 신체적·정신적 원인들을 찾기가 어렵다. 그리고 그에 대한 적절하고도 효과적인 치료법을 찾기는 더 어렵다. 나는 이 신드롬이 제기하는 병리학적 문제에 대한 해법을 제공할 생각이 없다. 나는 단지 공

---

15. [옮긴이] 선택적 세로토닌 재흡수 억제(SSRI)를 위한 항울약이다. 1991년에 파이저사가 시장에 도입하여 미국 연방 식품 의약품국이 승인하였다. 설트랄린은 주로 외래의 성인 환자의 우울증뿐 아니라 성인과 어린이들의 강박 장애, 공황 장애, 사회 공포증을 치료하는 데 쓰인다.

황의 의미에 대해 몇 가지 관찰을 해 보려고 한다. 공황은 우리가 자연의 무한함에 직면해서, 세계가 우리 안에서 생산하는 무한한 자극들을 우리의 의식 속에 수용할 수 없어 당황함을 느낄 때 갖는 감정이다. 어원학에 따르면 그리스 단어 'pan'[판]에는 '존재하는 만물'이라는 의미가 담겨 있다. 판이라 불리는 신神은 숭고한 것a sublime을 가지고 등장해서, 자신의 방문을 받아들이는 어리석은 사람들을 유혹하여 놀라게 한다.[16] 그렇다면 우리는 우리 시대에 이러한 종류의 신드롬이 확산되는 것을 어떻게 설명할 수 있을까? 이 신드롬과 신드롬이 드러나고 확산되는 맥락 사이에서 어떠한 관계를 발견하는 것이 가능할까?

그 사회적 맥락은 다른 사람을 이기기 위해 모든 에너지들이 동원되는 경쟁적인 사회이다. 생존은 더 이상 충분한 준비와 능력들을 갖춘 지점에 도달하는 것에 의거하지 않는다. 생존은 끊임없이 의문시된다. 이기지 않으면 며칠 만에 또는 몇 분 만에 배제될 수 있다.

그 과학기술적 맥락은 전 지구적 기계의 리듬이 부단히 가속화하고, 개별 두뇌의 제한된 정교화 역량들에도 불구하고 사이버공간이 부단히 확장한다는 것이다.

소통적 맥락은 정보권Infosphere[17]이 끝없이 확장하는 것이다.

---

16. James Hillmann, 'An Essay on Pan', in *Pan and the Nightmare*, New York : Spring Publications(2007).
17. [옮긴이] 정보권(Infosphere)은 'information'과 'sphere'가 결합된 신조어이다.

이 정보권은 경쟁과 생존이 의거하는 모든 신호들을 포함한다.

이 용어가 등장하는 최초의 문건은 세파드(Sheppard)가 1971년 타임지에 실은 서평이다. 여기에서 그는 다음과 같이 쓰고 있다. "물고기가 물을 개념화하거나 새가 공기를 개념화할 수 없는 것처럼, 인간은 좀처럼 자신의 'infosphere'를 이해하지 못한다. 여기에서 전자인쇄적인 스모그의 포위층은 저널리즘, 엔터테인먼트, 광고, 정부로부터 나오는 클리셰들로 조합된다." 1980년 이 용어는 앨빈 토플러의 책 『제3의 물결』에서 사용된다. 여기에서 그는 다음과 같이 쓰고 있다. 우리가 무엇을 믿기로 선택하건 불가피한 것은 우리가 근본적으로 우리의 정보권을 바꾸고 있다는 것이다. … 우리는 사회체계에 완전히 새로운 소통의 층들(strata)을 덧붙이고 있다. 출현하는 제3의 물결의 정보권(infosphere)은 ─ 대중매체, 우편, 전화가 지배적인 ─ 제2의 물결의 정보공간을 그와 대조적으로 절망적으로 원시적으로 보이게 만든다. 1990년대에 "정보권"이란 용어의 사용이 예언적이었음이 입증된 토플러식 정의는 매체를 넘어 인터넷, 사회, 문화의 공진화(共進化)에 대해 고찰하기에 이르렀다. 스티븐 베드로(Steven Vedro)는 자신의 책 『디지털 다르마』(Digital Dharma)에서 다음과 같이 쓰고 있다. "프랑스 철학자인 사제 떼에르(Pierre Teilhard de Chardin)가 집단적인 인간의 사유, 발명, 그리고 정신적 추구의 공유된 인지권(noosphere)라고 부른 것에서 유래하는 정보권은 때때로 우리의 신체적, 정신적, 대기적인(에테르적인 etheric) 신체들을 삼켜버리는 분야를 개념화하기 위해 사용된다. 정보권은 우리의 꿈꾸기와 우리의 문화적 삶에 영향을 미친다. 우리의 진화하는 신경체계는 미디어의 대가인 마셜 맥루한이 1960년대 초반에 예견한 바와 같이, 전 지구적 대기(embrace) 속으로 확대되었다."

SF 소설 『하이페리온』에서 댄 시먼즈(Dann Simmons)는 인터넷이 미래에 어떤 것 ─ 곤충과 같은 것(작은 프로그램들)에서부터 신과 같은 것(인공지능들)에 이르기까지 인류를 이롭게 할 수도 해를 끼칠 수도 있을, 그리고 그 동기들도 다양한, 이러저러한 규모의 "인공적인 삶"이 있는, 수억의 네트워크들로 형성된 수평적이고 가상적인 공간 ─ 이 될 수 있을까를 가리키기 위해 이 용어를 사용하였다. 루치아노 플로리디(Luciano Floridi) 역시, 생물권을 기초로 해서 모든 정보적 총체들(그러니까 정보적 행위자들 역시 포함하여), 그들의 속성들, 상호작용들, 과정들과 상호관계들에 의해 구성된 모든 정보적 환경을 가리키기 위해 이 용어를 사용하였다. 정보권은 사이버스페이스와 비교할 만한, 그러나 그것과는 상이한(말하자면 사이버스페이스의 하위영역들 중의 하나인) 환경이다. 그 까닭은 정보권이 정보의 오프라인 및 아날로그적인 공간들 역시 포함하기 때문이다. 플로리디에 따르면, 정보권을 존재의 총체성과 동일시하는 것도 이것은 'panic'의 그리스 어원이 묘사하는 상황과 매우 유사한 상황이 아닌가?

정보권의 무한한 광막廣漠함은 인간의 정교화elaboration 역량보다 월등한데, 이것은 신 판Pan과 마주쳤을 때 그리스인들이 갖게 되는 감정의 역량들을 숭고한 자연이 압도하는 것과 마찬가지이다. 사이버공간의 무한한 확장 속도, 그 유기체[인간 — 옮긴이]의 생존에 사활적인 것으로 간주되는 신호들에 대한 무한한 노출 속도는 호흡 및 심장박동과 같은 모든 사활적인 기능들의 위험한 가속화에서 정점에 이르는 — 즉, 결국 실신하게 되는 — 지각적, 인지적, 정신적 스트레스를 유발한다.

이 공황 해석에 조금이라도 의미 있는 것이 있다면, 공황은 단순히 개인적인 정신병리학이 아니라, 광범하게 확산된, 준準일반화된 사회적 신드롬의 개인적 표현이라는 것이다. 이 사회적 신드롬은 공황의 가장 분명한 신호들을 보여주는 집단적인 행위이다.

집단적인 공황은 이주민들에 대한 비합리적인 공격들, 경기장 안에서의 분별없는 대중적 폭력뿐만 아니라 그 밖의 겉으로 보기에 (오늘날의 도시 공간에서의 개인적 관계들을 특징짓는 행위들처럼) 평범한 행위들과 같은 현상들을 발생시킨다. 이 행위들은 정치적 설득이나 사법적 제지의 수단들을 통해서는 교

가능하다. 이 동일시로 인해 그는 정보적 존재론에 이르게 된다.

정될 수 없다. 단순히 말하자면 그것들은 정치 및 이데올로기와 아무런 관계가 없고, 정보권의 과중에 의해 결정되는, 그리고 사회 유기체에 영향을 미치는 영구적인 감전사electrocution로 인한 과자극過刺戟; hyper-stimulation과 끝없는 인지적 스트레스에 의해 결정되는 사회적 정신병리학에 의존하기 때문이다.

영구적인 감전사는 네트워크의 소통적 과학기술들이, 유기체를 경제적으로 관련 있는 신호들의 무한하고 초고속적인 hyper-fast 흐름 속에 투사하는, 경쟁적인 사회적 상황 속에서 사용되는 체계의 정상적인normal 조건이다.

일단 유기체가 감당할 수 없을 정도로 충전되게 되면, 공황의 위기는 실신에 이르게 되거나, 유기체는 소통의 흐름에서 분리되어 심리학자들이 우울증이라고 부르는 급작스러운 심리적 동기 상실을 나타내게 된다.

우울증에 빠지면 무엇보다도 우리는 이전에 자기도취적 방식으로 사용되었던 에너지의 사용을 줄이게 된다. 유기체가 더 이상 경쟁의 긴장을 유지할 수 없다는 것을 인식하면, 혹은 모든 동기들을 흡수하고 있었던 관계 속에서 자신이 실패자라는 점을 인식하면, 의식적인 유기체와 세계 사이의 교환관계에서 일종의 영도零度가 발생한다[즉, 아무런 관계가 형성되지 않는다 - 옮긴이].

우울증에 빠진 사람은 항상 탈脫동기화 과정을 겪게 되는데, 이것은 주체를 위한 자기도취적 주목의 초점이 되었던 대상[객체]을 상실했기 때문이다.

우울증에 빠진 사람들은 자기도취적 열정의 대상을 상실했기 때문에 "세상은 더 이상 의미가 없어."라고 말한다. 이것을 통해 우리는, 경쟁의 원리를 기초로 하고 또 유기체를 둘러싸고 있는 소통 서클들의 무한한 가속화를 위해 필요한 과학기술적 수단들을 제공받는 사회에서, 우울증의 만연이 이차적인 병리학적 신드롬(일차적인 병리학적 신드롬과 비교하여 나는 이것을 공황이라고 생각한다)임을 알 수 있을 것이다.

이 두 개의 상보적인 신드롬들을 묘사하는 것은 현재의 정신병리를 끊임없이 낳고 기르는 심리사회적 테두리를 설명하는 데 유용할 수 있다.

공격적인 젊은이들은 모두 공황의 대기실에 있다. 이들은 암페타민[18]에 중독되어 과도한 액세서리를 단 차들을 타고 다니며, 회사 수익에서 자신들의 몫을 늘리고 사장의 동의를 얻기 위해 최선을 다해 기꺼이 일할 준비가 되어 있다. 마찬가지로 그들의 젊은 스킨헤드 형제들은 축구 경기장에서 매주 일요일 다른 사람들을 두들겨 패면서 매주 그들의 평범한 노동 주간 동안에 축적된 일정한 형태의 공황을 드러낸다.

[현재의 - 옮긴이] 정치문화political culture [19]는 우리가 약국에

---

18. [옮긴이] 중추 신경과 교감 신경을 흥분시키는 작용을 하는 각성제.
19. [옮긴이] 사회집단의 정치적 기분·태도·평가·의무감·약속 등을 포함하는 정치체제의 심리적 측면 또는 내재화된 정치체제이다.

서 살 수 있는 로슈Roche 20와 글락소Glaxo 21의 놀랄 만한 이윤의 원천인 합법적 마약들이, 또한 마피아의 이윤의 원천인 비합법 마약들이, 경쟁 사회의 본질적인 요인(이며 사실상 가장 중요한 요인)임을 인정하기를 거부한다.

가상 계급과 코그니타리아트

가상virtual은 유형의 신체성이 제거된 실재이다. 우리는 냉담한 사유Frigid Thought를 네트워크 세계에서 잘 인식할 수 있다. 여기에서 타인과의 관계는 인공적으로는 도취적이지만 실체적으로는 또한 성적 특징을 억제당한다[탈성화된다].

냉담한 사유는 디지털 과학기술을 무비판적으로 찬양한다. 디지털 과학기술은 세계의 신체성의 상실에 기초하고 있으며, 모든 생명 형태들(이것들의 유형의 실재, 신체적인 형태, 그리고 노쇠라는 단 하나의 자질을 제외하고)을 재생산할 수 있는 자극적인 알고리듬들에 기초하고 있다.

노아는 지구상의 모든 생명체들을 홍수로부터 구하기 위해 그것들을 자신의 방주에 모았다. 오늘날 이와 유사한 방식으로

---

20. [옮긴이] 스위스의 세계적인 의약품 회사.
21. [옮긴이] 영국의 세계적인 의약품 회사.

우리는 냉난방 장치가 설치된 방주들에 들어가 다른 방주와의 연결을 유지하면서 인류가 축적한 문화적 전통patrimony과 단절되지 않고 디지털 홍수의 파도를 항해할 수 있다. 반면 그와 동시에 저 아래 물리적 행성에서는 야만인 족속들이 떼를 지어 전쟁을 치른다.

그들은 압축되고 만방으로 연결된 캡슐 속에 스스로 고립될 수 있는 사람들이다. 그들은 (실존이 불안의 요인이 되는) 다른 인간과 신체적으로 분리되지만, 자신의 욕망에 따라 가능한 어떤 곳에서도 만유偏在하며, 가상적으로 현존한다.

이 정신분열적 지리학에는 사실 두 개의 상이한 목록들, 즉 분리되어 있을 것으로 추정되는 세계들을 묘사하는 두 개의 지도들이 필요하다. 이 지리학은 시간성과 신체성이 본질적으로 constitutively 제거된 대상들을 제안한다. 육신성의 제거는 영원한 행복의 보증이지만, 당연히 냉담하고 거짓된 보증이다. 왜냐하면, 이 보증은 육신성 — 타자들의 육신성뿐만 아니라 그 자신의 육신성을 무시하고, 더 정확히 말하자면 제거하고, 또 정신노동, 섹슈얼리티, 정신적 도덕성을 부정하기 때문이다.

내가 육신적, 역사적, 사회적 맥락 속에서 가상계급을 분석할 수 있는 새로운 개념이 필요하다고 생각하는 것은 바로 이러한 고찰들 때문이다.

가상계급 개념은 기호자본에 의해 생산된 작업 흐름의 성격이 사회적으로 불확정적이고 파악하기 어려운 특성을 지니고 있음을 강조한다. 이 가상계급은 어떠한 계급과도 동일하지 않은 사람들의 계급이다. 왜냐하면 이 계급은 사회적으로나 물질적으로 구조화되어 있지 않기 때문이다. 이 계급의 규정은 그들 자신의 사회적 육신성의 제거에 의존한다.

나에게 이것은 흥미롭고 유용한 개념으로 보인다. 그러나 나는 기호자본의 생산에서 작동하는 정신노동의 (부정된) 세속성carnality과 (회피된) 사회성을 규정할 수 있는 보완 개념을 찾고 싶다. 그래서 나는 코그니타리아트 개념을 사용한다. 코그니타리아트는 사회적 육신성의 견지에서 볼 때 사회적으로 확산되고 파편화된, 기호적인 노동 흐름이다. 가상계급은 욕구들needs을 갖지 않지만, 코그니타리아트는 욕구들을 갖는다. 가상계급은 계속 관심을 기울이는 것에 의해 결정되는 정신적 스트레스에 영향을 받지 않는다. 반면 코그니타리아트는 영향을 받는다. 가상계급은 집단 지성인 경우를 제외하고는 어떠한 의식적인 집단적 과정을 생산할 수 없다. 그러나 코그니타리아트는 의식적인 공동체와 [자신을 — 옮긴이] 동일시할 수 있다.

'코그니타리아트'가 두 개의 개념, 즉 인지노동과 프롤레타리아를 포함하는 것은 분명하다.

코그니타리아트는 인지노동의 사회적 육신(성)이다. 인지노동의 사회적 육신 안에서 문제가 되는 것은 바로 신체, 섹슈얼리티, 죽을 수밖에 없는 육체성physicality, 무의식적인 것 등이다.

피에르 레비Pierre Lévy는 『집단지성』Collective Intelligence이라는

자신의 가장 유명한 책에서 집단지성 개념을 제안한다.[22] 그는 디지털 네트워크 덕분에 모든 인간적 지성들이 집단지성의 창출에 협력적으로 참여하는 것이 구체적 형상을 띠게 되고, 과학기술적, 디지털적, 가상적 조건들 내부에 세계를 창출하는 것이 가능해진다고 말한다. 그러나 인지노동자들의 사회적 실존은 지성을 사용해 자신을 소진하지 않는다. 인지노동자들은 구체적으로 다음과 같은 신체들로 실존한다. 즉 그들 신체들의 신경들은 눈이 고정된 화면을 응시하기 위해 긴장되는 동안 끊임없는 관심과 노력으로 긴장하게 된다.

---

22. Pierre Lévy, Collective Intelligence, Perseus, 1999.[피에르 레비, 『집단지성』, 권수경 옮김, 문학과지성사, 2002]

3장

중독된 영혼

1960년대의 비판적 언어 가운데에서 '소외'라는 단어는 보통 '소통불가능성'이라는 단어와 결합되었다. 나는 이 두 단어 그리고 거의 반세기 이후[의 역사 — 옮긴이]에 대해 이야기하면서 사회문화적이고 심리적인 풍경에서 일어난 변동들을 분석하는 것에서 시작할 것이다.

1960년대에 산업도시의 풍경들은 고요한 불안의 느낌이 드는 배경, 그리고 인간 존재들 사이에서 합리적인 행위들이 희박해진 것으로 묘사되었다. 노동자들은 섬뜩한 금속성의 철커덩거리는 소음으로 가득한 조립라인 옆에 설 수밖에 없었다. 개인들이 말을 주고받는 것은 불가능했다. 유일하게 알아들을 수 있는 언어는 기계의 언어였기 때문이다. 따라서 사물들의 언어가 상징적 교환을 대신했다. 소통을 위한 공간은 사라져버린 것처럼 보였다. 반면 '사물'이 모든 정동적, 언어적, 상징적 간극 속으로 들어갔다.

관계 불안relational discomfort의 이러한 측면들은 1960년대 누보로망[1], 즉 미켈란젤로 안또니오니[2]의 영화로 모습을 드러낸

---

1. [옮긴이] '누보로망'(nouvwau roman, 신소설)은 프랑스에서 1950년대에 나타난 새로운 형태의 소설로 어떤 효과를 목적으로 전통적인 소설 형식이나 관습을 부정한 실험적인 소설을 말한다. 1950년 알랭 로브그리예, 나탈리 사로트, 미셸 뷔토르 등을 중심으로 시작되었으나 '누보로망'은 공통된 슬로건을 내건 통일된 문학 운동은 아니다. 특정한 줄거리나 뚜렷한 인물이 없고 윤리나 사상성

산업화 시대의 문학 속에 잘 표현되었다. 기호자본주의의 탈산업적 풍경에서, 관계 불안은 여전히 사회적 장면scene의 중심적 요소이다. 하지만 그것은 10년간의 충분한 산업발전을 특징짓는 상황과는 완전히 다른, 심지어는 반대되는 상황의 산물이다.

현재 나타나고 있는 불쾌uneasiness의 기원은 과부하가 걸린 소통 상황이다. 예전에 기계 장치의 움직임에 따라 노동자와 연결되었던 조립라인은 상징을 통해 사람들과 연결되는 디지털 원격통신으로 대체되었기 때문이다. 생산적 삶은 수행적 가치op-

---

의 통일이 없으며 자유로운 시점에서 세계를 묘사한다는 특징이 있다. 앙티로망 (anti-roman 반소설)이라고도 하는데 '앙티로망'이라는 용어는 나탈리 사로트의 소설 『어느 미지인의 초상』(1947)의 서문에서 장 폴 사르트르가 처음으로 사용하였다. 『고무 지우개』, 『엿보는 사람』, 『질투』 등의 알랭 로브그리예(1922~), 『어느 미지인의 초상』, 『황금열매』 등의 나탈리 사로트(1902~1999), 『변심(變心)』의 미셸 뷔토르(1926~), 『사기꾼』, 『플랑드르의 길』의 클로드 시몽(1913~) 등이 대표적인 작가이다.

2. [옮긴이] 미켈란젤로 안또니오니(Michelangelo Antonioni, 1912~2007) : 이탈리아의 영화감독. 페라라 출생. 볼로냐대학교를 졸업하였다. 2차 세계대전 중에 R.로셀리니 감독 작품 〈비행사 돌아오다〉(1942)의 시나리오에 협력하여 영화계에 투신하였다. 1943년 프랑스의 M. 카르네 감독 작품 〈악마는 밤에 오다〉의 조감독을 지낸 뒤 돌아와 단편영화를 제작하기 시작하였다. 1950년부터 장편영화 첫 작품 〈어느 사랑의 기록〉에서 개성을 보여 주었다. 1953년 〈동백꽃을 가지지 않은 부인〉, 1957년 〈유랑(流浪)〉을 비롯하여 〈정사(情事, 1959), 〈밤〉(1961), 〈태양은 외로워〉(1962) 등 3부작을 연출하여 국제적인 명성을 얻었다. 인간 상호의 정신적 교류의 불확실성, 사랑의 불안정성, 고독감 등을 공통 주제로 하여 독특한 스타일을 전개함으로써 작품마다 성가(聲價)를 높여 이탈리아영화의 신경향을 대표하는 제1인자가 되었고 1960년대 전반(前半)의 세계 영화를 이끌어갔다. 1964년 〈붉은 사막〉으로 첫 색채영화를 만들었고, 그 밖의 작품으로 영국에서 제작한 〈욕망〉(1966), 〈사구(砂丘, 1970) 등이 있다.

erational value뿐만 아니라 정동적이거나 정서적이거나, 명령적이거나 또는 억제적imperative or dissuasive 가치 역시 지니고 있는 상징들로 과부하가 걸려 있다. 이 기호들은 해석, 디코딩, 의식적 반응의 촉발적unleashing 사슬 없이는 작동할 수 없다. 관심의 부단한 이동은 생산적 기능에 본질적이다. 생산 체계에 사용된 에너지들은 본질적으로 창의적이고 정동적이며, 소통적이다.

기호적 흐름 속에 있는 각각의 생산자는 또한 그 흐름의 소비자이며, 각각의 이용자는 생산과정의 일부이다. 모든 출구들은 또한 하나의 입구이며, 모든 수신자는 또한 전달자이다.

우리는 언제 어디에서나 디지털 원격통신의 양상들에 접근할 수 있다. 그리고 실제로 이것이 노동시장에서 참여할 수 있는 유일한 길이기 때문에 우리는 그렇게 할 수밖에 없다. 우리는 세계의 모든 지점에 도달할 수 있다. 하지만 더욱 중요한 것은 세계의 어느 지점에서도 [누군가가] 우리에게 접근할 수 있다는 것이다. 이러한 조건들 아래에서 **사생활**과 그 가능성들은 완전히 파괴된다. 우리가 특정한 법률상의 정의에 의해서만이 아니라이 단어[사생활]가 가지고 있는 가장 풍부한 의미를 가지고 이 단어를 이해한다면 말이다. **사생활**이라는 단어를 사용할 때 우리는 보통 공적 시선으로부터 보호를 받는 공간을 떠올린다. 말하자면 드러나지 않는 순수하게 사적인 행위와 교류를 수행할바로 그 가능성 말이다. 법적 규범들은 시민의 사생활을 보호하기 위해 끊임없이 개정된다. 하지만 이 규범들은 사생활이 감시

[주시]받지 않을 권리뿐만 아니라 감시를 거부할 권리 그리고 듣거나 보고 싶지 않은 것을 보거나 듣는 것에 계속해서 노출되는 것을 거부할 권리 역시 나타낸다는 것을 망각한다. 광고는 우리가 보는 모든 공간에 그리고 언제나 항상 자신의 시각적 청각적 메시지들을 노출시킴으로써 이 **사생활**을 침해한다. 공공장소(철도역, 공항, 도시의 거리와 광장)에서 영상[화면들]을 대대적으로 제공하는 것은 공적 공간과 우리 감수성의 사적 차원을 함부로 점령하는 필수적인 부분이다.

모든 곳에서 관심은 포위상태에 놓여 있다.

침묵이 아닌 연속적인 소음, 안또니오니의 〈붉은 사막〉[3]이 아닌 신경질적인 행동 자극들로 과부하가 걸린 인지 공간. 이것이 우리 시대[시간들]의 소외이다.

(자신이 아닌 타자에 대한) 소외 개념은 다양한 형태들 속에서 형성될 수 있다. 산업 분야에서 소외는 물화로 나타난다. 따라서 우리는 소외를 헤겔의 '즉자' 개념에 의해 이해할 수 있다. 이 개념은 확실성authenticity의 결여를 가리킬 뿐만 아니라 주체Subject라는 전체 존재entire being의 회복으로 귀결되는 부정의 변증법적 조건 역시 가리키기 때문이다. 왜냐하면, 헤겔에게 '존재는 주체이다.'라는 언명은 절대정신의 변증법의 완전한 전개의

---

3. [옮긴이] 〈붉은 사막〉은 미켈란젤로 안또니오니가 1964년에 연출한 영화이다. 이 영화는 안또니오니의 첫 컬러영화이다. 〈붉은 사막〉은 1964년 25회 베니스 영화제에서 금사자상을 받았다.

표현이기 때문이다. 이 점을 잊지 말자.

휴머니즘적 사회주의가 언급하고 있는 청년 맑스의 분석에서, 소외 개념은 상품 중심의 물신주의에 대한 비판과 연결된다. 또한 노동자들과 소비자들이 경험하는 '사물 되기'의 소외 과정에 대한 비판과 연결된다. 이러한 맥락에서 소외의 극복은, 상품들의 지배로부터, 그리고 노동과정의 소유주들로부터 자유로워진 새로운 주체들 ― 코뮤니즘 본연의 인간 존재들 ― 의 소생으로 이해된다.

탈산업적 영역에서 우리는 물화에 대해서가 아니라 현실감 상실de-realization에 대해서 이야기해야 한다. 따라서 소외 개념은 다음과 같이 이해된다. 1) 특수한 정신병리학적 범주. 2) 자아의 고통스러운 분열. 3) 접근 불가능한 타자의 신체와 관계된, 타자와 그리고 결국은 자신과 행복한 관계를 이룰 수 없는 비동정적 유기체의 탈진된dis-tonic 느낌과 관계된 괴로움과 좌절의 느낌.

우리가 살고 있는 현시대 ― 활기차고 창의적이며, 언어적이고 정서적인 육체corporeality가 가치 생산에 의해 포섭되고 통합되는, 영혼의 포섭을 특징으로 하는 시대 ― 를 가장 잘 묘사해 주는 것은 소외 용어의 세 번째 의미이다.

앞의 두 의미들은 산업 영역에 전형적인 불안malaise의 현상학을 명확히 밝혀주었다. 우리는 여기에서 물화의 효과 ― '사물이 되는 자아'의 효과 ― 를 관찰할 수 있다. 산업화와 산업 소비주의의 사회적 조건들 속에서, 개인들은 자신들의 신체를, 착취당하는 어떤 것으로, 이질적인 어떤 것으로 인식했다.

비물질노동의 영역에 전형적인 불안의 현상학을 묘사하는 세 번째 의미에서 우리는 '현실감 상실'의 효과를 발견할 수 있다. 사물을 건드릴 수 없는, 신체를 가질 수 없는, 실체적이고^{tan-gible} 물리적인 확장으로서의 타자의 현전을 즐길 수 없는 사회적, 언어적, 정신적, 정서적 불가능성.

'물화'라는 단어는 인간 시간의 '사물 되기'를 가리키고, 정신 기능과 노동 기능의 분리 때문에 생기는 활기의 상실을 나타내며, 활기 없는 신체가 사물에 의존한다는 사실과 관련된다. 그와 달리 '현실감 상실'이란 단어는 활기찬 신체가 타자의 활기찬 신체에 다다르는 데에서 겪는 어려움들을 나타낸다. 인지적 기능들과 물질적 사회성 간의 병원성 분리.

언어의 사막에서

'소외'와 '소통불가능성'이란 단어는 1960년대의 비판적인 유럽 담론에서 종종 인용되었으며, 그 결과 거의 당시의 [현실을 압축적으로 보여주는 — 옮긴이] 축도^{縮圖}가 되었다. 오늘날 '세계화'와 '가상성'이 오늘날의 축도로 간주될 수 있는 것처럼 말이다. '소외'라는 단어와 연결된 개념들의 전체 지형에 대한 이러한 일반화에서 벗어나서, 그리고 반휴머니즘적 철학의 입장에서 그 개념적 지형을 청산하려는 태도를 벗어나서, 이 개념들의 의미와 역사성을 재발견하여 그것들이 어떻게 그러한 문화적 '국면'conjuncture을 해석하는 데 도움을 주었는지 이해할 필요가 있다. 그리고 그것들이 어떻게 우리가 이후 시기의 새로운(진정 이것은 새로운 것인가?) 인간 조건을 이해하는 데 도움을 줄 수 있었는지 이해할 필요가 있다.

1964년 영화 〈붉은 사막〉에서 안또니오니는 구상미술과 누보로망에 기원을 두는 에너지들을 포착해서 ─ 배경의 색채, 팝 아트 스타일의 단조로운 실내장식, 황량한 산업 지대의 야외 풍경을 통해 ─ 인간관계의 열정과 직접성이 상실된 경험의 특성을 표현했다. 결혼의 위기, 탈출, 모험은 단순히 모든 관계에 존재하는, 그리고 무엇보다도 자아와의 관계에 존재하는 불안malaise이라는 일반 조건을 나타내기 위한 사건들이다. 이것은 당시 이탈리아의 부르주아들이 겪고 있던 위기였다 ─ 이 위기는 집단적인 것들의 새로운 열정과 사적 관계들의 냉담함을 대체한 해방의 순간인 1968년 봉기로 이어지는 분위기를 준비하였다. 안또니오니는 단순히 문화와 정치에 연관되는 것이 아니라 무엇보다도 감각 그리고 감정들의 자질과 연관되는 이행passage을 가장 성공적으로 묘사한 감독이었다. 안또니오니는 **팝 아트**의 경험에 밀착함으로써, 색채와 형태의 측면에서, 뉘앙스들의 둔마鈍痲 4와 존재의 다양한 국면들의 산업적 동질화를 표현할 수 있었다.

---

4. [옮긴이] 감각이 굳어지고 무디어지는 것을 뜻한다.

이러한 일은 잉마르 베리만[5]의 1966년 영화 〈페르소나〉Per-sona에서도 같은 방식으로 일어난다. 하지만 그의 의도는 완전히 달랐다. 이 극단적으로 느리고 매혹적인 흑백 영화에서, 소통의 희박화는 당시 일어나고 있던 인간 환경에 대한 양식적 암호가 된다 ― 이후 학생들의 봉기가 불러온 열정과 에로티시즘의 새로운 바람은 마침내 그와 같은 전체적인 감정의 풍경을 바꾸게 될 것이다. 영화 〈페르소나〉에 나타난 침묵과 실어失語[적 증세 ― 옮긴이]들의 단순한 기호들이 아니라, 오히려 역사적이고 사회적 근원을 갖는 소통불가능성을 나타내는 것으로 이해될 수 있다. 베리만의 영화에 나타나는 침묵, 그리고 행위[연기]가 이루어지는 북유럽 해변 유흥지의 햇볕이 잘 드는 장소는 외로움이 되는 공허함, 다리를 놓을 수 없을 정도의 신체들 사이의 먼 거리의 메타포들이다.

'소외' 개념은, 당시의 예술적 상황에서 매우 중대한 의의를 갖는 이 두 영화들과 연관된 비판적 담론의 핵심에 놓여 있다. 그러한 맥락에서 소외는 사람이 사물에 포섭되는 것을 가리켰다.

산업 시대의 정점에서 사물들의 세계가 폭발하고 있었다 ― 연속적인 생산은 표준화된 대상들의 무수한 견본들을 낳았으

---

5. [옮긴이] 잉마르 베리만(Ingmar Bergman, 1918~2007): 스웨덴의 영화감독이자 연출가. 영화감독으로서 〈제7의 봉인〉을 비롯하여 전후 세계영화의 금자탑으로 지목되는 〈산딸기〉, 〈침묵〉 등 많은 작품을 남겼다.

며, 하나의 생산기술로서의 조립라인은 인간의 동작을 기계적 리듬에 종속시켰다. 따라서 기계는 활기찬 대상이 되는 반면, [인간의 - 옮긴이] 신체는 모든 의식 형태들에서 분리된 활기 없는 대상으로 바뀌었다. 그와 동시에 대중 소비는 기존 상품들에 대하여 같은 행동들을 반복했다.

수십 년간의 연속적인 물화는, 오늘날 우리가 더 이상 사물의 타자성이 어느 정도로 일상의 경험적 세계를 변형시켰으며, '우리 자신'이 의미하는 바를 어떻게 받아들이건, 우리를 우리 자신에게서 얼마나 멀리 떼어 놓았는지를 깨달을 수 없을 정도로 우리의 지각에 영향을 미쳤다.

뱀의 알

잉마르 베리만은 〈뱀의 알〉이라는 제목의 1977년 영화에서 1920년대의 나치즘의 발흥에 대한 이야기를 들려준다. 여기에서 나치즘은 마치 (심리적인) 사회적 공간의 (물리적) 중독[독살]인 것처럼 묘사되고, 관계들과 일상적 삶의 환경milieu으로의 침투인 것처럼 그려진다. 베리만은 종종 소외라는 주제를 심리적인 고통으로, 영혼의 고통스러운 침묵과 소통불가능성으로 다루는데, 이 영화에서는 나치즘이 야기한 인간 타락 과정들에 대한 유물론적인 - 거의 화학적인 - 설명을 제시했다.

이 영화에서 소외는 인간 본질과는 관계가 없다 - 소외는 인물들(리브 울만과 데이빗 캐러딘)이 그들의 자그마한 거주지 안에서 호흡하는 공기에 스며들어 [공기를] 오염시키는 독성 물질의 결과물이다.

〈뱀의 알〉은 이 스웨덴 감독[잉마르 베리만]의 최고의 영화들 중의 하나로 간주되고 있지 않지만, 나는 이 영화가 그의 개인적 진화의 견지에서 볼 때, 그리고 후기 근대의 문화적 과정의 견지에서 볼 때 가장 흥미로운 영화들 중의 하나라고 생각한다. 이 영화는 역사성에 대한 새로운 규정에 이르는 길을 열어놓는다. 여기에서 역사성은 심리(학)적이고 언어(학)적인 과정으로 이해되며, 그에 따라 소외는 물질적인, 화학적인, 더 정확히 말하자면 신경-화학적인 돌연변이로 재규정된다. 사회적 병리[현상]들은 무엇보다도 소통상의 무질서[혼란]다. 소통불가능성이라는 비판적 개념은 다음과 같은 복잡한 분야의 문제들의 특징을 이룬다 ─ 교환의 희박화, 정동적 관계들에서의 불안, 인간의 상호작용 분야의 실제적 오염.

베리만은 〈뱀의 알〉로써 소통불가능성의 바로 그 문제를 새롭게 사고한다 ─ 울만과 캐러딘 사이의 소통은 점점 오염이 되는데, 독성 물질이 그들의 성기, 폐, 마침내는 두뇌에 스며들기 때문이다. 따라서 (느릿하고 최면에 걸린 듯한 동작으로 찍힌 군중 장면에서) 사회적 신체는 나치즘에 의해, 그 자신의 의지가 박탈되어 지도받을 준비가 된, 무정형의 대중으로 변형된다. 우리가 이 영화에서 발견하는 심리(학)적 포섭의 은유는 독일 나치즘의 사례를 훨씬 뛰어넘는 타당성을 지닌다 ― 이 은유는 소비주의, TV 광고들, 집단적 행위들의 생산, 종교적 근본주의들, 경쟁적 순응주의 같은 그 밖의 집단적인 정신적 오염 과정들의 특징을 이룬다.

〈뱀의 알〉의 은유는, 헤겔주의의 르네상스로 특징지어졌던 1960년대 동안에 널리 유행했던 단어에 대한 본질론적이고 관념론적인 정의들을 피한다. 그 대신 이 은유는 사회적 규모로 확산되고 있는 심리적 병리에 대한 직관으로 이해되어야 한다. 소외 개념이 갖는 설명적 효용성은 우리가 일단 그 개념을 매우 헤겔적인 맥락으로부터 구출할 때에만 나타난다. 그렇지만 우리는 그 개념을 현상학적이고 정신병리학적인 맥락 안에서 다시 사용할 수 있다. 현재 우리의 탈산업 시대의 장면을 규정하기 위해서 말이다. 우리 시대에는 노동 관련 소동들이 언어와 감정들의 영역, 관계와 소통의 영역을 직접적으로 포함하는 경향이 있다.

베리만은 1977년의 이 영화에서, 당시에는 미래였던 오늘이 새 천 년에서는 이미 현재라는 점을 이야기했다. 중독은 신경가스처럼 매일 우리 집으로 스며들어와 우리의 심리에, 감각에, 언어에 작용한다 ― 그것은 TV, 광고, 끝없는 정보생산적 자극, 에너지들의 경쟁적인 동원에 의해 구현된다. 자유주의 경제(학)는 유기체에 돌연변이를 일으키는 효과를 낳았다 ― 이 효과들은 나치즘이 생산한 효과들보다 더 심대한데, 그 이유는 이 효과들이 생물학적이고 인지적인 사회 조직 내부에서, 그것의 화학적 구성composition 안에서 작동하지, 행위의 표면적인 형태 위에서 작동하는 것이 아니기 때문이다.

같은 해인 1977년 12월 25일, 중산모자를 쓰고, 아직 인간이 될 수 있다는 인간성의 관점에서 현대 산업화의 비인간화에 대한 이야기를 들려주었던 찰리 채플린이 죽었다. 친절함을 위한 여지는 더 이상 남아 있지 않다. 그해 가을 영화 〈토요일 밤의 열기〉가 극장에서 상연되어, 토요일 밤에 기름 바른 머리로 멋진 춤을 추기 위해 일주일 내내 행복한 마음으로 기꺼이 착취당하는 새로운 노동계급이 소개되었다.

1977년은 인간성[인류]의 역사에서 하나의 전환점이다 — 이때 '포스트휴먼적'post-human 시각이 모양을 갖추었다. 1977년은 불길한 징조들로 채워진 해였다 — 일본에서 1977년은 젊은이들이 774명이나 자살을 한 해이다. 10월 한 달에만 초등학교 어린이들 중에 13명이나 연쇄적으로 자살하는 엄청난 스캔들이 일어났다. 1980년대에 태어난 세대는 영상전자 제1세대, 그리고 병합[미디어화 — 옮긴이]mediatization이 인간의 신체와 관련된 여타의 모든 형태를 압도하는 환경에서 교육받을 제1세대가 될 운명이었다. 이후의 수십 년 동안의 미학적문화적 양식들 속에서 우리는 정화 및 탈구체화disembodying 과정을 목격한다. 그것은 오랜 문화적 불모화 과정의 시작이며, 그 결과 영상전자 제1세대는 곧바로 객체이자 주체로 변형된다. 깨끗한 것the clean이 더러운 것the dusty을 대체하고, 한편 대머리the bold가 숱이 많은 사람 the hairy을 압도한다. 이후 10년 동안, AIDS의 전염 위험이 전 물질성 분야의 기호적 지형을 다시 바꾸어 놓았다. 신체 접촉은 위험과 열광danger and electricity으로 가득 차고, 병리학적 방식으로 엄격해지고 냉담해지거나 과열된다. 따라서 20세기의 마지막 20년간의 인지적 돌연변이가 준비된다. 유기체는 코드에 민감하게 되고 연결들에 쉽게 노출되는데, 이를 통해 디지털 세계와 영구적으로 접속한다.

(이성이 아닌) 감각(감수성)sensibility은 이러한 변동을 감지했고, 광기의 자기파괴적 운동으로 반응했다. 그것의 가장 명백한 징후는 마약 중독이 광범하게 확산된 것이다. 미국의 노웨이브 6, 런던의 펑크, 그리고 이탈리아와 독일의 자율주의 운동들의 실존적이고 예술적인 경험은, 감각적인 것의 영역에서 그리고 집단적 심리에서 발생하는 변동들에 반대하는, 이러한 영혼의 중독과 그 결과로 일어나는 신체의 탈생기화de-animation에 반대하는, 의식의 최후의 재각성再覺醒을 알리는 전조前兆가 되었다.

---

6. [옮긴이] 노웨이브(no wave)는 1970년대 중반 뉴욕에서 시작된 짧지만 영향력 있었던, 언더그라운드 음악, 영화, 연기, 비디오 등이 결합된 현대의 예술적 장면을 가리킨다. '노웨이브'라는 말은 부분적으로는, 당시의 대중적인 뉴웨이브 장르의 상업적 요소들을 거부하는 풍자적인 언어유희라 할 수 있다. 이 말은 화가 디에고 코테즈가 1981년에 전시한 '뉴욕/뉴 웨이브' 쇼에서 비롯되었다.

소외와 욕망

우리가 논의해 온 영혼은 생물학적 물질을 활기찬 신체로 변형시키는 에너지에 대한 은유이다. 어떤 점에서 우리는 영혼이 타자alterity와의 관계라고, 매력, 갈등, 관계라고 말할 수 있을 것이다. 영혼은 타자, 유혹의 게임, 포섭, 지배, 반란과 관계를 형성하는 것으로서의 언어이다.

자본주의의 역사에서 신체는 규율[훈육]을 당했고 노동하도록 배치되었다. 한편 영혼은 유보되었다. 영혼은 점령되지 않고 무시되었다. 노동자들이 그들의 영혼, 생각, 언어와 정동들로써 하고 싶었던 것은 산업 시대의 자본가에게 아무런 흥미를 제공하지 못했다. 하루에 여덟 시간(또는 아홉, 열, 열두 시간) 신체는 이상한, 소외된, 적대적인 동작들을 반복할 수밖에 없다. 영혼은 신체가 반란을 일으킬 때까지 침묵한다. 이제는 신체가 복종을 거부하고 스스로의 기능을 중단하고, 그 사슬을 깨뜨리며, 생산적 흐름을 차단한다.

관념론적 휴머니즘은 영혼의 신체로부터의 소외를 최고의 불명예로 간주하지만, 이 소외는 궁극적으로 힘의 형태로 나타날 수 있다. 소외가 일단 능동적인 소원[거리두기]이 되면, 활기찬 신체는 자신과 자본의 이해관계 사이의 거리를 인식한다. 그다음에 인간은 자신의 지적이고 심리적인 완전성integrity을 재발견하고, 임금노동에 복종하기를 거부하며, 의식적이고 자유로운,

응집성이 있고 에로틱한 공동체를 건설하기 시작한다.

신체가 지배에 대한 복종을 전복시키는 것이 가능하게 되었던 것은 정확히, 영혼이 신체와 분리되어 있었기 때문이다. 언어, 관계, 생각, 모든 인지적 활동들과 정동적 능력들은 노동과정과 거리를 유지했으며, 그리하여 신체의 노예화에도 불구하고 자유로웠다. 조립라인 노동자들은 동일한 동작들을 반복할 수밖에 없었지만, 적어도 자신의 에너지들을 이용할 수 있고 피로와 슬픔이 압도하지 않는 한, 여전히 자유롭게 사고하는 두뇌를 지니고 있었다. 기계의 철커덩 소리에도 불구하고, 토론을 하고 자율과 반란의 과정들을 시작할 수 있었다. 그러나 기호자본주의에서는 영혼 자체가 노동하도록 배치된다. 이것이 우리가 20세기의 마지막 10년[1990년대 – 옮긴이]에 경험한 탈산업적 변형의 본질적인 지점이다.

이러한 변형이 일어나고 있는 동안, 철학적 사유는 질문의 술어들을 바꾸었다. 소외라는 단어는 1970년대에 시작된 철학적 어휘 목록에서 사라졌고, 그 단어가 그 의미를 획득했던 역사주의적인 휴머니즘적 맥락 또한 사라졌다. 후기구조주의 이론은 새로운 개념적 요소들 내부에 타자alterity의 문제를 던졌다. '욕망', '규율[훈육]', '통제', '생명[관리]정치' 같은 개념들이 헤겔주의적이고 맑스주의적인 분석적 개념들을 대체했다. 권력 형성과 독립적인 사회적 주체성의 문제가 완전히 새로운 술어들로 제기되었다.

앞으로 나는 이러한 주제들을 분석할 것이며, 20세기 말 욕망하면서도 규율[훈육]되는 신체를 이론화했던 저자들이 제기한 몇 가지 문제에 대한 성찰에서부터 시작할 것이다. 특히 나는 미셸 푸코, 질 들뢰즈, 펠릭스 가타리, 덧붙여 장 프랑수와 료타르Jean-Francois Lyotard에 초점을 맞출 것이다.

그러나 나는 또한 또 다른 이름, 그와 같은 변화의 맥락 내부에서 사태를 매우 다른 견지에서 바라보았던 사람을 인용할 것이며, '시뮬레이션', '내파', '파국' 등과 같은 개념들에도 초점을 맞출 것이다. 나는 장 보드리야르Jean Baudrillard를 말하고 있는데, 그는 욕망에 입각한 철학적 입장들을 공개적으로 논박했다. 당시 이 논쟁은 철학계에서 주변부에 머물러 있었지만, 오늘날 우리는 그 논쟁의 핵심이 매우 유의미하며, 풍부한 (여전히 깜짝 놀랄 정도로 시의적절한) 이론적·정치적 함축들을 지니고 있음을 알 수 있다.

욕망은 환상이다

불교는 욕망을 낮게 평가하는데, 그것은 욕망이 **마야**maya, 즉 세계의 형태 속에 흐르고 있는 환상의 원천이기 때문이다. 스토아학파조차 철학적 행위의 주요 목적이 감정과 욕망의 흐름으로부터 우리의 의존성을 끊어내는 것이라고 이해했다.

우리는 물론 마야의 흐름에서 물러나 열망의 지배에 중독되는 것을 중지할 수 있는 초연한 지혜를 존경한다. 욕망의 흐름은 환상의 원천이며, 지식의 궁극적 목적은 그러한 흐름들을 차단하는 것이다. 하지만 우리는 바로 이 환상이 역사이며, 도시이며, 사랑에 빠지는 것이며, 실존임을 인정할 필요가 있다. 환상은 우리가 그것이 게임임을 알고서 즐겨온 게임인 것이다. 미야의 흐름으로부터 탈출하고자 하면서도 우리는 또한 그것을 이해하고, 지혜에 이르는 길에서 그것의 의미를 조금이라도 파악하려고 한다.

하지만 세계의 경험이 (그 원천이 마음인) 심리 흐름의 유출이라는 점을 인정하는 것으로는 충분하지 않다. 마찬가지로 사회적 실재가 무수한 정신적 표류를 위한 정신역학적 횡단의 요점임을 이해하는 것으로는 충분하지 않다. 우리가 이 진실을 깊이 이해했다 할지라도 우리는 여전히 환상(이것의 이름은 실재이다)의 효과들을 받아들일 필요가 있다.

들뢰즈와 가따리의 이론들에 대한 단순한 독해는 욕망 개념을 종종 잘못 이해했다. 들뢰즈의 용법에서, 그리고 — 우리가 정의를 내리듯이 — '욕망하는 기계'에 대한 해석에서 욕망은 종종, 주관적인 것으로, 즉 그 자체로 긍정적일 하나의 힘으로 간주된다.

이 지점에서 나는 두 철학자들[들뢰즈와 가따리 — 옮긴이]의 저작에서 모호한 구석이 있었음을 인정해야 한다. 내가 들뢰즈와 가따리의 이론들에 대한 '정치적 해석'을 다룬 저작에서 때때로 욕망을 지배에 저항하는 긍정적인 힘과 동일시했음을 인정해야 하기 때문이다. 그러나 이러한 형태의 속화俗化는 수정되어야 한다.

욕망은 힘이 아니라 장場이다. 욕망은 강렬한 투쟁이 일어나는 장이다. 더 정확히 말하자면, 상이하고 갈등하는 힘들이 뒤얽힌 네트워크이다. 욕망은 선량한 소년도, 역사의 긍정적인 힘도 아니다. 욕망은 상상적인 흐름들, 이데올로기들, 경제적 이해관계들이 끊임없이 충돌하는 심리적 장이다. 예컨대 욕망의 나치 형태가 존재할 수 있는 것이다.

욕망의 장은 역사에서 중심적이다. 그 이유는, 이러한 장 내부에서 집단적인 정신을 형성하는 데 결정적인, 그리하여 사회 진보의 중심축들에 결정적인 힘들이 병치와 갈등을 통해 만나기 때문이다.

욕망이 역사History를 심판하지만, 욕망은 누가 심판하는가?

'이미지 공학'ima-geneering[7]을 전문으로 다루는 기업들(월트 디즈니, 머독, 미디어셋[8], 마이크로소프트, 글락소)이 욕망의 장을 통제한 이래로, 폭력과 무지는 해방되어 기술노예와 대중 추수주의의 비물질적 참호들을 파고 있다. 이러한 힘들은 욕망의

---

7. [옮긴이] 'image'와 'engineering'의 합성어로서, 고객이 상상하는 것, 보는 것, 듣는 것, 느끼는 것 등을 상품이나 서비스로 구체화시키는 기술을 가리킨다.
8. [옮긴이] 미디어셋은 이탈리아의 미디어 기업으로서 이탈리아에서 가장 큰 상업 방송국이다. 이탈리아의 현 수상인 실비오 베를루스코니가 1970년대에 창립했으며, 피니베스트 회사를 운영하는 그의 가족이 38.6%의 지분을 보유하고 있다.

장을 식민화했다. 이것이 매체 행동주의[9] 같은 새로운 문화 운동들이 욕망하는 장의 구성에서 효과적인 행위의 필요성을 강조하는 이유이다.

한계, 타자, 재구성

우리는 타자를 하나의 한계로 생각할 수 있다. 또는 타자를 열정[공감](com)passion의 맥락에서 생각할 수 있다.

『안티 오이디푸스』*Anti-Oedipus*는 다음과 같은 점을 상기시켜 준다. '나는 타자다.'je est un autre. 이것은 타자의 문제가 단순히 사회적 맥락 속에서만 제기될 수 없음을, 즉 개인이 자신을 둘러싼 개인들과 맺는 관계로서만 제기될 수 없음을 밝혀준다. 타자는 주체성의 바로 그 실존을 교체하고 변형하는 파동적이고 pulsional 환영적인phantasmatic 상상적 흐름이다. 무의식에 의해 생산되는 것은 세계와 복잡한 관계를 맺는 독특한 실존이다.

그렇지만 한계의 문제는 들뢰즈와 가따리의 텍스트들에서

---

9. [옮긴이] 미디어 행동주의는 사회운동에 미디어와 소통 과학기술들을 활용하고 미디어 및 소통과 연관된 정책들을 변화시키기 위해 노력한다. 여기에는 웹사이트에 뉴스를 올리기도 하고, 비디오와 오디오 연구 보고서들을 제작하고, 시위에 대한 정보를 퍼트리고, 미디어와 소통 정책들에 관한 캠페인들을 조직하는 것 등이 포함된다. 풀뿌리 활동가들과 무정부주의자들이 주류 보도에서는 이용 불가능한 정보를 퍼트리기 위해 대안적 미디어를 사용하려는 시도들 역시 미디어 행동주의라고 부를 수 있으며, 정치적 동기를 지닌 해킹과 넷 기반의 캠페인들과 같은 형태들도 마찬가지로 그렇게 부를 수 있다.

는 나타나지 않는다.

헤겔주의적 용법에서 한계는 '소외'로 이해된다. 타자는 자아의 한계, 즉 자아의 축소 및 궁핍화이다. 변증법적 맥락에서, 소외는 타자와 맺는 관계에서 나타나는 주체의 한계이며, 다시 말해 타자를 한계로 지각하는 것이다. 헤겔주의적 변증법은 한계를 극복할, 그리하여 궁극적으로 타자가 제거되는 전체화를 실현할 임무와 가능성을 역사적 과정의 결과로 파악한다. 그러나 우리에게 한계는 힘potency의 축소가 아니다. 타자와 맺는 관계는 심리적이고도 사회적인 동역학을 구성한다. 그러한 동역학은 전체 역사를 변화시키기 때문에, 불안정한 형태들을 통해 구축된다. 이해되고 분석되어야 하는 것은, 우리가 근대를 넘어서는 동안 이러한 관계가 변화시킨 방식이다.

우리는 이미 변증법에 대한 노동자주의적(구성주의적) 비판이 긍정적 소원[거리두기]이라는 이념을 위해 소외 개념을 버렸음을 보았다. 노동자주의적이고 구성주의적인 이론들의 맥락에서, 타자는 실제로 하나의 한계로 받아들여지지만, 또한 자아의 능력power의 확장을 위한 조건으로 받아들여지기도 한다. 한계는 힘potency을 위한 조건이다. 이것이 재구성 과정의 의미인 것이다. 사회적 재구성은 타자와 맺는 관계가 언어적으로, 정동적으로, 그리고 정치적으로 정교화되는, 그리하여 의식적인 집단, 자율적인 집합, 반란 속에서 융합되고 구축되는 집단으로 변형되는 바로 그 과정이다. 이탈리아의 구성주의적 노동자주의는 타자가 기존 유기체[유기적 조직체]의 한계라는 인식에서 출발하여, 이러한 한계가 어떤 손실을, 궁핍화를 수반하지 않는다고 주장했다. 오히려 이 한계가 갈등에 기초한 집단적 경험의 가능성을 열어놓는다는 것이다. 한계는 (어떠한 역사적 종합으로 환원[축소]될 수 없으며) 소진될 수 없다. 이것은 또한 한계이면서 동시에 확장인 타자를 향유하는 기쁨이 소진될 수 없음을 의미하는 것이다.

이와 같이, 변증법적 유물론과 역사주의의 장을 버리자, 사회적 변형의 과학이 사회학의 기계학mechanics보다 가스들의[독가스들을 다루는 — 옮긴이] 화학에 훨씬 더 가깝다는 사실이 분명해지기 시작했다. 명료한 의지들을 촉진하는 조밀한compact 힘들forces, 단일한 주체들은 존재하지 않는다. 사실상 의지란 존재하지 않는다. 오직 상상력의 흐름들, 집단적인 기분의 우울들, 돌연한 영감들illuminations이 존재할 뿐이다.

흐름들을 연결할 수 있는 추상적인 장치들 — 흐름과 사건 들을 절단하고 휘젓고 결합하는 밸브들, 고동[10]들, 혼합기들 — 이 존재한다.

다른 주체들에 반대하는 주체들이 존재하는 것이 아니라, 상상력, 과학기술, 욕망의 횡단적인 흐름들이 존재한다. 이러한 흐름들은 보이는 것이나 숨겨지는 것, 집단적인 행복이나 우울

---

10. [옮긴이] '고동'(faucets)은 작동을 시작하게 하는 기계 장치를 말한다.

증, 부유함이나 비참함 등을 생산할 수 있다.

다른 한편, 역사적 과정은 동질적인 주체성들이 대립하거나, 또는 명확하게 식별할 수 있는 기획들이 갈등을 일으키고 있는 동질적인 장이 아니다. 역사적 과정은 오히려 상이한 단편들 — 과학기술적 자동화, 공황 장애panic psychosis, 국제적인 금융 순환들, 동일주의적이거나 경쟁적인 망상 — 이 활동하는 이질적인 되기becoming이다. 이러한 이질적 단편들은 서로를 합하지도 서로 대립하지도 않는다. 단편들은 가따리가 '기계적 배치'agencements 11 라고 부른 연쇄적인 관계들 속으로 들어간다.

잘 알려진 서구 사상의 초기에 데모크리투스Democritus는 일종의 '구성주의적인' 철학적 시각을 제안했다. 객체도, 실존도, 그리고 개인도 존재하지 않는다. 오직 집합들, 일시적인 원자적 구성들, 형상들이 존재한다. 인간의 눈은 이것들을 안정적인 것으로 지각하지만, 실제로 이것들은 변화무쌍하고, 일시적이고, 닳아 없어지며 규정불가능하다.

그[데모크리투스]가 보기에 존재Being는 덩어리들의 무한한 다양성multiplicity이다. 이것들은 너무 작기 때문에 볼 수 없다. 이

---

11. [옮긴이] 가따리에게 '배치'(agencement)는 다양한 기계장치들이 결합되어 일체를 이룬 상태를 말한다. 배치는 힘의 흐름들 그리고 이 흐름들에 부과된 코드 및 영토성과 관련된다. 배치라는 개념에서 강조하는 것은 이 흐름들이 코드와 영토성에 의해 고정되지 않고 끊임없이 새로운 흐름들을 생산한다는 점이다. 펠릭스 가따리, 『기계적 무의식』, 윤수종 옮김, 푸른숲, 2003, 405쪽 참조.

것들은 진공 속에서 운동한다. 이것들은 접촉해도 단일한 것 (통일체)unity을 만들어내지 않는다. 그러나 이것들은 이러한 만남과 결합을 통해 자손을 낳고, 분리를 통해 타락한다.[12]

한편으로는 근대 화학의 역사 그리고 다른 한편으로는 가장 최근의 인지 이론들은 이 가설이 옳음을 입증한다.

모든 객체[대상]의 형상은 눈과 두뇌에 투사된 형상이다.

어떤 한 개인의 존재란, 잠깐 동안 또는 평생, 항상 사소한 문제와 다투면서 스스로를 규정하는 관계적 되기의 일시적 고정(화)이다.

서구 사상의 역사적 종말(이것은 서구 사상의 역사가 다시 시작하는 정확한 지점이기도 하다)을 향해, 들뢰즈와 가따리는 분자적 창조주의라고 부를 수 있는 새로운 철학을 향한 길을 열어놓는다. 그들의 철학적 풍경에서 기관 없는 신체의 이미지는 중요한 역할을 한다.

구성주의적 관점에서 기관 없는 신체 개념을 고찰해 보자.

기관 없는 신체는 모든 사물과 모든 사람 사이의 상호적인 횡단 과정이며, 하나의 복합체가 또 다른 복합체로 들어가는 끝없는 분자적 흐름들이다.

---

12. Robin, Leon, *Greek Thought and the Origins of the Scientific Spirit*, translated from the new revised and corrected French edition by M. R. Dobie, New York : Russell & Russell, (1967), p. 113.

그것은 계속해서 비비, 벌, 바위, 구름으로 존재하는 난초이다.

펠릭스 가따리의 말처럼, 그것은 '되기'가 아니라 복수적인 '되기들'이다.

기관 없는 신체는 '되기들' 속에서 일시적으로 되는, 그리고 일시적으로 특이하게 되는 무시간적인, 파생적인 물질이다. 이 특이함은 언표, 집단적 의향성, 운동, 패러다임, 세계에 형상을 부여하기 위해 카오스로부터 출현하는 카오스모제적인chaosmotic 창조의 결과물이다.

가따리의 '카오스모제'Chaosmosis 개념은 이 표면화를 카오스 안에서의 감각의 연쇄들로 묘사한다.

나는 하나의 타자이다. 즉 모든 부분에서 개별화된 정체성 및 유기체를 넘쳐흐르는 부분적 언표 행위의 구성 요소들의 교차점에 구현된 복수적인 타자이다. 카오스모제의 커서는 이러한 다양한 언표 행위의 핵심 지대들 사이를 끊임없이 오간다. 그것은 핵심 지대들을 전체화하고 초월적 자아 속에 종합하기 위해서가 아니라 그 핵심 지대들로 하여금 세계를 만들도록 하기 위해서이다.[13]

---

13. Félix Guattari, *Chaosmosis, an Ethico-Aesthetic Paradigm*, translated by Paul Brains and Julian Pefanis. Bloomington : Indiana University Press, (1995), p. 83 [펠릭스 가따리, 『카오스모제』, 윤수종 옮김, 동문선, 2003, 113쪽].

지구에서 일어나는 사건들은 폭풍이나 불가해한 구름들처럼 나타난다. 후기 근대의 역사는 그 진화 노선들을 예측할 수 없는 카오스처럼 나타난다. 하지만 카오스란 무엇인가? 카오스는 너무나 복잡해서 인간들이 이용할 수 있는 범주들로서는 포착할 수 없는 세계의 형태이다.

매우 복잡한 현상들과 훨씬 더 복잡한 범주들을 이해하고, 우연적으로 보이는 과정들을 해석하기 위해서는 보다 정교한 감지기들이 필요하다. 이제 상위의 질서에 대한 알고리듬이 필요하다. 들뢰즈와 가따리가 말하는 카오스모제적인 개념이 필요하다. 왜냐하면 카오스모제는 개념적이고 형식적이며 실용적인 질서의 카오스처럼 보이는 것이 표면화되는 과정과 관계되기 때문이다.

하나의 개념은 분리 불가능한 변주들의 집합으로, 이 집합은 카오스의 가변성을 재단하여 그것에 일관성(현실)을 부여하는 내재성의 구도상에서 산출되거나 구축된다. 따라서 개념이란 재편된 카오스의 전형적인 상태이다. 그것은 사유가 된, 일관된 카오스에 정신적인 카오스적 우주를 되돌려 준다.[14]

14. Gilles Deleuze · Félix Guattari, *What is Philosophy?* Translated by Hugh Tomlinson and Graham Burchell. New York : Columbia University Press, (1994), p. 208 [질 들뢰즈·펠릭스 가타리, 『철학이란 무엇인가』, 이정임·윤정임 옮김, 현대미학사, 1995, 299쪽].

이탈리아 자율주의 이론(구성주의적 노동자주의)과 프랑스 욕망 이론(분자적 창조주의)의 조우는 정치적이고 생물학적인 변천[교체]vicissitudes 때문에 일어난, 우연적인 모험이 아니었다. 어떤 점에서 볼 때, 자율적인 운동은 사회투쟁의 한가운데에서 사회적 상상력의 형성 과정을 분석하기 위해서는 분열분석과 같은 범주들을 필수적으로 사용해야만 했다.

마찬가지로 정신분석적 실천의 한가운데에서, 가따리는 정신발생 과정을 분석하기 위해서 사회비판과 같은 범주들을 사용해야만 했다. 가따리는 이탈리아에서『오이디푸스의 무덤 : 정신분석과 횡단성』*Una tomba per Edipo. Psicoanalisi e transversalita*이라는 이름으로 간행된 자신의 책『정신분석과 횡단성』[15]에서 이 정신발생 과정을 설명한다.

자율주의 이론과 분열분석의 방법들은 구성주의적 방법 면에서 일치한다. 둘 다 모든 구성된 주체적[주관적] 선차성을 거부하며, 그 대신 분자적 차원으로까지 주체성들이 하강된 불안정하고, 변화하고, 일시적이고 특이한 집합들의 횡단적인 형성 과정을 찾는다. 주체성은 그들 자신의 생산 과정보다 앞서서 존재하지 않는다. 사회적 재구성 과정을 설명하기 위해서 우리는 욕

---

15. 영어판은 발간되지 않았다.『정신분석과 횡단성』(1972)과『분자혁명론』(1977)에서 간추린 논문들은 다음 책에 포함되어 출간되었다. Félix Guattari, *Molecular Revolution : Psychiatry and Politics*, translated by Rosemary Sheed, New York : Penguin, (1984) [펠릭스 가타리,『분자혁명』, 윤수종 옮김, 푸른숲, 1998].

망, 기계적 무의식, 분열분석 개념들을 언급해야 한다.

10여 년간 전 세계의 모든 노동자들이 똑같은 노래를 부르기 시작한 것을 어떻게 설명할 수 있을까? 바다 위에서 폭풍이 생성되는 것처럼, 그것은 어떤 복잡한 현상의 가시적인 드러남[현현]이었다. 1960년대에 서구 인류가 경험한 전체의 자율신경 체계의 근육 이완을 이해하기 위해, 우리는 그것을 가능하게 만들었던 것이 무엇인지 ― 어떤 물질, 권태, 기대, 감각들인지 ― 이해할 필요가 있다. 사회폭동은, 일상의 경험을 구조화하는 심리적, 상상적, 물질적 흐름들에 의해 시작되는 매우 복합적인 구조 architecture의 현현이다.

우울증과 카오스모제

그와 동시에 우리는 어떻게 다음과 같은 일이 일어났는지, 즉 어느 지점에서 슬픔이 압도하고 깨지기 쉬운 집단적인 행복의 건축물이 붕괴되는 것과 같은 일이 일어났는지 설명할 필요가 있다.

이 20세기 말을 암울하게 만드는 안개와 독가스 속에서 주체성 문제가 중심 문제로 다시 등장하고 있다. 주체성은 더 이상 공기나 물처럼 자연적으로 주어지는 것이 아니다. 어떻게 주체성을 생산하고 포획하고 풍부화하고, 이제 돌연변이적인 가치

세계와 양립할 수 있는 방식으로 끊임없이 재발명해 가는가?
주체성의 해방, 즉 주체성의 재특이화를 위해서 어떻게 해야
하는가?[16]

이것은 펠릭스 가따리가 그의 마지막 책 마지막 쪽에서 던진 질
문이다. 이 책은 1992년 8월의 어느 날 밤 그가 죽기 바로 전인,
바로 그해에 출간되었다.

동료이자 친구였던 들뢰즈와 함께 죽기 전에 썼던 책은 『철
학이란 무엇인가』로서 1991년에 출간되었다.

이 두 책[17]의 공통적인 화제들은 많지만, 가장 중요한 것은
카오스와 노년老年이라는 주제이다. 곧 보게 되겠지만 이 두 주제
들은 깊게 연결되어 있다. 우리는 『철학이란 무엇인가』의 결론
부분에서 다음과 같은 부분을 읽을 수 있다.

우리는 카오스로부터 우리를 보호하기 위해 다만 얼마만큼의
질서를 요구하는 것뿐이다. 그 자체로부터 빠져나가는 사유보
다 더 괴롭고 고통스러운 것은 없다. 그것은 이미 망각에 의해
야금야금 잠식되어 버렸기에 … 윤곽이 떠오르기가 무섭게 사
라지고 소멸되어버리는 관념들이다.[18]

---

16. Félix Guattari, *Chaosmosis, an Ethico-Aesthetic Paradigm*, op. cit, p. 135 [펠
릭스 가따리, 『카오스모제』, 앞의 책, 174~175쪽].
17. [옮긴이] 『카오스모제』와 『철학이란 무엇인가』를 가리킨다.

'카오스란 무엇인가?'라는 물음은 다음 구절에서 이렇게 대답된다.

> 그것들은 무한한 속도들이라, 그것들이 가로지르는, 본질도 사유도 없는 무색의 말 없는 무無의 부동성으로 혼동되기도 한다.[19]

우리의 정신이 그 형태와 의미를 판단할 수 없을 정도로 세상이 너무 빨리 회전하기 시작할 때 카오스가 존재한다. 그 흐름들이 우리의 역량이 감정적으로 정교화할 수 없을 정도로 너무 강렬할 때 카오스가 존재한다. 이러한 속도에 압도되어 정신은 공황을 향해 표류하고, 정신적 에너지들의 통제되지 않는 전복은 우울한 불활성dipressive disactivation의 전제[전 단계]로 표류한다.

심연의 경계에서[절망에 직면하여] 쓰인 이 환상적이고 감동적인 책 『철학이란 무엇인가』의 서문에서 들뢰즈와 가타리는 노년의 사고thinking를 위한 순간이 도래했다고 썼다. 노년은 필연적인 느림으로써 흐름들의 무한 속도를 정교화할 수 있는 카오스모제적인 지혜에 이르는 문들을 열어놓는다.

---

18. Gilles Deleuze·Félix Guattari, *What is Philosophy?*, op. cit., p. 201 [질 들뢰즈·펠릭스 가타리, 『철학이란 무엇인가』, 앞의 책, 289쪽].

19. Ibid. p. 201 [같은 책, 289쪽].

카오스는 모든 일관성을 '카오스로 만들고', 무한히 해체[탈구성]한다. 철학의 질문은, (그것으로부터) 사고가 출현하는 무한 형태를 상실하지 않고 일관성의 수준들을 구축하는 것이다. 우리가 생각하고 있는 카오스는 정신적이면서도 동시에 물리적인[신체적인] 실존을 갖는다.

단지 객관적 절연들과 와해들뿐만 아니라 어떤 엄청난 피로가 결국에는, 감각들이 반죽처럼 질척이게 되어 그것들로서는 점점 더 집약시키기가 힘에 부쳐가는 요소들이며 진동들을 그대로 빠져나가도록 방관할 수밖에 없게 만든다. 노쇠란 이러한 탈진 자체이다. 그리하여 구성의 구도가 미치지 않는 정신적 카오스 속으로 추락하거나 아니면 기존의 견해들…로 조금씩 선회를 하게 된다.[20]

카오스는 우리가 사용할 수 있는 해석의 도식으로 해독하기에는 너무나 복잡한 환경이다. 카오스는 우리의 정신이 그것들을 정교화[상술]하기에는 그 흐름들이 너무나 빠르게 순환하는 환경이다. 주체성, 더 정확히 표현하자면 주체화 과정은 카오스에 대립하여 끊임없이 자기 자신을 조절한다[척도화한다]. 주체성은 정확히 무한 속도와의 이 부단한 관계 속에서 자기 자신을 구성

20. Ibid. pp. 213~4 [같은 책, 308쪽].

한다. 의식적인 유기체는 이 무한 속도에서 **코스모스**의 창조를 위한, 변이적이고 특이한, 일시적인 질서의 창조를 위한 조건을 도출한다. 그러나 주체성은 질서에 동조하지 않는다. 질서가 주체성을 마비시킬 것이기 때문이다. 카오스는 적戚이다. 그렇지만 또한 우리 편이기도 하다.

> 카오스와의 싸움은 적과의 결탁 없이는 이루어질 수 없는 것 같다.[21]

공황의 해체적 효과에 영향받지 않고 흐름들의 무한 속도를 정교화하는 것이 어떻게 가능할 것인가? 개념들, 예술형태들, 우정은 속도의 변형자들이다. 이 변형자들 덕분에 우리는 그 무한한 복잡성을 잃지 않고서도, 견해, 소통, 잉여의 공통 장소들을 소환하지 않고서도, 대단히 빠른 것[카오스 - 옮긴이]을 느리게[천천히] 정교화할 수 있다.

주체화의 과정은 단순한 기호적, 예술적, 감정적, 정치적 연쇄들(카오스모제는 이 연쇄들을 통해 가능해진다)을 창조한다. 예컨대, 예술은 실재 흐름들의 무한 속도를 감각의 느린 리듬으로 변형시킬 수 있는 기호적 장치들을 창조한다. 들뢰즈와 가따리는 이러한 감각적 해석자들을 '카오이드'chaoïde라고 정의한다.

---

21. Ibid. p. 203 [같은 책, 293쪽].

예술은 카오스가 아니라, 비전이나 감각을 내어주는 카오스의 구성이다. 따라서 예술은 제임스 조이스의 말대로 하나의 카오스모제, 즉 구성된 카오스를 — 예견되었거나 사전에 구성된 것이 아닌 — 구축한다. 예술은 카오스의 가변성을 카오이드[재편된 카오스]의 다양성으로 변형시킨다. … 예술은 카오스와 투쟁한다. 그러나 그것은 카오스를 감지할 수 있도록 하기 위해서이다.[22]

주체되기의 과정은 전혀 자연적이지 않다. 이 과정은 부단히 변화하는 사회적, 경제적, 미디어적인 조건들 속에서 발생한다.

세계의 노쇠

『카오스모제』와 『철학이란 무엇인가』는 1990년대가 시작하면서 세상에 나왔다. 1990년대는 20세기 근대를 넘어가는 연대였고, 행복한 공동체에게는 붕괴의 시대를 의미한다. 이 해엔 또한 새로운 생산 체계가 형성되었다. 이로 인해 모든 연대의 구조물들은 사라졌고, 노동계급 공동체는 기술적 혁신에 의해 제거되었고, 노동은 불확실해졌으며, 집단지성은 모호하고, 도무지 해독 불가능한 특징들을 갖는 포섭 과정을 겪게 되었다.

이때 가따리는 주체 되기의 문제를 다시 한 번 제기했다. 근

---

22. Ibid. pp. 204~5 [같은 책, 295쪽].

대는 카오이드들 ─ 복잡성의 정치적 생산자들, 감각sensibility의 기호적 해석자들, 개념적 변형자들 ─ 을 확립했다. 노년의 나이에 접어든 우리의 이 두 친구들[들뢰즈와 가따리]은 근대적 카오이드들의 붕괴를 발견했으며, 카오스의 재표현화를 지각했다. 그들의 노년은 어쩌면 세계의 노화老化와 관계되는 것이었을까?

인구통계학은 이것을 입증한다. 노년은 우리 행성의 운명인 것이다. 인구 곡선은 천천히 하향했다. 50년 전에 인구학자들은 지구의 인구가 120억 명이 될 것이라고 예견했다. 오늘날 우리는 인구가 90억 명을 넘지 못할 것임을 알고 있다. 출생률은 이슬람 세계를 제외한 모든 문화 지역들에서 감소하고 있다.

세계가 노년에 접어드는 것에 맞춰 우리는 이 두 카오스의 지도제작자들[들뢰즈와 가따리]이 의미의 붕괴를 직시했음을 알 수 있다.

1989년에 뒤이은 시대 ─ 세계평화 시대에 대한 돌연한 희망, 그리고 마찬가지로 예기치 못했던 전쟁의 새로운 출현 이후의 시대 ─ 는 극적이고 고통스러우며, 불분명한 변화들의 시대였다. 유고슬라비아의 대학살이 모습을 드러내었고, 한편 소비에트 연방의 붕괴는 (이후 푸틴이라는 인물에 의해 구체화되는) 민족주의의 재출현을 다시 예고했다. 이슬람 인테그랄리즘integralism 23

─────────────

23. [옮긴이] 인테그랄리즘 또는 인테그랄 민족주의는 민족이 유기적 통일체라는 생각에 부합하는 이데올로기다. 인테그랄리즘은 사회적·경제적 집단들 간의 갈등을 초월하는 사회계급들 간의 협력으로써 사회적 차이와 위계에 대항한

과 광신적 행위가 대지에서 버림받은 자들의 결정적인 부문을 위한 정치적 정체성으로서 모습을 드러냈다. 리우데자네이루 정상회담 이후 생태적 재앙이 우리의 공통적 전망으로 등장했다. 여기에서 미국 대통령인 조지 부시 1세는 미국 시민의 생활양식에 대한 협상이 불가능하다고 선언했다.

이때에 펠릭스 가따리는 야만화barbarization가 축적되는 징후들, 파시즘의 재등장, 그리고 자본주의가 승리하면서 도래한 폭력 등을 기록했다.

개념적 창조의 궤적은 변화하고 있었다. 그것은 새로운 방침들을 따라 자신을 분해하고 재구성했다. 그러는 동안 지평선은 자주 사라졌으며, 그 의미와 인식 가능한 형태들도 상실되었다.

우울증. 우리는 가따리의 텍스트들에서 이러한 말을 찾을 수 없다. 우울증은 그의 작업, 그의 연구, 그의 존재에 활기를 부

다. 이것은 이데올로기적인 대의 형태들이 아닌 노동조합주의, 협동조합주의, 유기적인 정치적 대의를 옹호한다. 인테그랄리즘은 주어진 민족들의 최선의 정치적 제도들이 역사, 문화, 그 민족의 입지에 따라 다를 것이라고 주장한다. 인테그랄리즘은 종종 혈연 및 영토 보수주의와 연관되며, 민족이나 국가, 또는 민족 국가를 하나의 수단이라기보다는 하나의 목적으로, 그리고 하나의 도덕적 선으로 정립한다. 인테그랄리즘은 프랑스 저널리스트 차알즈 모라스가 만든 신조어이다. 그의 민족주의 개념은 반자유주의적이고 반국제주의적이었으며, 개인 및 인류 일반의 이익을 초월하는 국가의 이익을 우선시했다. 인테그랄리즘이 배제적이고 특수한 것을 특징으로 하고, 또 (유럽적 맥락에서) 일종의 원시파시즘(proto-fascism)으로서 또는 (남미적 맥락에서) 의사파시즘(para-fascims)로서 역사적으로 기능했다는 고찰이 있음에도 불구하고, 이러한 연계는 논쟁적인데, 일부 사회학자들은 인테그랄리즘이 정치적 좌파와 우파 양자의 요소들을 결합한다고 정립한다.

여한 창조적 에너지에는 부합하지 않은 주제인 것처럼 주변에 머물러 있다. [그러나] 그들이 마지막으로 공동 작업한 책의 마지막 장에 주의를 기울이면 들뢰즈와 가따리가 사실상 우울증, 혼란, 어두운 지평들, 즉 카오스의 출현을 분석하고 있음을 알 수 있다.

후렴[반복구]의 미학

카오스모제는 우리가 독특한 코스모스의 창조, 다시 말해 우울증을 넘어, 우울증의 어두운 (그러나 또한 계몽적인) 경험을 가로지르고 넘어서서, 자신을 영원히 재구축하는 욕망하는 에너지를 계속 발전시키도록 가따리가 우리에게 남겨준 성찰의 시작점이다.

우울증 안에 진실이 있다. 그리고 사실상, 이미 본 것처럼, '카오스와의 싸움은 적과의 결탁 없이는 이루어질 수 없는 것 같다.' 우울증은 의미의 결핍에 의해 표상되는 심연을 보여준다. 시적이고 개념적인 창의성은 정치적 창의성과 마찬가지로 카오스모제적 창조의 방식들이다. 다시 말해, 의미의 결핍 위로 다리를 세우는 것이다. 우정은 다리들 — 우정, 사랑, 공유, 반란 — 의 실존을 가능하게 한다. 『카오스모제』는 코스모스적이고 창의적인 다리들 — 카오스의 특이화, 다시 말해 사물들의 끝없이 그리고 무한히 빠른 흐름 위를 가로지르는 독특한specific 다리를 분리시킬 수 있는 실천들(미학, 철학, 분열분석, 정치) — 을 통해 카오스에 다리를 놓으려고 시도하는 책이다.

무한 속도들은 유한 속도들, 가상적인 것으로의 전환, 가역적인 것의 비가역적인 것으로의 전환, 연기된 것의 차이로의 전환으로 가득 채워지게 된다.[24]

철학은 개념들의 창조이며, 개념들은 특이한 코스모스, 투기적 주체화 양태를 고립시킬 수 있는 카오이드들이다. 그와 달리 예술은 소통, 시각, 투사의 공간에 구체적인 현전을 드러내면서 형태들, 몸짓들, 환경들을 정교화하는 것을 통해 이루어지는 카오스의 특이한 조합composition이다.

가따리는 '미학적 패러다임'이라는 표현으로써 감각이 오늘날 지니고 있는 특권적 지위를 나타낸다. 오늘날 생산적이고 소통적인 관계들은 자신의 물질성을 상실하고 감각적 투사들의 공간 속에서 자신들의 궤적을 추적한다. 미학은 규율[훈육]이며, 이를 통해 유기체와 그 환경이 조율해 나가게 된다. 조율 과정은 정보계적infospheric 자극의 가속화에 의해, 그리고 기호적 인플레이션, 즉 관심[주의]과 의식으로써 모든 공간을 포화상태로

---

24. Félix Guattari, *Chaosmosis, an Ethico-Aesthetic Paradigm*, op. cit, pp. 112~3 [펠릭스 가타리, 『카오스모제』, 앞의 책, 149쪽].

만드는 것에 의해 방해받는다. 예술은 이러한 방해를 등록하고 그 징후를 알리지만, 그와 동시에 되기의 새로운 가능 양태들을 찾는다. 그리고 미학은 그와 동시에 심리계적 오염에 대한 진단(학)과 유기체와 세계 간의 관계에 대한 치료(법)가 되는 것으로 보인다.

가따리는 미학적 차원과 정신치료적 차원에 특권적 관계를 설정한다. 여기에서는 카오스적 속도와 삶시간lived time의 특이성 간의 관계 문제가 결정적인 것이 된다. 일시적 흐름들을 포착하기 위해, 정신은 그 자신의 일시성들을 확립할 필요가 있다. 이러한 특이한 일시성들이, 방향정립[정위定位]을 가능하게 하는 **후렴[반복구]들**이다. 후렴 개념을 통해 우리는 분열분석의 핵심에 다다르게 된다. 후렴[반복구]은 특이한 일시성이며, 코스모스의 창조가 가능해지게 되는, 자아의 개별화를 위한 적소適所이다.

철학, 예술, 분열분석 들은 특이한 카오스모제적 창조의 실천들이다. 다시 말해 이것들은 실존의 지도를 구성하는 배치들이 후렴[반복구]처럼 무한한 흐름으로부터 나타나도록 해 준다. 그러나 이 후렴[반복구]들은 응고될 수 있으며, 기호적, 의제적, 성적, 인종적, 정치적 망상들로 바뀔 수 있다.

한편으로 후렴[반복구]은 정보계의 카오스적 바람들과, 거센 바람처럼 주체를 날려버리는 기호적 흐름들로부터 주체를 지켜 준다. 이렇게 해서 후렴[반복구]에 의해 보호를 받으며 그 자신의 진전, 그 자신의 기호적 타당성, 정동들, 공유의 영역을 확립하는 것이 가능해진다. 다른 한편, 후렴[반복구]은 새장이 될 수도 있다. 강제적으로 반복되는 해석의 참조점들과 실존적 경로들의 경직된 체계가 될 수도 있는 것이다.

분열분석은 정확히, 후렴[반복구]의 이러한 신경적 경화^{硬化}의 지점에 개입한다. 여기에서 분석은 더 이상 징후들에 대한 해석으로, 그리고 신경과민적 집착^{neurotic fixation}보다 먼저 존재하는 잠재적 의미에 대한 탐색으로 이해되지 않는다. 분석은 하나의 분기점, 트랙으로부터의 일탈, (시각과 경험의 가능성들의 새로운 지평을 열어젖힐 수 있는 망상적 반복의 폐쇄 회로 내부에서의) 파열을 생산할 수 있는 관심의 새로운 중심들을 창조하는 것이다.

『카오스모제』는 특정한 역사적 차원의 내부, 즉 1990년대 초부터 확산되기 시작해서 15년 뒤인 오늘날 대기권^{大氣圈}, 정보계, 그리고 심리계의 모든 공간을 침략한 것으로 보이는 안개와 독기의 차원 내부에 위치한다.

호흡은 어려워지거나 거의 불가능해졌다. 실제로 우리는 숨이 막힌다. 우리는 매일 숨이 막히고 질식의 징후들은 일상적 삶의 경로들과 세계 정치^{planetary politics}의 고속도로를 따라 계속 퍼진다.

우리가 생존할 기회는 거의 없다. 우리는 그 점을 알고 있다. 우리가 신뢰할 수 있는 지도도, 우리가 도달해야 할 도착지도 더 이상 존재하지 않는다. 자본주의는 기호자본주의로 변한 이래로 다양한 삶의 형태들을 위한 교환가치 기계를 집어삼켰을 뿐만 아니라 다양한 사유, 상상력, 희망의 형태들을 위한 교환가치 기계 역시 집어삼켰다. 자본주의에는 대안이 없다.

그렇다면 우리는 들뢰즈와 가따리가 『철학이란 무엇인가』의 서문에서 그랬던 것처럼 우리의 담론의 한가운데에 노년을 놓아야 하는가? 노년은 과거에 노인들이 공동체에 고귀한 지식을 가져다주는 것으로 여겨졌던 것처럼 더 이상 주변적이거나 희귀한 현상이 아니다. 고령高齡은 미래에 내기를 걸 용기를 빼앗긴 대다수 인류를 위한 조건이 되어가고 있다. 왜냐하면 미래는 불명료하고 두려운 차원이 되었기 때문이다.

오늘날 노년은 대다수의 평균적인 사회적 조건이 되어가고 있다. 한편 그와 동시에 노년은 또한 인류에게 영향을 미치는 에너지 손실의 은유를 가장 잘 표현하는 조건이 된다. 세계가 너무 빨라[빠르게 변해] 감정들의 느린 타이밍에 맞춰 정교화될 수 없게 되고 엔트로피가 대뇌의 세포들을 지배하게 되면 리비도적 에너지는 감퇴한다. 리비도적 에너지와 엔트로피의 감퇴는 사실상 그 의미가 동일한 두 과정들이다. 사회적 두뇌는 조나단 프란젠Jonathan Franzen 25의 『수정』The Corrections에서 묘사된 것처럼 해

---

25. [옮긴이] 조나단 프란젠(Jonathan Franzen, 1959~) : 미국의 소설가이자 수필가. 그의 세 번째 소설 『수정』(2001)은 불규칙하게 전개되는 풍자적인 가족 드라마로서, 널리 갈채를 받았고, 작가에게 전국 도서상을 안겨주었으며, 2002년 퓰리처상 소설 부문 결승에 진출했다.

체되어가고 있다. 알츠하이머는, 새로운 영상전자 세대들이 우울증의 소용돌이에 빠질 때까지 공황의 회오리에 끌려다니면서도 사태가 왜 그러한지 그 이유를 기억하기 어려워지는 미래에 대한 은유가 되고 있다. 감각의 문제는 정치의 감각을 다루는 문제가 된다. 그리고 윤리적 전망perspective에 대한 재규정조차 그 문제를 도외시할 수 없다. 새 천 년이 시작되면서 근대의 종말은 인류 유산의 종말로 선언되고 있다. 초자본주의는 자신의 서구적 유산과 그 소위 '가치들'에서 해방되고 있다. 그러나 이것은 다음과 같은 끔찍한 광경, 즉 휴머니즘과 계몽의 유산이 없다면 자본주의는 순수한 폭력, 영원한 폭력, 비인간적 폭력의 체제라는 점을 드러내 준다.

정신은 경제적이고 실존적인 불확실성precariousness의 조건들 속에서 노동하도록 배치된다. 생활시간living time은 의식과 경험 양자兩者의 프랙탈 분산을 통해 노동에 종속되는바, 삶시간lived time의 응집성은 파편으로 축소[환원]된다. 심리계는 악몽의 무대가 되었고 인간들의 관계는 그 휴머니즘적 표면을 박탈당한다. 타자의 신체는 더 이상 공감적인 지각empathic perception의 대상이 아니다. 혹심한 노동, 고문, 집단학살은 비동정적非同情的인 조건들 속에서 타자성을 설명하는elaborating 통상적 절차가 되어버렸다. 소속belonging이라는 폭력적 논리가 근대적 합리성의 보편성을 대신한다. 거대한 정보계의 혼합기 속에서 해체하는 두뇌들에게, 신은 구원에 이르는 자연적인 길인 것처럼 보이지만, 오히려 그것은 물론 기묘한ᵘⁿᵘˢᵘᵃˡ 악마적 속임수에 지나지 않는다. 종교적 인테그랄리즘과 순수성 숭배는 이제 민족 분리주의와 민족주의를 부양하는 무지 및 억압과 만난다.

세계의 풍경은 다양한 방식으로 '이슬람화'되어가고 있다. 복종ˢᵘᵇᵐⁱˢˢⁱᵒⁿ이 개인과 집단의 지배적 관계 형태가 되는 것이다. 집단적 차원이 욕망에서 흘러나오는 모든 에너지를 박탈당하고 공포와 궁핍ⁿᵉᶜᵉˢˢⁱᵗʸ의 해골로 격하되는 한, 집단에의 집착은 강제적이고 의무적인 것으로 된다. 그리고 체제 순응주의는 욕망이나 자율을 잃은 영혼들의 마지막 피난처이다.

윤리학과 감각

이 폭 좁은 통로에서, 다시 생각되어야 할 것은 바로 윤리의식이라는 개념이다. 윤리의식은 이성과 의지의 이항식 위에 세워질 수 없다. 이 둘은 근대 시기에 속하는 것들이기 때문이다. 합리주의의 뿌리는 영원히 제거되었으며, 그래서 합리주의는 우리가 고려해야 하는 이 세상의 휴머니즘의 주요 방침이 될 수 없다.

오늘날 윤리적 문제는 영혼의 문제로, 다시 말하자면 신체에 활기를 불어넣고, 신체가 타자를 향해 동정적으로 열릴 수 있게 하는 감각의 문제이다. 우리가 말하고 있는 화학적이고 언어적인 영혼은 신체들의 재구성이 일어날 수 있는 장場이다.

휴머니즘에 대한 새로운 개념화는 미학적 패러다임 위에 정초되어야 한다. 왜냐하면 휴머니즘이란 감각에 뿌리내려야 하기 때문이다. 근대 윤리학의 붕괴는 일반화된 인지적 교란[장애]으로, 즉 사회적 심리계 속의 공감의 마비로 해석되어야 한다. 미디어계의 가속화, 육체적 경험으로부터의 의식의 분리, 디지털 영역 속 공적 공간들의 탈성脫性화 그리고 경쟁원리들이 모든 사회생활의 파편에 확산되는 것. 이것들은 사회적 행동에 확산되어 있는 비공감, 확산된 조울 정신병의 원인이며, 또한 심리계에서 공황과 우울증이 번갈아 몰려오는 파도이다. 이 미학적 패러다임은 정신분석의 토대로서, 정신을 위한 생태적 치료법으로 간주될 필요가 있다.

내가 여기에서 사용하고 있는 모호한 계시록적 어조들을 들뢰즈와 가따리는 채택하지 않았다. 그러나 내가 이 두 대가에게 영원히 충성을 다할 것을 맹세한 적이 없으니 무슨 상관인가. 오늘날 욕망의 수사학 —『안티 오이디푸스』의 저자들이 희망의 운동들에 가져다준 가장 중요하고 창조적인 기여 — 은 (그것을 새롭게 할 수 있는 차원과 운동을 기다리는) 나에게는 소진된 것처럼 보인다. 그들의 마지막 두 책들에서, 그리고 특히『카오스모제』에서 욕망의 수사학은 이미 약해졌거나 잠잠해졌다. 그와 달리 나타나는 것은 실존적인 경험과 역사적 전망 속에서의 감각sense의 엔트로피에 대한 자각이며, 쇠퇴, 노화, 그리고 죽음에 대한 의식이다. 이것이 바로 우리가 오늘날 필요로 하는 것, 즉 우울해지지 않을 우울증에 대한 인식이다.

카오이드로서의 예술

따라서 기호자본 내에서 가치의 생산은 기호적 생산과 조응하는 경향이 있다. 경제적 경쟁의 압력을 받는, 가속화되고 증식하는 기호들의 생산은 착취의 일차적 대상이 되고 있는 집단적 정신psyche을 정체시키는 병원성 요인처럼 기능하는 것으로 귀결된다.

정신적 소외는 산업화 시대에 그랬던 것처럼 더 이상 하나의 은유가 아니다. 정신적 소외는 오히려 특수한 진단이 된다. 정신병은 우리가 관심의 경제적 동원 효과들을 언급할 때 사용할 수 있는 단어이다. 한때 자신[소외]을 통합한 문제들의 역사주의적 장으로부터 추상된 '소외'라는 단어는 인지적 활동에 대한 착취의 효과들을 측정할 수 있는 단어들 ― 공황, 불안anxiety, 우울증 ― 로 대체된다. 정신병리학적 어휘들은 모든 곳의 사회적 정신에 영향을 미치는 심리적 교란들을 진단하기 위한 방법이 된다.

감각은 직접적으로 투입된다. 이것이 자신의 마지막 책『카오스모제』에서 가따리가 그의 치료법적이고 정치적인 전망의 핵심에 미학적 패러다임을 놓는 이유이다.

그는 '미학적'이라는 단어를 가지고 다음과 같은 두 개의 서로 다른 논점들을 언급한다. 감각과 상상적 기계들에 의한 감각의 모형화, 그리고 대중 신화와 미디어적mediatic 투사들. 그는 또한 다음과 같은 예술적 창조도 언급한다. 후렴[반복구]들의 생산, 특수한 종류의 지각적 조율들. 이것들은 항상[변함없이] 움직이며[돌아다니며], 끊임없이 자신을 새롭게 한다. 이것이 기호들, 움직임들[운동들], 단어들의 가능한 (배제적이지 않은) 치료 기능이 미학적 영역 안에 정초하는 이유이다.

이러한 점에서 우리는 질병이 상상적 기계에 의한 정신병리학적 균들의 주입이지만, 다른 한편으로는 치료적 행위의 전망이라고 이해할 수 있다.

가따리는 예술이 하나의 카오이드, 즉 카오스의 일시적 조직자이자 공유된 행복의 깨지기 쉬운 건축가이며, 상상력의 공통 지도라고 말한다.

예술은 후렴[반복구]들을 생산하는 과정이며, 조율된 리듬들의 창조이다.

가따리는 '후렴[반복구]'이라는 단어로써 율동적인 의식儀式들rituals, 조화(또는 부조화)를 가능하게 하는 일시적이고 특이한 투영적 구조들을 나타낸다. 이 조화(또는 부조화)는 욕망의 장을 만들어낸다.

그러므로 욕망에 의해 생산되고 결정되는 구조들은 영원하지 않으며, 이 구조들은 특이한 상상력보다 먼저 존재하는 모델들이 아니다. 오히려 이 구조들은 욕망이 현실화된 것들이며,

여행을 공유하는 사람들이 그것들의 방향과 의미를 인식할 수 있도록 해주는 지도이다. 그들이 횡단하는 영토는 욕망들의 어떤 지도보다도 앞서 존재하지 않는다. 오히려 그것은 영토를 은닉하는 지도이다. 욕망의 지도는 우리가 여행하는 길들을 생산한다.

욕망은 집단적인 리비도적 에너지, 무의식의 편광(偏光)들, 일정한 유형에 따라 주위의 대상들을 구조화하는 자기(磁氣)들을 이끌어내는 중심들을 창조하는 것이다.

'예술은 일종의 카오이드이다.'가 의미하는 것은 정확히 다음과 같은 것이다. 예술이 일시적으로 카오스를 모델화할 수 있는 장치들을 구축한다는 것이다.

> 예술은 카오스의 가변성을 카오이드[재편된 카오스]의 다양성으로 변형시킨다. … 예술은 카오스와 투쟁한다. 그러나 그것은 카오스를 감지할 수 있도록 하기 위해서이다.[26]

만년에, 예술과 치료, 이 둘이 동일한 것임이 완전하게 입증되고 투사(鬪士)로서의 실존이 그것을 확증하자 가따리는 자신의 입장을 다음과 같은 말들로 요약했다.

---

26. Gilles Deleuze · Félix Guattari, *What is Philosophy?*, op. cit., p. 205[질 들뢰즈 · 펠릭스 가타리, 『철학이란 무엇인가』, 앞의 책, 295쪽].

나의 관점은 인문과학과 사회과학을 과학적인 패러다임에서 미학적·윤리적 패러다임으로 바꾸는 것에 있다. 문제는 더 이상 프로이트적인 무의식, 혹은 라캉적인 무의식이 정신의 문제들에 대해서 과학적인 답을 제시하는가를 아는 것이 아니다. 이제부터 이러한 모델들을 다른 것들 가운데에서도 ─ 주체성 생산을 촉진하는 기술적·제도적인 배열 장치들만큼이나 그 장치들이 정신의학, 대학 교육 또는 대중 매체에 미치는 영향력과도 분리할 수 없는 ─ 주체성 생산이라는 측면에서만 고려할 것이다. … 정신분석적 치료에서 우리는 복수의 지도에 마주한다.[27]

분열분석, 치료, 그리고 예술

프로이트주의적인 그리고 라캉주의적인 이론들은 영혼에 관한 다른 신화학들과 마찬가지로 이 이론들의 실체가 무엇인지 고려될 필요가 있다. 이 이론들은 자기 상상의 창조들이자 그들 자신의 영토를 서술하는 동안 [그 영토를] 창조하는 무의식 속에서의 탐험 기획들이다. 분열분석이 그 대신에 하는 것이 이것이다. 분열분석은 탈출 계획들과 가능한 실존 유형들의 증식으로써 해석을 대체한다. 창의적 증식이 해석적 환원들을 대체하는

27. Félix Guattari, *Chaosmosis, an Ethico-Aesthetic Paradigm*, op. cit, pp. 10~1[펠릭스 가타리, 『카오스모제』, 앞의 책, 21~22쪽].

것이다.

치유의 과정은 정상이 아닌 정신들을 (가족주의적인 정신분석, 또는 정상적인 정신분석을 통해) 사회적으로 인정되는 언어학적이고 심리학적인 행위 규범들로 환원시키는 것으로 이해될 수 없다. 그와 반대로 치유의 과정은, 어떤 정신적 지도 제작(법)을 살아갈 만한 공간으로 창조하고, 자아의 행복한 특이화로 변형할 수 있는 심리학적 핵심들을 창조하는 것으로 이해되어야 할 것이다. 이것이 분열분석의 과제이다. 즉, 그것[분열분석]을 응집력 있게 만들고 자아와 타자 모두로써 우정에 접근할 수 있도록 하기 위해 정신착란을 따르는 것, 후렴[반복구]을 경직시키는 정체성주의적identitarian 덩어리들을 용해시키는 것, 후렴[반복구]들을 연결시키고 개인적 표류들과 코스모스적 게임 간의 소통 통로들을 다시 여는 것이 분열분석의 과제이다.

따라서 치료법은 예술과 유사한 카오이드로 이해될 필요가 있다.

> 분석은 더 이상 이미 실존하는 잠재적 내용의 기능에 따라 증상을 전이적으로 해석하는 것이 아니라, 실존을 분기시킬 수 있는 새로운 촉매적 핵심 지대를 발명하는 것이다. 특이성, 의미의 절단, 단절, 선분화, 기호적 내용으로부터의 ─ 다다이즘이나 초현실주의적인 방식의 ─ 이탈은 주체화의 돌연변이적인 핵심 지대에서 발생할 수 있다.[28]

따라서 치료의 문제는 정신의 강박적 응고를 용해하는 것으로서 묘사될 수 있다. 또한 치료의 문제는 행위의 탈영토화를 결정하고 정신적 초점을 이동하고 집단적 주체화를 위한 조건들을 결정할 수 있는 욕망하는 중심들을 형성하는 것으로서 묘사될 수 있다.

소외라 이름 붙여진 수동적인 소원[거리두기], 즉 자아로부터의 고통스러운 소원[거리두기]은 그러므로 착란적delirious, 창의적 소원[거리두기], 초점을 다시 맞추는 소원[거리두기]이 되기 위해 전복되어야 한다.

가따리의 관점에 따르면, 심리적 고통은 강박적 초점화의 논점들에 묶일 수 있다.

무한히 욕망하는 에너지는 강제적인 반복을 통해 방전되고 이러한 반복적 포위 속에서 소진된다. 분열분석이 채택한 치료 방법은 새로운 초점 조정과 관심 이동의 방법이다. 치료 행위의 창의성은 탈출할 수 있는 길 — 강박적 바이러스로부터 일탈을 생산해 낼 수 있는 분열 바이러스 — 을 발견할 수 있는 역량에 있다.

다시 한번 말하지만, 치료에는 예술적 창조와 유사한 점이 많다.

욕망이 구조들에 의존하지 않는다면, 욕망이 자연적인 현상

28. Ibid. p. 18 [같은 책, 32쪽].

으로, 진정한authentic 또는 본능적인 표현manifestation으로 간주되어서는 안 된다는 것은 더 말할 것도 없다. 들뢰즈와 가따리의 이론들에 대한 순진한 독법이 존재하는데, 그에 따르면 욕망은 우리가 반란과 자율을 위한 에너지를 발견하기 위해 돌아갈 필요가 있는 근원적인 추진력이 될 것이다. 이것은 단순하면서도 잘못되기 쉬운 독법이다.

욕망은 전혀 자연적이지 않다. (집단적 삶의 구조를 모델화하고, 침략하고 재구성하는) 사회적 욕망은 문화적으로 형성된다. 사회적 욕망은 욕망을 모델화하는 기호적 환경이자, 신체들을 둘러싸고 공간들을 함축하며 유령들이 나타나는 기호들의 구름이다. 광고가 현대의 욕망 생산에서 하는 기능을 생각해 보면, 욕망이 어찌하여 전투로 얼룩진 싸움터에 지나지 않은지를 쉽게 인식할 수 있다.

정치적 소통 역시 본질적으로 욕망의 흐름들 위에서 작동하며, 욕망하는 에너지의 집단적 투여들investments을 재정향한다. 1980년에 발생하기 시작한 정치 전선의 놀랄 만한 전복과 사회적 자율과 노동자 투쟁의 연대年代 이후의 자본주의적 공격의 전면적인 승리는, 욕망의 집단적 투여에서 일어난 비상한 변형의 결과로서만 설명될 수 있다.

사유화, 경쟁, 개별화 ─ 이것들은 욕망의 집단적인 투여들이 불러온 파국적 전복의 결과들이 아닌가? 연대連帶의 상실은 노동자들에게서 모든 정치적 힘을 박탈하고 불확실한 노동을 초과착취hyper-exploitation하기 위한 조건들을 창출하여, 노동력을 비물질적 노예제의 조건으로 축소시켜 버렸다. 이것이 집단적 욕망의 환상적인 붕괴와 전도의 결과가 아니라면 무엇이란 말인가?

기호자본이 절대적 지배를 행사하는 오랜 시기가 지난 후, 다시 말해 경제 원리들이 집단적 상상력을 모델화하는 오랜 시기가 지난 후, 인수합병적 강박의 핵들은 사회적 무의식 내부에 형성되었다. 사회적 무의식 주변을 순환하는 후렴[반복귀]들은 경직되고, 정체되고, 공격적이 되고, 끔찍하게 되었다.

정치적 행위는 무엇보다도 욕망의 사회적 투여들에서 일어난 변동으로 간주될 필요가 있다. 사회적 상상력 속에 층을 이룬 강박적 핵들은, 공황, 우울증, 주의력결핍장애 같은 병리들을 생산한다. 이 덩어리들은 용해, 회피, 탈영토화될 필요가 있다.

기호자본주의의 절대 지배에 대한 정치적 저항의 가능성은 존재하지 않는다. 왜냐하면 그 [지배의] 토대들이 외부적이지 않기 때문이다. 이러한 지배의 토대들은 국가의 군사적 폭력과 경제 기업의 남용 어느 것에도 속하지 않는다. 이러한 토대들은 집단적 무의식에 구석구석 스며들어 간 발병적 후렴[반복귀]들 속에 통합되어 있다.

따라서 정치적 행위는 치료적 개입과 유사한 양태들에 따라 이루어져야 한다. 정치적 행위와 치료는 모두 욕망의 강박적 장소들에서 출발할 필요가 있다. 그것들의 과제는 우리의 관심을 견인[추기]의 탈영토화하는 지점들에 다시 집중시키는 것이며, 이렇게 해서 욕망의 새로운 투여들이 가능해지게 된다. [그렇게 되면 이러한 투여들은] 경쟁, 인수, 소유, 축적으로부터 자율적이게 될 것이다.

부채, 시간, 부

자본주의의 탈근대적 지배는 축적적 소유로 이해되는 부의 후렴[반복구]에 기초하고 있다. 부라는 특수한 관념은 축적에 가치를 부여하는 집단적 정신을, 그리고 즐거운 향유에 대한 계속되는 유예[연기]를 통제했다. 그러나 (경제학이라는 슬픈 학문에 특징적인) 이러한 부 관념은 삶을 결핍, 필요, 의존으로 변형한다. 이러한 부 관념에 대해 우리는 또 다른 [부] 관념을 대립시킬 필요가 있다. 즉 부는 시간이다. 즐기고 여행하고 배우고 사랑을 하는 시간이다.

필요와 결핍을 생산하는 경제적 복종은 우리의 시간을 의존적으로 만들며, 무無를 향한 무의미한 질주로 우리의 삶을 변형한다. 채무가 이러한 후렴[반복구]을 위한 토대이다.

2006년 『부채 세대』*Generation Debt* 29(부제는 '지금 젊다는 것

---

29. [옮긴이] 『부채 세대』는 학자금 대출, 신용카드 부채, 전직(轉職) 시장, 금융적 무책임성 등이 오늘날 세대 ― 이 세대는 그들의 부모들보다 재정적으로 더 나을 게 없는 최초의 미국 세대이다 ― 의 미래의 경제적 전망을 위태롭게 한다고

이 왜 이리 끔찍한가.'이다)가 미국에서 출간되었다. 저자인 아냐 카메네츠^{Anya Kamenetz}는, 마침내 2007년이 되어서야 우리의 집단적 관심의 중심으로 떠올랐지만, [실제로는] 오랫동안 자본주의에 근본적이었던 문제 — 부채 — 를 고찰했다.

아냐 카메네츠의 분석은 특히 학업을 위해 융자를 받는 젊은이들에게 주목한다. 그들에게는 부채가 이전에 노예제에서 사용된 진짜 쇠사슬보다 더 강력한 효과를 발휘하는 상징적 사슬처럼 작동한다.[30]

이 새로운 복종 모델은 포획, 환상, 심리적 복종, 금융의 덫 그리고 결국 노동에의 순수하고 단순한 의무 등의 회로를 관통한다.

인력시장에 진입하는 것을 가능하게 해 줄 전문 자격을 획득하기 위해 대학 교육을 받으려고 계획을 세우는 미국의 중산층 10대를 상상해 보라. 신자유주의의 동화^{童話}를 믿었던 이 가없는 친구는 진지한 연구와 공부 덕분에 행복한 삶을 보장받을 수 있는 기회를 갖게 될 것이라고 진심으로 생각한다.

그러나 그/녀는 어떻게 1년에 수천 달러에 달하는 수업료에다가, 멀리 떨어진 도시에서의 주거와 식사를 위한 비용을 지출

주장한다.

30. [옮긴이] 대한민국 대학생들의 부채 현황에 대해서는 다음을 참조하라. http://www.newspost.kr/news/articleView.html?idxno=3169. 그리고 최근 미국 대학생들의 부채 상황에 대해서는 다음을 참조하라. http://www.mt.co.kr/view/mtview.php p?type=1&no=2011041211282850495&outlink=1

할 수 있을까? 대형으로 금융을 조작하는 도둑 집안에서 자란 경우가 아니라면, 유일한 방법은 은행에 융자를 청구하는 것이다. 어느 날 밤 집으로 돌아오는 길에 작은 개와 마주친 파우스트처럼(이 개는 그의 방까지 따라 들어와 마침내 메피스토텔레스의 본색을 드러낸다), 우리의 이 젊은 친구는 그/녀에게 융자를 제공하는 은행을 위해 일하는 금융 투기꾼[중매인]을 만나게 된다. 계약이 되면 '당신의 영혼은 나의 것이오.'라고 메피스토텔레스는 말한다. 우리의 젊은 친구는 융자계약서에 서명을 하고 대학을 다니고 졸업을 한다. 그 뒤로 그/녀의 삶은 은행에 예속된다. 그/녀는 결코 끝나지 않을(특히 그 융자가 시간이 흘러감에 따라 계속해서 늘어나는 변동 이자율에 의한 것이라면 [더욱 더 끝이 안 보일 – 옮긴이]) 액수의 돈을 갚기 위해서 졸업 후에 곧바로 일을 시작해야 할 것이다. 그/녀는 어디를 가건 따라다니는 융자를 갚기 위해, 어떠한 조건의 노동도, 어떠한 착취도, 어떠한 굴욕도 받아들여야 할 것이다.

부채는 집단적 정신에 부과된 강박적 후렴[반복구]들을 창조하는 것이다. 이 후렴[반복구]들은 시간을 경제적 가치로 변형시키기 위해 시간을 파괴하는 부富라는 유령을 통해 심리적 비참을 강제한다. 우리에게 필요한 미학적 치료 — '도래할 시간'의 정치학이 될 미학적 치료 — 는 즐거움과 유희를 위한 시간으로 이해되는, 또 다른 양태의 부를 밝혀줄 수 있는 소산消散적dissipating 후렴[반복구]들의 창출에 있다.

2007년 여름에 시작된 위기는 새로운 장면을 보여주었다. 이제 '부채'로서의 사회관계라는 바로 그 관념이 부서지고 있는 것이다.

미래의 반자본주의 운동은 빈자들의 운동이 아니라 부자들의 운동이 될 것이다. 미래의 진정한 부자는 자율적인 소비 형태들, 요구 저감need reduction의 정신적 모델들, 필수불가결한 자원들의 공유를 위한 주거환경habitat 모델들을 창출하는 데 성공한 사람들일 것이다.

기호자본주의의 가상화된 모델 속에서 부채는 일반적인 투여의 틀frame로 작동하지만, 그와 동시에 욕망을 전반적인 삶을 관통하는 결핍, 필요, 의존성으로 변형시켰다.

이러한 의존성으로부터 길을 찾아내는 것은 정치적 과제이지만, 그것의 실현은 정치가들을 위한 과제가 아니다. 그것은 욕망을 조종하고 정향하는, 그리고 리비도적 흐름들을 혼합하는, 예술을 위한 과제이다. 그것은 또한 관심을 새롭게 초점화하고 욕망하는 에너지의 투여들을 변동하는 것으로 이해되는, 치료를 위한 과제이다.

욕망과 시뮬레이션 : 동경의 벤더스

1983년 빔 벤더스Wim Wenders는 1962년에 죽은 위대한 영화감독 오즈 야스지로Ozu Yasujiro에 경의를 표하는 다큐멘터리를 만들 생각으로 동경에 갔다.

그는 카메라를 공책 삼아, 초근대hyper-modern 일본의 발견을 마치 구식 잡지에서처럼 흑백으로 서술하면서 자신이 받은 인상들, 성찰들, 감정들을 기록했다.

그 영화는 벤더스의 B급 영화들 중의 하나로 간주되는 〈도쿄가〉Tokyo-ga 31이다. 그렇지만 모든 점에서 이 영화는 아주 중요한 영화이다. 이 독일 감독[빔 벤더스]의 개인적 진화의 견지에서 볼 때, 〈도쿄가〉는 그의 1970년대 작품들 — 〈도시의 앨리스〉Alice in the Cities, 〈길 위의 왕들(시간 속에서)〉Kings of the Road (In the Course of Time) — 을 특징지었던 몽환적이고 느릿느릿하며 향수 어린 서사로부터 (그의 혼란스럽지만 온화한 영화 〈세계의 끝까지〉End of the World에서처럼) 어지럽지만 황홀하게 전자電子 과학기술들을 활용하는 것으로의 이행을 나타낸다.

오즈의 영화와 벤더스의 관계는 일종의 여과기濾過器이다. 그

---

31. [옮긴이] 오즈 야스지로 영화에 비친 도쿄의 공간을 좇는 빔 벤더스의 다큐멘터리. 빔 벤더스는 1982년 16밀리 카메라를 들고 동경에 간다. 그는 가장 존경하는 감독인 오즈 야스지로의 〈동경 이야기〉 클립(영화의 커트된 장면)들을 30년이 지난 동경의 혼잡한 거리와 결합시킴으로써 실제 세계와 영화적 공간이 교차하는 곳을 발견하려고 한다. 그는 건물 옥상의 골프연습장, 긴자 거리의 네온사인, 공동묘지에서의 야구게임, 왁스 푸드 등, 현재의 동경에서 관측되는 모습들을 통해 일본문화에 대해 생각해보기도 하고 류 치슈, 아츠타 유하루 등 오즈의 영화에 참여했던 사람들을 만나서 오즈의 작업방식에 대해 질문하는가 하면 심지어는 비슷한 시기에 동경에 와 있던 영화감독 크리스 마르케르, 베르너 헤어조크를 우연히 만나기도 한다. 그 과정을 통해 그는 오즈가 보여주는 '동경'은 이미 존재하지 않는 것을 절감하게 된다.

는 이 여과기를 통해 휴머니즘이고 산업적인 근대를 넘어 아직 이름을 붙일 수는 없지만 이미 포스트휴머니즘적이고 어쩌면 포스트휴먼post-human적이기까지 한 것으로 보이는 차원으로 일본 사회(그렇지만 사실상 전 지구적 사회)를 이끌어가는 계속적인 변전[돌연변이]의 의미를 파악하고자 한다.

오즈 야스지로는 과학기술을 하나의 받침대support로, 인간적 응시와 감각적 경험을 위한 연장과 가능성으로, 감정적이고 개념적인 투여를 향해 맞춰진 하나의 힘power으로 사용했다. 그의 카메라는 인간적 차원들의 중심성을 찬양하는 방식으로 배치되었다. 이 모든 것[인간적 차원들의 중심성]은 전전戰前의 일본에서 일어났는데, 여기에서 전통의 연속성은 아직 방해받고 있지 않았다.

벤더스가 마치 지도를 스케치하고 있는 것처럼 기록하는 정의하기 힘든 초근대성hyper-modernity 32의 영역에서 우리는 인간 지성과 과학기술 사이의 관계, 인간의 응시와 그것의 전자적 보철補綴, prothesis 사이의 관계의 전복을 목격하고 있다. 인간 지성

---

32. [옮긴이] 초근대성(Hypermodernity)(어떤 경우에는 'supermodernity'와 동일한 의미로 쓰인다)은 근대[성]의 심화나 강렬화를 반영하는 사회유형, 사회양식, 사회단계이다. 초근대의 특징들에는 인간 경험의 모든 측면을 이해, 통제, 조종할 수 있는 인류의 능력에 대한 깊은 신뢰가 포함된다. 이것은 (특히 과학기술과 생물학으로의 수렴과 관련하여) 과학, 지식에 대한 적극적인 몰두에서 전형적으로 나타난다. 자연적 한계들을 극복할 수 있는 새로운 과학기술의 가치를 강조함으로써 과거는 폄하되고 완전히 거부된다. 어제의 지식은 언제나 오늘의 지식보다 못하기 때문이라는 것이다.

은 조금씩 (또는 갑자기) 상호연결된 전 지구적 마음Mind의 일부가 되어가고 있으며, 인간의 눈은 비디오 망상조직 **파놉티콘**의 내적 기능이 되어가고 있다. 철학적 시각에서 볼 때 〈도쿄가〉는, 시뮬레이션 과학기술들로 인한 실재의 소멸을 아주 잘 인식하고 있는 매우 명료한 요약이다. 시뮬레이션은 알파벳[문자] 이후의post-alphabetic 어휘에서 사용되는 핵심어가 되었다. 이 단어는 마이크로일렉트로닉 과학기술들이 모든 소통 영역으로, 그리고 전 세계의 생산[영역]으로 확산된 1980년대에 처음 사용되기 시작했다.

시뮬레이션은 공空, 실재적인 구멍, 즉 감각적 확실성의 소멸을 생산한다. 이 감각적 확실성은 감각적 가상성으로 대체된다. 이 모든 것은 벤더스의 〈도쿄가〉(1983)에 이미 나타나고 있다.

벤더스는 일본을 인공적인 돌연변이가 일어난 사회로 묘사한다. 여기에서 삶이란 시뮬레이션 효과에 지나지 않는다. 사물들과 식품들은 시뮬레이트simulate되고33, 사회관계들 자체도 시뮬레이트된다. 벤더스는 우리를 인공적인 식품 공장으로 데려다준다. 여기에서 배와 사과, 고기, 열대 과일들이 대도시 고급 음식점의 창가에 진열되기 위한 실재 음식을 시뮬레이트하기 위해, 합성물질들을 사용하여 완전히 재생산된다. 이 지극히 평범

---

33. [옮긴이] '시뮬레이션'의 개념을 유지하기 위해 'simulate'를 '시뮬레이트하다'로 음차하였다.

한 재생산에 깜짝 놀란 감독은 애수에 젖은 듯한 (모호하게 지방적이고 향수 어린) 어조를 영화에 부여한다. 음식이 밀랍과 플라스틱으로 대체되어 실종되어 버림으로써 진짜 음식이 있었던 세계에 대한 향수 어린 기억들이 생겨나고, 우리는 이러한 외관상 사소한 신호들[징후들]에서 시작하여 세계가 사라지기 시작했음을 지각할 수 있다.

큰 골프연습장에서 흰옷을 입은 외로운 선수들이 골프채로 하얗고 작은 골프공을 친다. 공기를 가르고 긴 포물선을 그리며 날아간 공은 마침내 땅에 떨어져 수천 개의 다른 공들과 뒤섞인다. 타자의 현전을 의식하지 않는 고립된 개인들의 무한한 확장, 그리고 무수한 하얀 골프공들. 벤더스는 이어서 다양한 연령층의 남자들이 기계 앞에서 묵묵히 파친코pachinko 34를 하고 있는 길고 좁은 현장으로 우리를 안내한다. 말 한마디 없이 서로 쳐다보지도 않은 채, 모두 유리 안의 작은 금속 공을 튕겨주는 손잡이를 당기는 데만 전념하고 있다.

롤랑 바르트Roland Barthes는 일본 여행에서 받은 인상으로 가득 채운 자신의 책 『기호의 제국』Empire of signs에서 다음과 같은 말로 파친코를 묘사했다.

---

34. [옮긴이] '슬롯머신'(slot machine)을 가리키는 일본말. 상자 모양의 도박에 쓰는 자동 기계. 동전을 넣고 기계를 조작하여 정해진 짝을 맞추면 일정 액수의 돈이 나온다.

파친코는 일종의 슬롯머신이다. 카운터에서 쇠구슬처럼 생긴 것들을 한 움큼 구입한 후 (일종의 수직판인) 기계 앞에 서서 한 손으로는 구멍에 구슬을 하나씩 집어넣고 또 다른 손으로는 손잡이를 잡아당기면 구슬은 칸막이들을 통과해 나아간다. 처음 잡아당긴 손동작이 정확했다면 … 구슬은 빙빙 돌아 더 많은 구슬을 소나기처럼 우수수 당신 손안에 떨어뜨릴 것이며, 당신은 터무니없는 방식으로 승리를 보상받기를 원하지만 않는다면 다시 시작하기만 하면 된다.…

파친코는 집단적인 놀이이자 외로운 놀이다. 기계들은 일렬로 길게 늘어서 있고 사람들은 자기 기계 앞에서 혼자 게임을 즐길 뿐, 옆 사람을 팔꿈치로 건드리는 일이 벌어지더라도 서로 쳐다보지도 않는다. 당신은 구슬이 구멍을 통해 핑핑 돌아가는 소리를 들을 뿐이다.… 파친코 영업장은 벌집이나 공장 같고 사람들도 조립라인에서 작업하는 것처럼 보일 정도다.[35]

벤더스는 파친코의 대량 확산을, 전후 시기가 야기한 심리적 압력을 완화시키고, 집단적인 마음을 잊히고 지워지고 제거되었으면 싶은 끔찍한 과거의 출몰로부터 해방시킬 필요성에 관련지었다. 마찬가지로 롤랑 바르트가 쓰고 있는 것처럼, 파친코는 다음

35. Barthes, Roland, *Empire of Signs*, translated by Richard Howard, New York : Hill and Wang, (1982), pp. 27~28 [롤랑 바르트, 『기호의 제국』, 김주환·한은경 옮김, 산책자, 2011, 42~44쪽].

과 같은 사실, 즉 침묵하는 생산의 영웅이라는 점을 제외하고는 사람들이 모든 기억과 모든 영웅주의 형태를 박탈당한 채 완전히 개인화되고, 고립되며, 생산적 시간을 담는 공허한 용기로 외롭게 격하되는 사회를 드러낸다.

벤더스가 이 변화 국면의 지도제작, 그리고 인류에게 닥쳐오고 있는 초근대적 (그리고 포스트휴먼적인) 이행기를 묘사하려고 하는 것은 영화사 내부에서부터이다. 이 이행기에는 인류가 관객과 동시에 배우를, 하지만 결국에는 무엇보다도 관객을 지켜보고 있다는 진화가 수반된다.

벤더스 감독은 이어서 위대한 오즈와 과거에 공동 작업을 했던 두 사람과 인터뷰를 한다.

항상 오즈와 작업했던 카메라 기사였던 아츠타Atsuta는 매우 감동적인 장면들을 통해, 수십 년간 공동 작업을 하면서 정교화했던 영화 기법들을 보여준다. 그리고 나서 그는 20년 전 오즈가 죽고 난 뒤에는 다른 누구와도 함께 일하지 않았음을 밝힌다. 그는 배신을 하지 않았으며, [자신의 영화 기법들을] 다른 기법들로, 다른 감각 형태들로 바꾸지 않았다는 것이다.

오즈의 모든 영화에서 연기를 했던 치슈 류Chishu Ryu는 그와 달리 계속 연기를 하고 있다. 그렇지만 그는 사람들이 길거리에서 그를 막고 사인을 요구하는 것이 분명, 그가 〈동경물어(동경이야기)〉에 출연했기 때문이 아니라, 이제 과자나 치약 광고에 출연하기 때문임을 슬프게 받아들이고 있음에 틀림없다.

이어서 벤더스는 치슈 류와 함께 오즈 야스지로의 무덤을 찾아간다. 카메라가 오즈가 평화롭게 잠든 검은 비석을 비추는 동안, 벤더스는 다음과 같은 말을 읊조린다. 나에게는 이 말이 현대의 포스트휴머니즘적인, 기호자본주의적인 초근대성에 대한 성찰을 가장 잘 소개해 줄 수 있는 것처럼 들린다.

무無, 공空, 이제 지배자는 그이다.

이것은 선불교에서 말하는 공空이 아니며, 또는 적어도 비단 그것만을 뜻하는 것도 아니다. 벤더스는 '이제'라고 말한다.

이제 공空이 지배한다. 벤더스는 오즈 야스지로에 대한 향수 어린 (거룩하게 향수 어린) 영화에서 현재의 현실성에 대해 이야기하고 싶어 한다.

우리는 공허의 문명 속으로 들어가고 있다. 이것이 벤더스의 동경 방문에서 내가 읽어내고 있는 것이다. 동경은 한때 오즈의 도시였지만, 이제 시뮬레이션이라는 조물주의 도시가 되었다.

〈도쿄가〉는 1983년에 만들어졌다. 신자유주의의 경제적 전환이 미친 심대한 결과[효과]들은 사회문화의 측면에서 분명하게 드러났다. 예컨대 닉슨은 12년 전 금-달러 태환 금지를 선언하고 고정환율 체계를 포기함으로써 혁명적 파장을 불러일으켰다. 금융 세계는 불확정성으로 빠져들었으며, 경제관계와 사회관계 모두에 금융 주기의 헤게모니를 강제한 신자유주의는 모든 존재 영역에 실재의 불확정적이고 우연적인[aleatory] 본성에 대한 인식을 가져다주었다.

기호와 지시대상 간의 관계는 사라져 버린다. 경제적 맥락에서 금융 기호와 물질적 지시대상(실재의 생산물, 금융평가의 척도로서의 금) 간의 관계는 자취를 감춘다.

욕망과 시뮬레이션 : 미국의 보드리야르

마이크로일렉트로닉 과학기술들로 인해 회로의 소형화가 가능해지면서 마이크로일렉트로닉 혁명이 시작된다. 우리는 이 혁명의 결과들이 1990년대에 완전하게 전개되었음을 알고 있다. 시몽 노라[Simon Nora]와 알랭 맹크[Alain Minc]가 1978년에 이미 『사회의 정보화』[L'informatisation de la societé]라는 제목의 매우 중요한 책에서 많은 부분을 할애하고 있는 혁명적 기법인 텔레마티크, 즉 휴대폰과 정보과학을 통합한 새로운 과학은 네트워크의 폭발을 대비한다.

1983년 장 보드리야르는 할 포스터[Hal Foster]가 기획하고[curate] 베이 출판사가 출간한 '포스트모더니즘 속의 반미학 논문집' 총서에 『소통의 황홀』이라는 제목의 글을 썼다.

더 이상 대상들의 어떠한 체계도 존재하지 않는다. 내 첫 책은 명백한 사실, 실체, 실재, 사용가치로서의 대상[사물, 객체]에 대한 비판이 들어 있다. [과거에] 대상은 기호로, 그러나 여전히 의미를 지니고 있어 무거운 기호로 받아들여졌다.[36]

낡은 세계에서 기호는 의미의 담지자로 이해되었으며, 기호와 의미의 관계는 지시대상의 외부적이고 객관적인 실존에 의해 보장되었다. 그러나 이 지시적 논리는 우리가 일반화된 불확정성의 영역에 들어서자마자 폐기된다. 금과의 관계가 사라진다면 무엇이 달러의 가치를 보증하는가? 사회적 필요노동시간을 아무도 측정할 수 없다면 무엇이 상품의 가치를 보증하는가? 비물질적 과학기술들은 재화를 생산하는 데 필요한 노동시간을 우연적aleatory 시간으로 변형한다. 그리고 모든 기호들이 자신의 코드들을 어긴다면[벗어난다면], 그리고 그 코드의 판타스마고리아Phantasmagoria[37]가 판타스마고리아의 코드가 된다면, 무엇이 기호의 의미를 보증하는가? 미국 헤게모니의 전제적 행사를 통해 증명되는 것처럼, 오직 힘force만이 화폐적 기호의 의미를 보증한다. 규제 철폐[탈규제]는 사회가 모든 규칙들로부터 해방되는 것

36. J. Baudrillard, *The Ecstasy of Communication*, translated by John Johnson, in *The Anti-Aesthetic, Essays in Post-Modern Culture*, edited by Hal Foster, Port Townsend, Wash : Bay Press, (1983), p. 126. 보드리야르가 여기에서 언급하고 있는 것은 그의 첫 책, *Le Système des objects*, Paris : Gallimard, 1968이다.
37. [옮긴이] 판타스마고리아는 환상적인 이미지, 꿈에서나 볼 수 있는 환영들의 모임 등 환상적인 경험을 통해 이뤄지는 총체적 현상을 나타내는 개념이다. 원래 변형된 마술 같은 불빛을 이용해 해골, 악마, 유령 같은 끔찍한 이미지들을 벽면에, 또는 흐릿하거나 반투명한 스크린에 투사한 극장 형태를 가리켰다.

을 의미하지 않는다. 결코 그러한 것을 의미하지 않는다. 오히려 규제 철폐는 인간 행위의 모든 영역들에 화폐적 규칙을 부과하는 것이다. 그리고 화폐적 규칙들은 사실상 권력, 폭력, 군사적 [무력] 남용에 기초한 관계를 나타내는 기호이다.

한때 실재의 장면은 시뮬레이션의 장면에 들어가기 위해 폐기되어야 했다. 영화는 이러한 이차적 질서에 속하지 않는다. 영화는 재생산과 표현의 질서에 속하지 시뮬레이션의 질서에 속하지 않는다. 카메라 앞에는 실재의 대상, 실재의 사람이 존재한다 (또는 존재했었다). 카메라는 바로 그 빛, 신체, 그와 같은 볼 수 있는 물질들을 기록하고 필름 위에 그 모두를 재생산한다. 이런 식으로, 순전히 들뢰즈적이고 스피노자적인 의미에서 감독이 자신을 표현하기 위한 — 다시 말해 언어가 창조할 수 있는 여러 무수한 세계들 중에서 한 세계에 생명을 부여하기 위한 — 조건들이 창조되었다.

아날로그 영화에서 종합 이미지들synthetic images의 창조로 이동하게 되면 시뮬라크라38의 영역으로 들어가게 된다. 이 종합적 이미지가 실로 하나의 시뮬라크라로 정의될 수 있는 것은, 이것이 어떠한 실재 대상, 어떠한 물질적 빛이나 원형을 전제하지

---

38. [옮긴이] '시뮬라크라'는 원본과의 관계성이 단절된 새로운 이미지로, 그 자체가 또 다른 실재가 되며 이를 바탕으로 재현태를 생성해낼 수 있는 잠재성과 가능성을 가지게 된다.

않고 오로지 디지털 (비)물질성의 내적 조명만을 전제하기 때문이다. 시뮬레이션은 어떠한 토대도 없이 일련의 무한한 기호적 복제를 개시하는 지시대상의 제거이다.

시뮬레이션은 정확히 이러한 저항할 수 없는 무수한 펼침이며, 마치 의미를 지닌 것처럼 사물들을 배열하는 것으로서, 이때 그것들은 오직 인공적인 몽타주와 비의미non-meaning에 의해서만 지배된다.[39]

디지털 복제는 언어의 시뮬레이션 능력을 완전하게 발달시킨다. 디지털 과학기술은 기호의 무한한 복제 과정을 가능하게 한다. 기호는 자신의 지시대상의 실재를 잡아먹는 바이러스가 된다. 이러한 기호의 '탈의미적' 복제 과정은 순식간에 보드리야르가 실재의 사막이라고 부른 효과[결과]를 낳는다.

아메리카America는 전체의 정보가 그 요소들 각각에 포함되어 있다는 의미에서 하나의 거대한 홀로그램이다. 사막 한가운데 있는 가장 작은 정류장, 중서부 소도시의 어떤 거리, 주차장, 캘리포니아식 주택, 버거킹 혹은 스투드베이커[40]를 예로 들어보

---

39. Jean Baudrillard, *The Illusion of the End*, translated by Chris Turner, Cambridge : Polity Press (1994), p. 15.
40. [옮긴이] 19세기 중반 마차 생산에서 출발한 미국 자동차 회사.

라. 그러면 당신은 미국US 전체를 가지게 된다. 남쪽에도, 북쪽에도, 서쪽에서처럼 동쪽에서도.[41]

시뮬레이션 개념은 철학적 담론 내에 새로운 시각, 즉 소멸disappearance로서 규정될 수 있는 시각을 끌어들인다. 알파벳 순서의 영역에서 이탈되어 영상전자적 복제의 영역 속에 투사된 기호는 끊임없이 증식하며 제2의 실재 — 즉 제1세계, 신체, 자연을 집어삼키는 것으로 귀결되는 종합 영역 — 를 창조한다.

보드리야르가 이해한 바의 미국은 들뢰즈와 가따리가 이해한 미국과 아주 다르다. 보드리야르의 미국은 절멸의 땅으로서, 여기에서는 가공되고 방부 처리된 실재의 육신이 삶을 대체한다. 그리고 이곳은 무한한 에너지를 제공받아 분열된 기호들을 생산하고 끊임없이 재가동하는 장소가 아니다.

'실재의 사막에 온 걸 환영합니다.'

보드리야르가 정신분열병을 언급하는 방식은 가따리의 분열분석이 정신분열병을 창의성의 고양으로 묘사하는 방식과도 역시 많이 다르다. 보드리야르는 정신분열병을 창조적인 증식이 아니라 테러에 연결시킨다.

---

41. Jean Baudrillard, *America*, London-New York : Verso (1989), p. 29 [장 보드리야르, 『아메리카』, 주은우 옮김, 산책자, 2009, 60쪽].

나는 누가 옳은가, 즉 창의적인 분열병적 힘power을 선언하는 아주 작은 대중들[을 말하는 가따리]이 옳은지, 아니면 더 이상 실재가 존재하지 않는 고요한 사막에서 사진을 찍는 주문에 걸린 고독한 여행자[를 말하는 보드리야르]가 옳은지를 입증하려고 이 말을 하고 있는 것이 아니다.

중요한 것은 누가 옳은가 그른가가 아니다. 그렇지만 묘사를 할 수 있을 뿐만 아니라, 그것들[개념들]을 변형할 수도 있는 개념들을 사용하면서, 지난 세기말에 나타나고 있던 과정들로 되돌아가는 것이 필요하다. 내가 여기서 말하는 '변형'은 세계를 변형하는 것이 아니라, 특이성들과 세계의 투사들 간의 관계를 변형하는 것을 의미한다.

보드리야르와 푸코의 논쟁

1970년대 중반 철학적 현장은 헤겔주의적 유산이 제거된 상태였다. 소외 개념은 폐기되었는데, 그 이유는 사회적 실천에서의 소외가 소원[거리두기]으로 바뀌었기 때문이다. 생산적 일상과정의 반복성은 노동거부와 사보타지로 바뀌었고, 조립라인에서의 개인의 고독은 전복적 공동체와 집단적 조직(화)으로 변형되었다. 1970년대에 신체들은 자신의 영혼을 망각시키는 것에 저항했다. 신체들은 그들 자신의 공간들을 개척했다.

'영혼은 신체의 감옥이다.'라는 페미니즘적 표지판이 1977년 볼로냐의 거리들에 세워졌다. 이때는 모든 사유들과 기대들이 말해지고, 외쳐지고, 폭발되었다.

그때 주체성의 문제가 새로운 조명을 받으며 모습을 드러낸다. 더 이상 역사의 진리를 실현할 책임을 갖는 대주체Subject, upleimenos는 존재하지 않고, 다른 특이성들과 만나는 개인들이 존재한다. 역사적(또는 서사적) 행위자가 구조에서 해방되며, 그는 따라야 할 청사진도, 연기해야 할 대본도 더 이상 갖고 있지 않다.

1970년대 중반 프랑스에서는 철학적 논쟁이 전개되어, 변증법적 구조의 붕괴로 인해, 개방적이고 비규정적인 이슈들, 특히 주체와 권력 양자의 형성 문제에 전력을 다했다.

한편에는 보드리야르가, 다른 한편에는 미셸 푸코와 『안티 오이디푸스』의 저자들[들뢰즈와 가따리]이 위치했다. 이 논쟁은 결정적인 철학적 이행기를 특징지었다.

들뢰즈, 가따리, 푸코, 그리고 또한 그들의 제자들(황송하게 나도 이들 중에 포함된다) 측에서는 항상 보드리야르와 논쟁하는 것을 어느 성도 꺼려 왔다. 이것은 마치 피하는 게 상책이라는 당시 파리 지식인들의 격투[방법]들 중의 하나였던 것 같다.

30여 년이 지난 이제, 나는 당시의 논쟁의 의미를 이해하는 것이 중요하다고 생각한다. 왜냐하면 오늘날 우리는 새로운 종합을 발견하기 위해 활용할 수 있는 요소들을 그 안에서 찾을 수 있을지도 모르기 때문이다. 그 논쟁의 목적은 무엇이었는가?

보드리야르는 1977년 『상징적 교환과 죽음』*L'exchange symbol-ique et la mort*이라는 아주 중요한 책을 발간하고 나서, 같은 해에 『푸코를 잊자』*Oublier Foucault* 라는 제목의 소책자를 발간했다. 그것은 푸코가 확립한 권력 이론에 대한 공격이지만, 보드리야르의 진정한 의도는 욕망 자체의 개념, 그리고 들뢰즈와 가따리의 분자 이론에 대해 비판하는 것이었다.

『푸코를 잊자』는 『감시와 처벌』*Surveiller et Punir*에 대한 해석에서부터 시작한다. 보드리야르는 이 책에 제시된 푸코의 근본적인 논제에 동의하지 않으며, 또한 육체성을 억압적으로 규율[훈육]하는 근대적 권력의 계보학에 대한 푸코의 전반적인 분석에도 동의하지 않는다.

> 우리는 이 책의 중심적인 논제, 즉 성에 대한 억압은 결코 없었으며 그와 반대로 성에 대해 이야기하고 성에 대해 발언하는 것을 반대하는 명령, 즉 성을 고백하고 표현하고 생산하는 강제가 존재했다는 논제에 대해 많은 것을 이야기할 수 있을 것이다. 억압은 전체 문화를 성적 명령에 할당하는 것을 은폐하기 위한 함정과 알리바이에 지나지 않는다.[42]

---

42. Jean Baudrillard, *Forget Foucault*, in Jean Baudrillard, *Forget Foucault & Forget Baudrillard : an Interview with Sylvere Lotringer*, New York, Semiotext(e), (1987), p. 17.

보드리야르의 언급에 대해 푸코는 직접적으로 반박하지 않았지만, 내 생각엔 푸코가 직접적인 방식으로건 간접적인 방식으로건, 분명한 방식으로건 불분명한 방식으로건, 이후에 이것들을 고려하여 자신의 이론을 전개했던 것으로 보인다. 어쩌면 보드리야르가 제기한 반대들이 참된 무언가를 이해했을 수도 있다. 하지만 그는 '욕망하는' 이론의 본질적인 교훈은 이해하지 못했다. 보드리야르는 당시 리비도 경제학과 욕망하는 표현성으로부터 사회적 담론을 전개한 모든 이론에 대해 비판을 제기하기 위해 권력의 계보학이라는 푸코의 시각을 공격했다. 따라서 보드리야르는 다음과 같이 쓰고 있다.

우리는 권력에 대한 이 새로운 시각과 들뢰즈와 료타르가 제기한 욕망에 대한 새로운 시각이 일치하는 것에 충격을 받을 수 있다. 하지만 결핍이나 금지 대신에 우리는 흐름들과 강도들… 의 배치와 긍정적 파종[보급]dissemination을 발견한다. 미시욕망(권력의 마이크로욕망)과 미시정치학(욕망의 미시정치학)은 문자 그대로 리비도의 기계적 경계들confines에서 융합된다. 우리가 해야 하는 것은 소형화하는 것이다.[43]

욕망하는 이론에 대한 보드리야르의 비판에는 다의성equivoca-

43. Ibid. pp. 17~19.

tion이 존재하기는 하는가? 그렇다, 존재할 수도 있다. 보드리야르의 시각은 욕망을 아직도 힘으로 언급하지만 우리는 욕망이 하나의 장으로 이해될 필요가 있음을 이미 살펴보았다.

그렇지만 이 다의성에는 나름 일리가 있는데, 그 이유는 이 다의성이 사실상 들뢰즈와 가따리의 작업에, 그리고 료타르와 푸코의 작업에 새겨져 있기 때문이다. 무엇보다도 이 모호성은 당시 후기 근대, 후기 산업 권력 구조들에 대한 실천적 비판을 전개하기 위해 욕망하는 담론을 지배했던 대중문화에 실재했다.

그러나 오늘날 우리는 그러한 권력형태의 종말을 목도한다. 이제 우리는 새로운 시대, 새로운 차원에 진입했다. 자본주의는 하나의 분열이 되었으며, 욕망이 사회적 표현성에 부과했던 가속도는 욕망이 탈기계적인, 디지털적인 기계가 되면서 자본주의적 기계에 의해 통합되었다.

기계적인 것에서 디지털적인 것으로의 변동은, 즉 재생산가능한 것에서 시뮬레이트가능한 것으로의 변동은 제한된 것으로부터 권력의 바이러스성 차원으로의 변동이다.

『안티 오이디푸스』는 가속도가 자본의 시대로부터의 탈출이라고 설파했다. '동지여 달려라, 낡은 세계는 뒤에 있다.'[44] 1968년에 우리는 이렇게 외쳤다. 자본의 속도가 조립라인, 철도, 인쇄기 들의 기계적인 속도인 한에서 이 말은 참이었다. 그러나 마이

---

44. 불어 원문은 다음과 같다. 'Cours camarade, le vieux monde est derrière toi.'

크로일렉트로닉 과학기술들은 자본이 시뮬레이션의 실재 시간 속의 절대 속도를 갖추도록 해주고, 그리하여 가속도는 초착취 hyper-exploitation의 영역이 된다.

분명히 말하지만, 이것은 단순한 은유적 담론이 아니다.

노동자들의 투쟁을 생각해 보라. 노동자 투쟁이 기계적 공장에서 일어났을 때, 노동자들의 소통과 행위는 속도가 붙어 소유주는 방어적인 위치에 놓이고 통제 구조들은 무너졌다. 구호들은 공장 안의 노동자들 사이에서 급속하게 퍼지며, [그들 사이의] 연대감은 투쟁들이 일반화되도록 해주었다.

마이크로일렉트로닉 과학기술들은 이러한 상황을 완전히 전복시켰다. 자본은 신속한 탈영토화를 위한 역량을 정복하고, 생산을 전 지구로 전이시킨다. 한편 노동자 조직들의 타이밍은 자본주의적 세계화의 타이밍에 비해 국지적으로 남아 있으며 느리게 흘러간다.

보드리야르는 모든 사회적 소통 형태들을 파괴하는 절대 속도에 대한 그의 직관에 따라 이러한 경향을 예견한다. 보드리야르는 이러한 직관에 의거하여, 『푸코를 잊자』(그리고 다른 곳에)서 표방한 자신의 이론을 개진하지만, 결코 어떠한 반응도 이끌어내지 못했다. 정치적 의도들과 담론적 효과들은 서로 다르다. 보드리야르의 의도는 욕망하는 이론에 의해 회유懷柔적이라는 비난을 받았다. 왜냐하면 그의 시각이 새로운 주체화 과정들을 기대할 가능성을 파괴하기 때문이라는 것이다. 보드리야르로서는 욕망하는 이론이 새로운, 그물처럼 얽힌 자본주의 생산양식의 이데올로기적인 기능이라고 비난했다.

> 유동성. 흐름. 그리고 정신적이고, 성적인 것, 또는 신체에 속하는 것의 가속적인 상황. 이것들에 대한 그러한 강제는 시장 가치를 지배하는 힘force의 정확한 복제이다. 자본은 순환해야 한다, 중력과 모든 고정된 지점은 사라져야 한다, 투자와 재투자의 사슬은 결코 멈추어서는 안 된다, 가치는 끝없이 그리고 모든 방향으로 발산되어야 한다는 것이다. 이것은 오늘날 가치의 실현이 취하는 형태 자체이다. 그것은 자본의 형태이며, 표어로서의 섹슈얼리티와 그 모델은 자본 형태가 신체들의 수준에서 모습을 드러내는 방식이다.[45]

보드리야르의 비판은 관대하지 않다. 권력 형태 및 주체성의 변동에 대한 서술은 하나의 바람a wish으로 제시되지만, 그의 말에는 일말의 진실이 있다. 욕망하는 이론 안에는, 그리고 들뢰즈, 가따리, 푸코의 책들이 생산했던 사유의 거대한 운동 안에는 일종의 수사(학)적 위험이 존재한다. 욕망이 하나의 힘이 아니라 장으로 이해되지 않는다면 말이다.

---

45. Jean Baudrillard, *Forget Foucault*, in Jean Baudrillard, *Forget Foucault & Forget Baudrillard: an interview with Sylvere Lotringer*, op. cit., p. 25.

예컨대, 네그리와 하트$^{Michael\ Hardt}$, 그리고 여타의 사람들이 지난 10년간 사용했던 '다중'^{multitude}이라는 말의 공허한 사용 속에서 그 명백한 증거를 찾을 수 있다. 그들은 다중이 마치 무한한 긍정적 에너지, 즉 어떤 방법으로도 지배에 종속시킬 수 없는 해방의 힘인 것처럼 이야기한다. 그러나 1978년 보드리야르는 「침묵하는 다수의 그늘 아래에서, 또는 사회적인 것의 종말」 A l'ombre des majorités silencieuses ou la fin du social이라는 제목의 소책자에서 이미 다중 개념의 전복적인 정치적 사용을 뒤엎어, 다중의 또 다른 측면, 즉 대중들의 구성적 수동성의 측면을 보여주었다.

대중들을 포위하는 것이 미디어라는 생각 — 이것이 바로 대중매체의 이데올로기이다 — 은 언제나 받아들여져 왔다. 조작 manipulation의 비밀은 대중매체의 광적[세속적인] 기호학 속에서 추구되어왔다. 그러나 이 소통에 관한 이 순진한 논리 속에서는, 대중들이 모든 미디어보다 더 강한 미디어라는 점이, 미디어들을 포위하고 흡수하는 것이 대중들이라는 점이, 아니 최소한 대중이나 미디어 어느 한 편의 선차성이란 존재하지 않는다는 점이 간과되어 왔다. 대중과 미디어는 하나의 단일한 과정이다. 대중은 메시지이다.[46]

---

46. Jean Baudrillard, *In the Shadow of the Silent Majorities, or, The End of the Social, and Other Essays*, translated by Paul Foss, Paul Patton and John Johnston, New York : Semiotext(e), (1983), p. 44.

1970년대부터 들뢰즈와 가따리의 책들을 열정적으로 읽어 오고 있는 자율적인 운동 내에서 보드리야르의 위치는 정치적으로 회유적인 것으로 간주되었다. 보드리야르의 위치는 반란을 위한 또는 가능한 파열들을 위한 희망들이 없는, 탈출구가 없는 상황을 서술하는 것처럼 보인다는 것이었다. 하지만 이것은 사실이 아니었으며, 지금도 여전히 사실이 아니다. 보드리야르는 사건들이 시뮬레이트되고 시뮬레이션 자체에 의해 제거되는 문명의 회유적 기능을 분명히 인식했다.

> 억제deterrence는 매우 독특한 행동 형태이다. 그것은 어떤 일이 일어나지 않도록 하는 것이다. 억제는 우리의 현대 전체를 지배한다. 그것은 사건들을 생산하기보다는 어떤 일이 발생하지 않도록 하는 경향이 있다. 그 일이 역사적 사건처럼 보인다 할지라도 말이다.[47]

더욱이 그의 이론은 이 지점에서 최고의 수단, 즉 파국의 수단, 더 정확히 말하자면 파국적 내파의 수단을 드러내주었다.

> 대중들은 … '변증법적' 운동으로서 그들을 '해방시켜' 준다고 주장하는 미래의 혁명들이나 이론들을 기다리지 않았다. 그들은

---

47. Jean Baudrillard, *The Illusion of the End*, op. cit., p. 17.

해방이 존재하지 않는다는 것을, 그리고 체계가 그것[체계]을 과도한 논리로 밀어붙임으로써만, 그것을 잔인한 분할 상환에 해당하는 과도한 실천이 되게 함으로써만 폐지된다는 것을 알고 있다. '너희들은 우리가 소비하기를 원한다. 좋다. 항상 더 많이 소비하자. 그리고 무엇이든 소비하자. 쓸데없는 그리고 불합리한 목적을 위해서.'[48]

보드리야르는 결코 1980년대와 1990년대의 문화 전반에 퍼진 냉소주의(유럽 전역의 1968년 세대의 각성에 뒤이은 프랑스의 신철학과 체제순응적 신자유주의에 만연한 냉소주의)를 공유하지 않은 채, 파국의 전략을 제안한다. 30여 년이 지난 오늘날, 내게는 보드리야르가 전혀 틀리지 않은 것처럼 보인다.

보드리야르는 욕망 개념에 소멸disappearance, 절멸extermination의 개념을, 아니 더 정확히 말하자면 시뮬레이션-소멸-내파의 사슬을 대립시킨다.

시뮬레이션은 원본 없는 유령들을 창조하는 것이다. 알고리듬은 정보의 무한한 사슬을 생산한다. 기호적 인플레이션의 효과는 정보라는 유화액에 의해, 점점 더 늘어나는 실재의 비중에 대한 점진적인 식민화를 활성화한다. 실재는 아마존의 숲처

---

48. Jean Baudrillard, *In the Shadow of the Silent Majorities, or, The End of the Social, and Other Essays*, op. cit., p. 46.

럼, 사막이 집어삼키는 땅덩어리처럼 사라진다. 그렇게 되면 공동체의 생존 지속성을 보증했던 전체 맥락이 이 현실감 상실de-realization의 이러한 효과에 의해 제거되는 것으로 귀결되고, 유기체는 내파된다.

시뮬레이션과 리비도

그러므로 시뮬레이션은 어떠한 사실도 재생산하거나 기록하지 않는 기호들의 투사이지만, 신체가 전혀 없는 유령이 투사된 효과이다. 종합적 형태발생morphogenesis 49은 이 시뮬레이션 현상의 가장 분명한 사례이다. 계산기[컴퓨터]에 의해 생산된 이미지는 알고리듬의 전개이지, 이미 존재하는 실재의 재생산이 아니다.

종합적 이미지들의 복제는 바이러스적이고 무한한 특성을 갖는다. 왜냐하면 새로운 시뮬라크라의 창조는 에너지나 물질의 어떠한 투여investment도 요청하지 않기 때문이다. 따라서 생생한lived 경험은 시뮬라크라의 침윤적 증식에 의해 공격당한다. 여기에서 우리는 '욕망의 병리', 즉 리비도적 경험의 바로 그 심장

---

49. [옮긴이] 체계 이론(systems theories)에서 사용되는 개념으로, 살아 있는 체계가 그 구조를 바꾸고, 상이한 구조를 가진 체계로 진화하는 것을 나타낸다. 형태발생을 지향하는 체계의 성향은 형태안정을 지향하는 체계의 경향과 동일한 힘으로 작용할 때 균형을 이루게 된다.

부에 도달하는 일종의 암의 기원을 볼 수 있다. 종합적 미디어 포르노그라피 현상에 의해 밝혀진 것처럼, 리비도적 에너지는 기생충 같은 복제물에 의해 공격당한다. '리비도적 기생충들'은 맛떼오 파스퀴넬리가 이 질병을 정의하기 위해 자신의 책 『동물 혼』[50]에서 사용한 정식화이다.

『안티 오이디푸스』는 무의식이 결코 과하지 않다는 생각을 상정했다. 무의식이란 극장이 아니라 실험실이며, 재현이 아니라, 스피노자주의적 들뢰즈의 언어를 사용하자면, 표현이기 때문이라는 것이다.

들뢰즈는 실제로 자신의 책 『스피노자와 표현의 문제』*Spinoza, une philosophie de l'expression*에서 다음과 같이 주장한다.

표현은 실체가 절대적으로 무한인 한에서 실체에 내재적이다 [적합하다]. … 따라서 무한함의 성격이 있다. 메를로-퐁티는 17세기 철학에서 오늘날 우리에게 가장 이해하기 어려워 보이는 것을 잘 지적했다 : 스피노자주의에서 완전해지는 '위대한 합리주의의 비밀'로서 적극적 무한의 관념, '무한으로부터 사유하는 순진무구한 [사유] 방식.'[51]

50. Matteo Pasquinelli, *Animal Spirits*, NAI publishers, 2009.
51. Gilles Deleuze, *Expressionism in Philosophy : Spinoza*, translated by Martin Joughin, New York : Zone Books, (1990), p. 28 [질 들뢰즈, 『스피노자와 표현의 문제』, 이진경·권순모 옮김, 인간사랑, 2004, 38쪽].

그리고 또한 다음과 같이 말한다.

> 신의 절대적 본질은 절대적으로 무한한 실존 및 활동 역능
> power이다. 그러나 정확히 말해 우리가 만일 이 첫 번째 역능을
> 신의 본질과 동일한 것으로 긍정한다면 그것은 형상적 혹은 실
> 재적으로 구별되는 무한히 많은 속성들이라는 조건하에서이
> 다. 따라서 실존 및 활동 역능은 형상적–절대적 본질이다.

그리고 다음과 같이 표현하기도 한다.

> 신은 표상적으로[객관적으로] 스스로를 이해하거나 스스로를
> 표현한다.[52]

그렇지만 신의 무한한 힘power에 대해 이런 식으로 말하는 것은
인간의 표현적 힘 — 이 힘은 무한하지 않다 — 에 대해, 또는 인간
유기체가 마음대로 처분하는 심리적·육체적 에너지 — 이것 역시
무한하지 않다 — 에 대해 아무것도 우리에게 알려주지 못한다.

리비도적 에너지의 제한된 특성은 우리를 집단적 현상으로
서의 우울증이라는 주제로 다시 돌아가게 만든다. 사회의 미디
어화된 경험 안에서 일어나는 기호적 가속화 시뮬라크라의 증

---

52. Ibid. pp. 119~20 [같은 책, 164쪽].

식은 집단적인 리비도적 에너지의 소진 효과를 생산하고, 공황-우울증 주기에 이르는 길을 열어놓는다. 파스퀴넬리는 리비도적 기생충을 다룬 자신의 책에서, 욕망의 열역학 문제를 제기하고, 두 개의 상이한 가설들을 정식화한다. 하나는 열역학 제1법칙에 영감을 받은 것으로 리비도적 교환 내에서는 손실이 없으며 일정한 에너지의 양이 존재한다는 생각이다. 다른 하나는 이와 달리 열역학 제2법칙에 기초한 것으로, 어떠한 교환에서도 손실이 존재한다고 전제한다. 교환은 엔트로피, 즉 질서의 손실과 에너지의 분산을 생산한다는 것이다.

보드리야르는 시뮬레이션이 욕망하는 에너지를 그 소진의 지점까지 흡수하는 바이러스의 무한 복제라고 이해한다. 일종의 기호적 인플레이션이 우리의 집단적 감각의 회로들 안에서 폭발하고, 병리(학)적 경로를 달리는 변동의 효과들 ─ 너무 많은 기호들, 너무 빠르고 너무 카오스적인 기호들 ─ 을 생산한다. 감각적 신체는 의식적 암호해독decodification과 감각적 지각의 모든 가능성을 파괴하는 가속도에 종속된다.

이것이 보드리야르가 『안티 오이디푸스』에 제기하는 반대이다.

그러나 이것은 들뢰즈와 가따리가 그들의 마지막 저작[작업]53에서 궁극적으로 말하고 있는 바가 아닌가? 그들 자신이 나이가 들어 쓴, 노년에 대해 다룬 책[『철학이란 무엇인가』]에서 들뢰즈와 가따리는 철학이 무엇에 대한 것인지 묻고, 철학이 우정이라고, 그리고 (불교 용어로 사용하자면) 자비慈悲라고 대답한다. 자비란 우리 발아래에서 입을 벌리고 있는 의미의 심연을 따라 함께 걸을 수 있는 역량이다. 그 마지막 책에서 이 두 분열 철학자들은 노년과 정신분열적 고통에 대해, 그리고 결코 잡히지 않고 달아나는 기호들과 관념들의 너무 성급한 태동quickening에 대해 이야기한다.

> 우리는 카오스로부터 우리를 보호하기 위해 다만 얼마만큼의 질서를 요구하는 것뿐이다. 그 자체로부터 빠져나가는 사유보다 더 괴롭고 고통스러운 것은 없다. 그것은 이미 망각에 의해 야금야금 잠식되어 버렸기에… 윤곽이 떠오르기가 무섭게 사라지고 소멸되어버리는 관념들이다.[54]

『푸코를 잊자』와 1970년대 중반의 다른 텍스트들 ─ 여기에서 보드리야르는 욕망의 이론들과 푸코의 권력의 계보학에 대해 비판했다 ─ 이 출간된 이후, 누구도 그가 제기한 반대들에 응대하지 않았다. 그의 반대들은 도발적인 것처럼 또는 어쩌면 회유적인 것처럼 보였던 것이다. 그렇지만 보드리야르의 담론은 여전히 몇

---

53. [옮긴이] 『철학이란 무엇인가』를 가리킨다.
54. Gilles Deleuze · Félix Guattari, *What is Philosophy?*, op. cit., p. 201[질 들뢰즈·펠릭스 가따리, 『철학이란 무엇인가』, 앞의 책, 289쪽].

몇 효과들을 낳았고, 나는 들뢰즈와 가따리가 그들의 마지막 책에서 보드리야르가 제기했던 성찰을 암묵적으로 받아들이는 involved 단계에서 그들의 사유들을 발전시켰다고 생각한다. 나는 그들이 그의 이름을 부르지 않고 응수했다고 말하고 있는 것이 아니다. 심지어 그들이 마지막 책을 쓸 때 보드리야르를 염두에 두고 있었다고 말하는 것은 더더욱 아니다. 나는 단순히, 보드리야르의 비판이 우리가 『안티 오이디푸스』 이후 『철학이란 무엇인가』를 읽었을 때 경험할 수 있는 변화된 어조들 및 입장들과 동일한 방향에 놓여 있다고 말하고 있는 것이다. 『안티 오이디푸스』가 청춘의 책이라면 20년 후의 『철학이란 무엇인가』가 노년의 책이라고 말하는 것으로는 충분하지 않다. 하나가 1968년의 열광의 책이고 다른 하나가 야만인들이 다시 승리를 거둔 시대의 책이라고 말하는 것 역시 충분하지 않다. 이 이행 속에서 일어난 개념적 변동을 더욱더 깊이 고찰하는 것이 필요하다.

파스퀴넬리가 논의한 리비도의 엔트로피는 들뢰즈와 가따리의 마지막 책에서 한 차례 모습을 드러낸 것으로 보인다. 어떤 스피노자주의적 승리주의를 포기한다면 우리는 리비도적 에너지가 제한된 수단이라는 것을 받아들일 수 있다.

사건의 실종(과 회귀)

1970년대 중반, 급진적 문화의 맥락 속에서, 우리는 작동하고 있는 두 개의 대립되는 상상력 모델들을 볼 수 있다. 분열[분석적] 시각은 욕망의 증식이 모든 통제 구조들을 제거할 수 있다고 생각한다. 내파적 시각은 증식이 현실감을 상실시키는de-realizing 바이러스의 확산이라고 이해한다. 욕망은 그 주체가 실제로 하나의 인질, 하나의 희생자인 유혹seduction의 효과일 뿐이다.

> '분자혁명'은 우리 문화의 경계였던 팽창하는 장의 최소 경계들까지 내려가 '에너지의 해방'(또는 단편들 등등의 증식)의 마지막 무대를 올릴 뿐이다. 자본의 무한한 시도를 계승하는succeeding 욕망의 최소 시도. 공간들의 몰적 투여와 사회적인 것을 계승하는 분자적 해결책. 폭발하는 체계의 마지막 불꽃들, 여전히 경계confines의 에너지를 통제하려는, 즉… 팽창의 원리 그리고 해방의 원리를 구하기 위해 에너지의 경계를 축소시키려는 마지막 시도.55

주체성은 내파되며, 우리는 주체성 대신에 파국의 테러, 또는 테러의 파국을 발견한다. 시뮬레이션 바이러스의 증식은 사건을 집어삼켜 버렸다. 재조합 시뮬레이터 장치의 무한 복제 역량은

55. Jean Baudrillard, *In the Shadow of the Silent Majorities, or, The end of the Social, and Other Essays*, op. cit., pp. 60~1.

사건의 원본[독창성]originality을 지워버린다. 남는 것은 자살이다.

보드리야르는 이미 자신의 1976년 책에서 자살 문제에 대해 사고하고 있었다. 여기에서 상징적 교환은 죽음을 동반했다.

> 최소한, 제3질서 시뮬라크라에 대립하기 위한 공정한 게임을 발견하는 것이 가능할 것인가? 체계 자체보다 더 우연적이기 때문에 전복적인 이론이나 실천이 존재하는가? 정치경제(학)의 질서에 대해 혁명을 이야기할 수 있는 것처럼, 코드의 질서에 대해 이야기할 수 있는 비결정적 전복이 존재하는가? 우리는 DNA와 싸울 수 있는가? 분명 계급투쟁을 수단으로 해서는 그럴 수 없을 것이다. 아마도 고도의 논리적(또는 비논리적) 질서의 시뮬라크라가 — 현재의 제3의 질서를 넘어, 직접성과 비직접성을 넘어 — 발명될 수 있을 것이다. 그러나 [그렇다면 — 옮긴이] 그것들이 여전히 시뮬라크라일 것인가? 아마도 죽음이 그리고 죽음만이, 즉 죽음의 역전가능성이 코드보다 더 높은 질서에 속한다.[56]

이 시기에 보드리야르는 시뮬레이션의 유혹적seductive 증식에 의해 제거된, 사건의 실종에 대해 이야기했다. 1992년에 처음 출간

---

56. Jean Baudrillard, *Symbolic Exchange and Death*, translated by Iain Hamilton Grant, with an introduction by Mike Gane, London : Sage, (1993), p. 4.

된 『종말의 환상』L'illusion de la fin이라는 책은 엘리아스 카네티Elias Canetti의 다음과 같은 말을 인용하는 것으로 시작한다.

> 괴로운 사유 — 어떤 점에서 역사는 더 이상 실재적이지 않았다. 그것을 알아채지 못한 채 전체 인류는 갑자기 실재를 떠났다. 그때 이후로 일어난 모든 일은 아마 사실이 아니었을 것이다.[57]

보드리야르는 여기에서 이렇게 쓰고 있다.

> 사건들이 스스로 형성되고 예기치 않게 자신의 소실 지점으로 — 미디어의 주변적인[말초적인] 공허를 향해 표류한다는 생각이 든다. 물리학자들이 오늘날 미립자들을 화면 위의 궤적으로서만 보는 것과 마찬가지로, 우리는 더 이상 사건들의 파동이 아니라 오직 심전도만을 본다.[58]

기호들의 무한 증식은 사회의 리비도적 에너지들을 완전히 흡수할 정도로 관심과 상상력의 공간을 점령하여, 유기체로부터 일상생활의 맥박[맥동]을 향한 모든 감각을 박탈한다. 디지털 시뮬레이션에 의해 속박이 풀린 기호 증식의 속도는 극히 빨라 집

---

57. Jean Baudrillard, *The Illusion of the End*, op. cit., p. 1.
58. Ibid. p. 19.

단적 감각의 모든 회로들은 포화되기에 이른다. 우리는 또한 이 과정을 다른 방식으로 서술할 수 있을 것이다. 사회적 통제 장치들은 자동화된 체계들에 통합된다. 따라서 정치적 통치governance는 자동운동들automatisms의 연쇄로 대체되고, 생산적이고, 소통적이며, 행정적이고 기술적인 기계에 통합된다. 살아있는 집단성은 생산과 사회분배 같은 근본적인 논점들에 대해서 더 이상 아무런 역할을 하지 못한다. 왜냐하면 사회 게임에 접속하기 위해서는 자동화된 운영 체계의 채택이 필요하기 때문이다. 언어적 수준에서 볼 때, 해석의 사슬들은 예방적으로 새겨진 코드 — 다시 말해 자본 축적의 코드 — 를 고려하지 않는 언명enunciation을 더 이상 읽을 수 없는 것과 같은 방식으로 자동화된다.

보드리야르는 역설적인 방식으로, 그리고 때로는 어쩌면 너무 성급하게, 이 과정에 대해 언급하고 그것을 사건의 실종과 동일시한다.

보드리야르는 자신의 책 『상징적 교환과 죽음』(1976)에서 디지털 시뮬레이션의 은유로 뉴욕 마천루들을 사용하면서 다음과 같이 쓴 적이 있다. (그리고 나는 이것을 읽으면서 전율했다.)

뉴욕에 있는 세계무역센터는 왜 두 개의 탑 모양을 갖게 되었을까? 맨해튼의 모든 거대 건물들은 언제나 경쟁적인 수직성으로 기꺼이 서로 대면한다. 이로부터 결과적으로 자본주의 체계의 이미지인 건축적 파노라마가 펼쳐진다. 모든 빌딩이 다른 모든 빌딩에 대해 … 공격적인 모습을 취하는 피라미드적인 정글. 이 새로운 건축술은 더 이상 경쟁적인 체계를 구현하지 않고, 경쟁이 상호관계를 위해 실종되는 계산 가능한 체계를 구현한다. 이 건축적 그래피즘graphism은 독점에 속한다. 세계무역센터의 두 개의 탑은 광장 바닥에서의 높이가 400미터에 이르는 완전한 평행육면체이다. 이 탑들은 완벽하게 균형을 갖추고 소통이 단절된 용기들이다. 이 탑들이 두 개의 동일한 탑으로 되어 있다는 사실은 모든 경쟁의 종말, 모든 근원적인 참조의 종말을 의미한다.[59]

그러나 이야기는 여기에서 끝나지 않는다.

2001년 9월 11일 이후, 보드리야르는, 물의를 빚은 한 텍스트에서, 사건의 귀환을 확언한다. 두 개의 세계무역센터 빌딩들의 붕괴와 더불어, 시뮬레이션의 주문 역시 무한 복제 효과(이 은유는 트윈 타워에 대한 1976년 텍스트에서 이미 발견되는 것으로, 여기에서 이것들은 디지털 복제의 탑들로 등장했었다)와 함께 종말을 고했다.

『테러리즘의 정신』The Spirit of Terrorism은 역사상 가장 스펙터클한 테러리즘 공격이 일어나자마자 곧바로 쓰인 텍스트이다. '스펙터클한'이라는 말은 여기에서 이중적 의미, 역설적 성격을 갖

---

59. Jean Baudrillard, *Symbolic Exchange and Death*, op. cit., p.69.

는다. 왜냐하면 여기에서 스펙터클은 정확히 모든 스펙터클의 붕괴이며, 그리하여 내파는 외파[폭발]를 유발하기 때문이다. 이 텍스트에서 보드리야르가 의도한 것은, 시뮬레이션의 우리들 cages을 벗어나는 사건의 귀환을 정교화하는 것이다.

> 뉴욕의 세계무역센터에 대한 공격들에서 우리는 지금까지 결코 일어난 적이 없는 사건들을 모두 집약해 놓은 완전한[순수] 사건, 즉 절대적인 사건인 '모母' 사건을 목도하고 있다고까지 말할 수 있을 것이다.[60]

기호자본주의에 의해 기능했던 결정적 권력의 막대한 집중은 이미 파국적 사건들에 순응한다. 저러한 견딜 수 없는 자살적 행위는 권력의 무한한 힘strength의 공허함을 드러내 주었고, 그러한 권력을 무無로, 재ashes로 화하게 하는 탈출구escape와 [그 권력이] 대면하도록 했다.

죽음, 더 정확히 말하자면 자살은 사건들의 연쇄들을 회복하는 예견 불가능한 사건이다. 그날 이후 자살은 제3의 밀레니엄 역사의 장면에서 주연급 배우로 등장하게 되었다. 21세기 역사를 살펴보기 위해 우리가 아무리 여타의 시각 — 자본주의적

---

60. Jean Baudrillard, *The Spirit of Terrorism and Other Essays*, translated by Chris Turner. London, New York : Verso (2003), pp. 3~4 [장 보드리야르, 『테러리즘의 정신』, 배영달 옮김, 동문선, 2003, 5쪽].

도그마, 광신, 또는 절망 — 을 채택하려고 결정한다 하더라도 자살은 공식적 담론들에 의해 은폐된, 무제한적인 성장이라는 수사학과 종교적이거나 민족적인 인테그랄리즘의 수사학 양자에 의해 은폐된 진실이다.

자살

12명의 젊은 아랍인들이 맨해튼에서 소란을 일으키고 비행기에 탄 자신들을 제물로 삼아 최초의 탈근대 전쟁을 개시한 날 이후로 자살은 세계사의 주연 배우가 되었다. 자살을 급진적 저항의 행동[수단]으로 사용하는 것이 새로운 건 아니다. 예컨대, 1904년 네덜란드인이 발리섬에 도착해 이 섬을 자신의 식민지 권력에 넘겨주었다. 군도群島의 다양함에 자부심을 갖고 있던 힌두인들은 네덜란드의 침공에 격렬하게 저항했다. 몇 차례의 전투를 치른 이후, 네덜란드는 덴파사르Denpasar 61 왕궁을 공격할 준비를 갖추었다. 온통 하얀 옷으로 차려입은 왕raja과 신하들이 네덜란드 침략자들을 향해 바짝 다가섰다. 그러고는 모든 사람들이 왕을 따라서 칼을 꺼내 가슴을 찌르는, 발리어語로 푸푸탄puputan이라 부르는 자살 의식을 벌였다. 네덜란드인이 깜짝 놀라는 가운데 9백 명이 넘는 사람들이 땅바닥으로 쓰러졌다. 이

---

61. [옮긴이] 인도네시아 남부, 발리섬 남부의 도시.

사건의 효과는 네덜란드인의 의식에 외상外傷으로 남아 네덜란드의 식민지 정책에 위기의 과정을 불러오기 시작했다.

2차 세계대전이 끝나갈 무렵 일본의 장성將星들은 단순히 윤리적 저항이 아니라 파괴 무기로서 자살을 활용하기로 결정했다. 그때까지 우세를 점하고 있던 미국에 저항하기 위해 그들은 젊은 비행 사관들에게 적 함대에 비행기째로 공격을 개시하라고 명령했다. 따라서 '신풍'神風을 뜻하는 '카미카제'라는 말은 자살의 파괴적인 격정과 동의어가 되었다. 일본의 연구자 에미코 오누키-티에니는 자신의 책『신풍일기 : 일본 학병에 대한 성찰』62이라는 책에서 젊은 조종사들이 자신들에게 부여된 운명에 대해 전혀 열정적이지 않았다는 점을 증명한다. 저자는 그들이 주고받은 편지들을 출간함으로써 전반적으로 카미카제가 동의를 얻지 못하였다는 점을, 그리고 고위층(이들 중 누구도 희생되지 않았다)이 목표(적선)에 도달할 수 있으나 돌아올 수는 없을 만큼의 연료만을 채운 비행기에 그들을 태워 강제로 이륙시켰다는 점을 보여준다.

자살을 명령하는 사람들과 통상적인 폭격을 명령하는 사람들 사이에, 절망에 찬 젊은이들을 군중 속에 보내 폭파시키는 이슬람 지도자와 비행기 조종사들에게 민간인 지역을 폭격하라

---

62. Emiko Ohnuki-Tierney, *Kamikaze Diaries : Reflections of Japanese Student Soldiers*, Chicago : University of Chicago Press, 2006.

고 명령하는 미국 장성 사이에 어떤 차이가 존재하는가?

그러므로 공격적인 자살이 새로운 현상은 아니지만, 오늘날의 맥락 속에서 자살은 끔찍하게도 더 불온하다. 그것은 충분한 결정을 거쳐 준비된 누구라도 파괴와 절멸의 수단에 접근할수 있기 때문만이 아니라 살인을 목적으로 하는 자살이 더 이상 드물게 일어나는 주변적인 현상이 아니기도 하기 때문이다. 자살은 오늘날의 절망을 광범하게 드러내는 표현이 되어버렸다. 살인 목적의 자살의 기원에는, 여타의 자발적인self-directed 폭력형태의 경우와 마찬가지로, 정치적 이유, 즉 전략적·군사적 의도가 존재하지 않고, 이슬람 청년에게만 영향을 미치는 것이 아닌 고통 형태가 존재한다. 자본주의가 승리한 시대에 세계를 전염시키는 불행의 유행병은 지구의 모든 지역에 공격적인 자살의확산을 낳았다.

광고는 모든 거리의 구석에서, 매순간마다, 밤낮으로, 무한한 소비의 자유를, 소유와 경쟁을 통한 승리의 기쁨을 반복해서 주장한다. 1990년대에 자본주의는 집단적인 지적 네트워크의 가치화 과정을 시작하기 위해 막대한 지적, 창의적, 심리적 에너지를 동원했다. 그러나 생산적 가속화는 인간 정신에 무제한적인 체계적 착취를 부과함으로써 비정상적인 심리적 쇠약break-down을 위한 조건들을 창출했다. '프로작 문화'가 출현하는 **신경제의 문화**가 되었다.

서양의 수만 명의 경제 경영자들과 관리자들은 화학적 도취감의 조건 아래에서 무수한 결정들을 내리지만, 그들은 향정신성 약제들로 인해 '도취 상태'에 젖어 있었다. 그러나 인간 유기체는 끝없는 화학적 도취감과 생산적 열광을 유지할 수 없다. 어떤 지점에서 그러한 상태는 투항하기 시작한다. 극단적인 혼란에 빠진 환자들이 발생하면 도취감은 그 자신의 동기들, 기업가 정신, 자존심, 욕망, 성적 매력의 바로 그 자원[수단]에 타격을 가하는 장기간의 우울증으로 대체된다. 우울증이 프로작-폭락과 일치했다는 사실을 참작하지 않는다면 우리는 이 신경제의 위기를 제대로 이해할 수 없다.

인지노동자들의 개인적 우울증은 경제적 위기의 결과가 아니라 바로 그 이유이다. [다음처럼] 우울증이란 사업이 잘 되어가고 있지 않다는 것에 대한 의식이라고 상상하는 것이 쉬울 것이다. 이윤을 낳았던 행복한 한때가 지나고 난 후 주식의 가치들은 붕괴되었고 새로운 두뇌 노동자들은 깊은 우울증에 빠져들었다.

[그러나] 사실은 그렇지 않다.

우울증은 우리의 감정적·신체적·지적 에너지가 경쟁과 화학적·이데올로기적 도취감을 유도하는 물질들이 부과하는 리듬을 영원히 유지할 수 없다는 사실에서 연유한다. 시장은 심리적·기호적 공간으로서, 여기에서 우리는 의미, 욕망들, 그리고 투사들을 위한 기호들과 기대들을 발견할 수 있다. 정신적이고 심리적인 에너지들에 영향을 미치는 정력적인[활동적인] 위기가 존재한다. 일단 이 위기가 폭발하면, 강력한 암페타민 치료법, 즉 전쟁으로 우울증에 빠진 서구 심리(학)를 자극하기 위한 새로운 노력들이 이루어졌다. 그러나 단지 아픈 사람만이 우울증의 위기에 대한 반응으로 암페타민을 먹을 것이다. 가장 있을 법한 결말은 더욱더 깊은 상태로의 타락이 될 것이다.

이슬람의 **샤히드**shahid의 테러리즘적 자살과 서구의 생산적 사고방식에 영향을 미친 **극단적 무질서**를 동일한 수준에 놓는 것이 내 의도가 아니다. 나는 오히려 이것들이 두 개의 분기적인 병리(학)들이라고, 자신들을 승리자라고 생각하는 사람들의 하이퍼시뮬레이트되고 경쟁적인 병리들과 굴욕을 당한 사람들의 원한에 사무친 병리들 모두에 영향을 미치는 참을 수 없는 고통에 대한 두 개의 상이한 표현들이라고 말하고 있는 것이다.

살인을 목적으로 하는 자살을 정치적 범주들로 환원함으로써 우리는 그것의 기원이 아니라 그것의 최종적 표현들만을 포착할 수 있다. 굴욕, 절망, 미래에 대한 희망의 상실로부터 유래하는 참을 수 없는 고통, 그리고 부적합하고 외롭다는 느낌 들이 자살을 낳는다. 성전Jihad이 선언하는 전략적 의도들이 자살을 낳는 것이 아니다. 이러한 느낌들은 남편과 형제를 러시아군에게 잃은 체코 여성들에게만 속하는 것이 아니며, 참을 수 없는 굴욕으로 서구인들의 폭력을 받아들여야 하는 아랍 청년에게만 속하는 것도 아니다. 외로움과 의미 상실에 대한 이러한 느낌들은 자본주의의 승리가 시간, 삶, 감정들을 자동화된 경쟁의 지옥 같은 리듬들에 종속시켜 온 모든 장소에 만연하고 있다.

불행의 대량생산은 우리 시대에 걸맞은 화제이다. 요즘의 화젯거리는 중국 자본주의 경제의 비상한 성공이다. 그러는 한편 2007년에 공산당 중앙위원회에서는 중국 변방에서 일어난 광범한 자살[문제]들을 [안건으로] 다루어야 했다.

언제까지 우리는 이러한 현상을 견딜 수 있을 것인가? 언제까지 우리는 삼백만 명의 통합된 사람들의 파티에 참석해 파티를 망칠 수억 명의 배제된 사람들의 분노와 절망을 피할 수 있을까? 자살 테러리즘은, 그것이 설령 가장 폭발적이고 처참하다 할지라도, 오늘날의 유행 상황에서 하나의 에피소드에 지나지 않는다. 그것은 그 자신의 작은 방에서 일어날 수도 있고, 또는 지하철역에 모인 군중 한가운데에서 일어날 수도 있다. 자살은 정치적 전략들에 대한 대답이 아니라, 고통, 불행, 절망에 대한 대답이다. 자본의 승리가 삶의 모든 영역을 제거하기 시작하고, 삶이 경쟁, 속도, 공격성에 의해 침범당하기 시작한 이래로, 불행은 산불처럼 ― 이슬람교가 지배하는 지역들만이 아닌 ― 모든 곳으로 번지고 있다. 이제 자살은 모든 곳의 젊은이들 사이의 죽음의 첫 번째 원인이 되어 가는 경향을 보여준다. 얼마 전에 신문들은 런던의 수돗물에 극소량의 프로작이 들어있다는 소식을 전했다. 2천 4백만 명의 영국 시민들이 항우울제를 먹고 있다는 것이다.

2007년 『차이나 투데이』*China Today* 라는 잡지는 최고의 경제 활황에도 불구하고 매해 20만 명의 사람들이 자살을 하며, 그 수가 증가하고 있다고 보도했다. 일본에는 사람들에게 자살을 강요할 수 있는 과로 같은 것을 가리키는 낱말(과로사karoshi)이 있다. 일본의 여러 철도 회사들 중의 하나인 동일본철도는 동경역 플랫폼 일대에 큰 거울들을 설치하자는 결정을 내렸다. 이 아이디어는 자살을 앞둔 절망적인 사람들이 [죽음을 선택하기 전에] 거울에 비친 자신의 모습을 보도록 하자는 것이다.

[그렇지만] 이것은 훌륭한 치료법 같지 않다.

광고판 위의 미소 띤 얼굴이 안전, 편리, 온정, 성공을 약속하면서 세계를 삼켜버린 것 같은 정신병리들의 파도를 막을 치료약이 존재하기라도 하는가? 사회적 논점들은 더 이상 정치(학)로부터 대답들을 들을 수 없으며, 정신요법이 필요할 것 같다. 아마도, 속도를 늦추고 결국에는 '부'라는 단어의 참된 의미를 집단적으로 다시 사고하기 위해 경제주의적 광신을 포기할 필요가 있다는 것이 답이 될 수 있을 것이다. 부유한 사람wealthy 이란 많이 소유한 사람이 아니라, 자연과 인간의 협력이 만인의 손이 닿을 수 있는 범위 안에서 만들어 내는 것들을 즐길 수 있는 충분한 시간을 활용할 수 있는 사람이다. 대다수의 사람들이 이 기본적인 관념을 이해할 수 있다면, 그들이 만인의 삶을 가난하게 만들고 있는 경쟁의 환상으로부터 해방될 수 있다면,

자본주의의 토대들은 무너지기 시작할 것이다.

발병적 타자Pathogenic alterity

베리만은 자신의 영화 〈페르소나〉에서, 실존주의적 범주들에 의거하여 타자의 주제를 — 불안으로서뿐만 아니라 또한 소통회로들의 소원[거리두기]과 유예의 기획으로서 — 다룬다. 엘리자베스 보글러Elisabeth Vogler는 연기 도중 마치 급작스러운 질병, 즉 마비에 걸린 것처럼 완전히 말을 멈추는 여배우를 연기한다. 의사들이 그녀를 진찰하고, 그들의 의학적 소견서에는 그녀가 육체적으로도 정신적으로도 더할 나위 없이 건강하다고 씌어 있다. 하지만 엘리자베스는 계속해서 완전한 침묵에 빠져 있다. 그녀는 클리닉에 가게 되고, 거기에서 매우 유능하고 명석하며 수다스러운 간호사인 알마의 간호를 받는다. 이 두 여성은 열정적인 관계를 이루어 나간다. 자신의 치료를 마무리하기 위해 그 간호사는 엘리자베스를 데리고 바닷가 근처의 한 집으로 간다. 이두 여성은 서로에게 빠져들기 시작하고, 서로의 가면을 교환한다. 알마는 자신의 감상적인[감정적인] 삶과 과거에서 얻은 경험들을 설명하는 등 이야기를 많이 하는 한편, 엘리자베스는 침묵을 지키면서도 분명히 몰두하면서 그녀의 이야기에 경청한다.

라틴어로 '페르소나'라는 단어는 '가면'을 뜻한다. 융은 개인들이 자신들을 보호하고 방어하기 위해, [그리고] 세상에 적응하려고 자신을 둘러싼 세계를 속이기 위해, 그들 자신의 성격과 완전히 다르게, 의식적으로 또는 무의식적으로 채택하는 인위적인 인격personality으로 페르소나를 고찰하자고 제안한다.

베리만은 분열된 자아, 즉 이중인격이라는 정신분열적 인물을 통해 타자alterity의 문제를 바라본다. 그러므로 정체성은 고립과 울타리치기enclosure의 게임을 통해 규정된다. 개인적 가면들을 강제적으로 규정하기 위해 밀어붙이는 것은 바로 억압적 사회라는 맥락이다. 베리만이 자신의 영화를 고려하고 있는 문화적 맥락 속에서 소외는 신체와 영혼의 관계에 대한 은유 ─ 억압에 의한 영혼의 실종 ─ 이다.

40년 후 김기덕은 완전히 다른 맥락에서, 타자의 문제를 [베리만과 달리] 정체성들의 증식과 표현적 과다 문제로 제시하는 영화를 만들었다. 작품의 제목은 〈시간〉Time이다. 이 영화는 미용성형수술[의 중재] 덕분에 자신의 육체적 가면[얼굴]을 바꾸는 것에 관한 이야기를 들려준다.

베리만의 영화 제목 〈페르소나〉는 동일화하는identifying 가면에 대한 성찰을 가리킨다. 그와 달리 김기덕은 다양성의 개념과 우리가 가정할 수 있는 다수의 가면들 ─ 다시 말해 정체성에서 벗어나고 증식하는 가면 ─ 을 가지고 작업한다. 미용성형수술의 시대에, 가면들의 다양성은, 동시에 언표의 상이한 행위자들이 될 수 있는 가능성을 표상할 뿐만 아니라, 특히 상이한 얼굴들을 가정하고, 언표의 물리적 양상, 장소, 양태를 바꿀 기회를 가리킨다.

영화 〈시간〉은 대한민국에서 흔히 볼 수 있는 미용성형 클리닉의 문 앞에서 시작한다. 김기덕의 영화는 한 남자와 한 여자의 이야기를 들려준다. 사랑을 나누고 난 뒤 그녀는 그가 결국 다른 여자와 사랑에 빠져 자신이 버림받을까봐 두렵다고 말한다. '나는 다른 사람이 될 거야. 당신이 나와 사랑에 빠지게. 내가 마치 다른 사람인 것처럼 사랑해 줘. 당신이 느끼고 생각하는 걸 내게 말해 줘.' 이러한 생각에 사로잡힌 그녀는 마침내 다른 여자가 되기로 결심한다. 그녀는 의사를 찾아가서 자신을 못 알아보도록 자신의 얼굴과 외모를 바꿔줄 수 있는지 묻는다. 의사는 그 여자의 외모가 예쁘고 고와서 수술을 받을 이유가 전혀 없다고 조언한다. 그러나 그녀는 — 대한민국에서는 분명, 조만간 여성의 절반이 자신의 외모를 바꾸기 위해 성형수술을 원한다면서 — 고집을 부린다. 한편 남자는 자신이 사랑하는 사람이 사라지자 절망에 빠진다. 그는 그녀를 찾아보지만 성공하지 못하고 결국 그녀가 자신에게 결코 돌아오지 않을 것이라고 생각하다가 마침내 또 다른 여자를 만나게 된다. 우리는 이 여자가 다른 여자가 되어버린 그의 연인임을 알고 있다. 그녀는 그를 유혹하지만, 이 젊은 남자의 마음은 사라져 버린 [과거의] 여자에게 가 있다. 이 지점에서 그녀는 그에게 진실을 말하고 그는 격렬한 반응을 보인다. 그에 대한 복수로, 남자는 자신의 여자 친구를 못 알아보게 만든 그 의사를 찾아가 아무도 자신을 더 이상 알아보지 못하도록 똑같은 수술을 해 줄 것을 요구한다.

깊은 곳의 정체성과 외부적인 신체적 외모, 신체와 영혼, 그리고 무엇보다도 타자라는 주제가 이 영화의 개념적 토대이다. 김기덕의 언어는 극히 단순하지만, 다음과 같은 장면들에서 매우 강력하고 극적이며 정서적으로 함축성을 띤다. 여성이 미용 성형 클리닉에 다시 찾아가는 장면, 다른 사람이 된 것에 대해 절망하는 장면, 이제 의사에 의해 변형된, 그녀 자신의 [과거의] 얼굴 모양을 한 가면을 쓰는 장면. 욕망은 타자의 무한 게임이다. 이것이 우리가 여기에서 듣고 있는 드라마의 출발점이다.

'욕망이란 한 대상에서 다른 대상으로 부단히 변동해 가는 것이기에 나는 다른 사람이 되고 싶다.'

그렇지만 우리는 시뮬레이션이라는 주제를 과소평가할 수 없다. 미용성형수술은 대상의 변화를 가능하게 하는데, 그 이유는 그것이 원본의 복사물들이 아닌 구체화된 종합적 이미지인 형태들을 생산할 수 있기 때문이다. 욕망과 시뮬레이션은 여기에서 그들의 마지막 게임, 즉 가장 절망적인 게임을 하는데, 그 이유는 그것이 영혼을 포획당한 물리적 신체 안에서 일어나기 때문이다.

욕망 대상이 가상적으로 무한하게 복제되는 것은 우리 시대 병리들의 본질적인 특징이다. 그것은 더 이상 결핍, 또는 억압, 또는 대상의 접촉 금지가 아니다. 타자는 도달할 수 없고 무제한

적인 소비 대상으로서, 더 이상 가능하지 않은 성적 타자의 가상
적 대체물로서 증식한다. 타자는 포르노그라피가 된다. 그 이유
는 그것이 실재의 인간 존재들의 제한된 성적 에너지를 소진하
는 무한한 욕망의 대상이 됨에 따라 항상 향락^{enjoyment}으로 전
락하기 때문이다.

불안과 우울증

20세기의 반권위주의적인 이론들은 직접적으로건 간접적으
로건 프로이트^{Sigmund Freud}의 우울증 개념의 영향을 받았다. 프
로이트의『문명 속의 불만』⁶³은 우울증에 초점을 맞추었다.

> 문명이 본능 억제에 얼마나 의존하고 있는지, 문명이 강력한 본
> 능을 만족시키지 않는다는(억압이나 억제나 그 밖의 다른 수단
> 으로) 전제 조건에 얼마나 많이 의존하고 있는지는 간과할 수
> 없다. 이 '문화적 욕구 불만'은 인간의 사회관계의 대부분을 지
> 배한다. 이미 알고 있듯이, 욕구를 단념하는 것이야말로 모든
> 문명이 맞서 싸워야 하는 적개심의 원인이다.⁶⁴

---

63. [한국어판] 지그문트 프로이트,『문명 속의 불만』, 김석희 옮김, 열린책들, 2004.
64. Freud, Sigmund, *Civilization and its Discontents*, translated from the Ger-
    man and edited by James Strachey, New York : W. W. Norton, (1962), p. 44
    [프로이트,『문명 속의 불만』, 김석희 옮김, 열린책들, 2004, 273~274쪽].

프로이트에 따르면 억압은 사회관계의 본질적이고 구성적인 측면이다. 20세기 중반, 즉 1930년대와 1960년대 사이에 유럽의 비판이론들은 소외의 인류학적 차원과 해방의 역사적 차원 사이에 존재하는 관계를 분석했다. 『변증법적 이성비판』*Critique de la raison dialectique*에 드러난 바와 같이 사르트르의 시각은 직접적으로 프로이트의 이론들에 영향을 받았으며, 인류학적으로 구성적인, 그리하여 피할 수 없는 소외의 특성을 인식했다. 그와 달리 역사적이고 변증법적인 변이들을 보이는 맑스주의 이론은 소외를 자본주의적 사회관계의 폐지를 통해 극복될 수 있는 역사적으로 결정된 현상으로 간주한다.

프로이트는 1929년의 한 논문에서 이러한 논쟁을 예견하며 변증법의 천진난만함을 비판한다.

공산주의자들은 인류를 악에서 구하는 길을 발견했다고 믿는다. 인간은 전적으로 선하고 이웃에 호의를 갖고 있지만 사적 소유 제도가 인간의 본성을 타락시켰다는 것이 그들의 주장이다. … 사적 소유가 폐지되고 모든 재화가 공유화되어, 모든 사람이 그 재화를 향유하는 데 참여할 수 있게 되면, 인간들 사이의 악의와 적개심은 사라질 것이다. … 나는 공산주의 체제를 경제학적으로 비판하는 것에는 관심이 없다. 사적 소유의 폐지가 합당하거나 유리한지는 내가 검토할 수 있는 문제가 아니다. 그러나 공산주의 체제가 근거로 삼고 있는 심리(학)적 전제가 변

호할 여지가 없는 환상에 불과하다는 것은 인정할 수 있다.[65]

프로이트에 따르면 근대 자본주의는, 모든 시민적 체제와 마찬가지로, 개인적 리비도에 대한 필연적 억압과 집단적 리비도를 순화하는 조직화에 기초한다. 요컨대 [프로이트의] 이러한 직관은 20세기 사유 안에 매우 다양한 방식으로 표현된다.

프로이트주의적인 정신분석의 맥락에서 볼 때, 우리의 '욕구 불만'은 구성적이고 불가피하다. 그리고 정신분열 이론은 정신분열이 야기할 수 있는 신경 형태들을 언어와 회상을 통해 치료하려고 시도한다. 실존주의적 영감의 철학 문화는, 구성적 소외를 피할 수 없으며 리비도적 충동들이 억압받는다는 프로이트의 확고한 신념을 공유한다.

그와 달리 맑스주의적이고 반권위주의적인 이론들의 맥락에서 볼 때 억압은 사회적 행위가 이미 사회의 실재 운동에 속하는 생산적이고 욕망하는 에너지들을 해방시킴으로써 제거할 수 있는 사회적으로 결정된 형태로 간주될 필요가 있다.

그렇지만 이 두 철학적 장면들 속에서 억압 개념은 근본적인 역할을 한다. 그 이유는 이 개념이 정신분열 이론이 다루는 신경 병리학을 설명할 뿐만 아니라, 그와 동시에 자본주의적인 사회모순 — 혁명운동들은 착취와 소외 자체를 극복하기 위해 이 모순

65. Ibid. p. 60 [같은 책, 291쪽].

의 폐지를 가능하게 만들고 싶어 한다 ― 을 명료하게 해주기 때문이다.

> 문명이 본능 억제에 얼마나 의존하고 있는지, 문명이 강력한 본능을 만족시키지 않는다는(억압이나 억제나 그 밖의 다른 수단으로) 전제 조건에 얼마나 의존하고 있는지는 간과할 수 없다.[66]

1960년대와 1970년대에 억압 개념은 정치적 담론의 배경을 이루고 있었다. 욕망의 정치적 영향력이 억압 기제들에 반대하여 강조되었지만, 이러한 사고방식은 종종 개념적이고 정치적인 함정이 되는 것으로 귀결되었다. 1977년 이탈리아를 예로 들어보자. 2월과 3월의 봉기에 뒤이은 체포의 물결이 지나고 난 뒤, 운동은 억압 문제를 두고 볼로냐에서 9월 회합을 소집할 것을 선택한다. 이것은 개념적 실수였다. 주요 논의 주제를 억압으로 선택함으로써 우리는 권력의 서사적 기계 속으로 들어가, 권력과 비대칭적이고 그리하여 권력에서 독립적인 새로운 생활형태들을 상상할 수 있는 우리의 능력을 상실했다. 그렇지만 20세기 말, 억압의 전반적인 문제는 사라지고 그 사회적 장면을 포기한 것처럼 보인다. 우리 시대의 지배적 병리(학)들은 더 이상 리비도의

---

66. Ibid. p. 44 [같은 책, 273~274쪽].

억압에 의해 결정되는 신경과민과 같은 것이 아니라, '하면 된다.'라는 표현이 지닌 폭발력에 의해 생산되는 분열-병리들이다.

구조와 욕망

1970년대의 반권위주의적 이론들은 프로이트주의적인 개념적 영역에서 출현한다. 이 이론들이 설령 이것의 역사적 지평들을 확장하고 전복시킨다 할지라도 말이다. 마르쿠제는 『에로스와 문명』에서 집단적 에로스[성애]의 시기적절함을 선언한다. 억압은 과학기술과 지식의 완전한 발전을 금지함으로써 이것들[과학기술과 지식]의 잠재력들을 축소시키지만, 비판적 주체성은 정확히 사회의 리비도적이고 생산적인 잠재력들의 완전한 표현을 가능하게 함으로써 자신의 행위를 펼치고, 그리하여 쾌락원칙의 완전한 실현을 위한 조건들을 창출한다.

근대 사회의 분석은 사회제도들을 모델화하는 규율[훈육] 도구들 및 공적 담론들과, 억압적인 방식으로, 뒤얽힌다. 최근에 푸코의 1979년 세미나들(특히 생명[관리]정치학의 탄생에 몰두한 세미나)을 출간한 자료들을 보면, 우리는 푸코 이론의 초점을 억압적 규율[훈육]에서 생명[관리]정치적 통제 장치들로 이동시킬 수밖에 없게 된다. 그렇지만 근대(성)의 계보학에 몰두하고 있는 지작들(특히 『광기의 역사』*Madness and Civilization*, 『임상의학의 탄생』*Birth of the Clinic*, 『감시와 처벌』)에서 푸코는 그만의 방식으로 여전히 '억압적인' 패러다임의 영역 안에서 움직인다.

들뢰즈와 가타리는 『안티 오이디푸스』에서 프로이트주의적인 영역을 포기했다고 공개적으로 밝혔지만, 그들 역시 프로이트의 1929년 논문 『문명 속의 불만』이 규정한 문제들의 장 내부에 머물러 있다. 욕망은 사회와 개인 모두의 경험들을 가로지르는 운동의 기동력이지만, 욕망하는 창의성은 자본주의 사회가 모든 방면의 실존과 상상력에 가하는[설치하는] 억압적인 전쟁 기계를 끊임없이 다루어야 한다.

욕망 개념이 '억압적인' 종류의 독법 속에서 무의미해져서는 안 된다. 그와 반대로, 『안티 오이디푸스』에 따르면 욕망 개념은 결핍 개념과 대립된다. 결핍의 장에서 변증법적 철학이 만들어졌으며, 20세기 정치학은 자신의 (불)운을 이것 위에서 구축했다. 변증법적 철학은 의존성의 장이지 자율성의 장이 아니다. 결핍은 경제 체제의 특수한 산물, 종교적이고 정신병적인 지배의 특수한 산물이다. 에로틱하고 정치적인 주체화 과정들은 결핍에 기초해서는 안 되고, 창조로서의 욕망에 기초해야 한다.

이런 관점에서 볼 때, 들뢰즈와 가타리는 우리로 하여금 억압이 욕망의 투사에 지나지 않는다는 점을 이해하도록 해준다. 욕망은 어떤 구조의 현현이 아니라, 수천 개의 구조들을 세울 수 있는 창조적인 힘을 지니고 있다. 욕망은 구조들을 보강補強할 수 있으며 그것들을 강박적 후렴[반복구]들로 변형할 수 있다. 욕망은 욕망 자체를 [잡기] 위해 함정을 놓는다.

하지만 푸코의 계보학과 들뢰즈와 가따리의 창조주의에서 유래하는 분석적 테두리에서는, 주체성을 힘force으로, 억압적인 사회적 순화sublimation에 맞서는 억압당한 욕망의 재등장으로 바라보는 시각 — 반억압적인, 더 정확히 말하자면 표현적인 비전 — 이 압도적이다.

구조와 욕망의 관계는 가따리를 라깡적 프로이트주의의 영향에서 벗어나도록 이끌어준, 가따리의 정신분석 이론에서의 전환점이다. 욕망은 구조를 통해 — 불변하는[일정한] 수학적 모델들에 의거하는 변이체variant로 — 이해되어서는 안 된다. 창조적인 욕망은 무한한 구조들을, 심지어는 그것들 중에서 억압 장치들[기구들]로 기능하는 구조들을 생산한다.

그러나 진정 프로이트주의적인 테두리에서 벗어나기 위해서는 우리는 보드리야르 — 당시에 그의 이론은 우리에게 회유적인 것처럼 보였다 — 를 기다릴 필요가 있다. 장 보드리야르는 [푸코, 들뢰즈, 가따리와는] 다른 풍경을 그린다. 1970년대 후반의 저작들(『사물들의 체계』, 『소비의 사회』, 「미디어를 위한 레퀴엠」, 마지막으로 『푸코를 잊자』)에서 보드리야르는 욕망이 자본 발전의 기동력이며, 해방 이데올로기가 상품의 완전한 지배와 일치한다고 주장한다. 새로운 상상적 차원은 억압이 아니라 시뮬레이션, 시뮬레이션의 증식, 유혹이라는 것이다. 보드리야르에게는 표현적 과도[잉여]가 실재의 과다투여overdose의 본질적인 핵심이다.

실재적인 것은 사막처럼 늘어난다. … 환상, 꿈, 열정, 광기, 마약, 또한 술책artifice과 시뮬라크라 — 이것들은 실재의 자연적 약탈자들이었다. 이것들은 모두 미지의 불치병에 걸린 것처럼 에너지를 상실한다.[67]

보드리야르는 이후 수십 년간 지배적이 될 경향을 내다본다. 그의 분석에 따르면 시뮬레이션은 주체와 객체[대상]의 관계를 변경하고, 주체로 하여금 유혹당한 자들의 하위 지위를 받아들일 수밖에 없도록 만든다. 능동적인[활동적인] 정당party은 주체가 아니라 객체이다. 결과적으로, 문제들의 전체 장場은 소외, 억압, 불만과 관계가 있었다. 자신의 마지막 시기에 (규율[훈육] 사회와 통제 사회에 대해 인용을 많이 한 저작에서) 들뢰즈는 진정으로 푸코의 규율[훈육] 개념과 그로부터 연원하는 상이한 이론적 건축물들을 문제 삼고 있는 것처럼 보인다. 들뢰즈는 보드리야르가 1970년대 초반부터 따랐던 방향에 함께 하는 것처럼 보인다. 나는 시뮬레이션 이론과 욕망 이론을 비교하는 데 흥미가 없다. 언젠가 이 비교가 이루어질 필요가 있다 할지라도 말이다. 내가 흥미 있어 하는 것은 후기 산업 사회에서 기호자본주의, 다시 말해 비물질적 노동에 기초하는 자본주의

---

67. Jean Baudrillard, *The Intelligence of Evil or the Lucidity Pact*, translated by Chris Turner, Oxford, New York : Berg, (2005), p.27.

형태와 정보계Insophere의 급증으로 이행하는 시기에 출현하는 정신병리들이다.

과잉생산은 자본주의적 생산의 내재적 특성을 이룬다. 그 이유는 재화의 생산이 결코 인간의 구체적인 필요들의 논리에 부합해서가 아니라 가치 생산의 추상적 논리에 부합하기 때문이다. 그렇지만 기호자본주의의 영역에서 일어나는 특수한 과잉생산은 기호적 과잉생산 — 정보계에서 순환하는 기호들의 무한 과잉이다. 개인적이고 집단적인 관심은 [공급] 과잉이다.

시간이 흐를수록 보드리야르의 직관이 갖는 타당성은 입증되었다. 미래의 지배적인 병리(학)는 억압에 의해 생산되지 않고, 오히려 표현하라는 명령에 의해 생산될 것이다. 이 명령은 일반화된 의무가 될 것이다.

제1 접속 세대에 영향을 미친 현재의 불안을 다룰 때, 우리는 프로이트가 『문명 속의 불만』에서 기술한 개념적 영역 속에 있는 게 아니다. 프로이트의 시각에 따르면, 억압이 병리(학)의 원천에 놓인다. 즉, 어떤 것은 우리로부터 은폐되고 억제되고 억압된다. 그리고 금지된다.

오늘날 격리(은둔)seclusion가 더 이상 병리의 원천이 아니라 오히려 하이퍼비전hyper-vision, 즉 정보계의 급증을 수반하는 시계(가시성)visibility의 과잉 — 정보 신경 자극의 과충전 — 임이 분명한 것으로 보인다.

억압이 아니라 초표현성hyper-expressity이 우리가 오늘날의 정신병리들 ― 주의력결핍장애, 난독증, 공황 ― 들을 이해하는 방식을 틀 지우는 과학기술적이고 인류학적인 맥락이다. 이러한 병리들은 정보의 투입을 정교화하는 또 다른 방식과 관계되지만, 고통, 불쾌, 주변화를 통해 모습을 드러낸다.

사족이 될지 모르지만 나는 여기에서, 내 이야기가 관대한 태도의 나쁜 결과들에 대한 반동적이고 편협한 설교와 아무런 관계가 없으며, 또한 그리운 옛 시절의 억압이 지식인과 사회적 관행에 미친 긍정적 영향과도 아무런 관계가 없다는 것을 말하고 싶다.

지금까지 우리는 프로이트가 노이로제로 규정되고 억압의 결과로 기술되던 지배적인 사회적 병리들이 어떻게 정신병으로 기술될 필요가 있는지, 행위 차원과, 그리고 에너지 및 정보의 과잉과 연관될 필요가 있는지 살펴보았다.

가따리는 자신의 분열분석 작업에서, 정신분열증의 방법론적이고 인지적인 역할에서 시작하여, 노이로제와 정신병의 관계를 재규정할 가능성에 초점을 맞추었다. 이러한 새로운 규정은 매우 강력한 정치적 효과를 불러왔는데, 이것은 자본주의가 활동을 강제적으로 노동의 억압적 한계들 내부에 가두고 욕망을 억압의 규율[훈육]적 형태들에 종속시킴으로써 표현에 부과했던 신경증적 한계들의 급증과 때를 같이했다. 그러나 사회운동들의 분열형태적 압력과 사회적인 것의 표현적 급증[폭발]은 사회적 언어들, 생산적 형태들, 그리고 최종적으로는 자본주의적 착취의 변형(분열메타형태schizometamorphosis)으로 귀결되었다.

이제 접속 시대의 제1세대들의 일상생활에 만연한 정신병리들은 억압적이고 규율[훈육]적인 패러다임의 견지에서는 결코 이해될 수 없다. 이것들은 억압의 병리들이 아니라, '하면 된다.'의 병리들이다.

기호-병리적 관점에서 볼 때, 정신분열은 기호적 흐름들을 해석할 수 있는 두뇌의 능력과 관계된 기호적 흐름들의 과잉으로 간주될 수 있다. 너무 빨리 움직이는 세계, 너무 많은 기호들을 해석해야 하는 상황에 놓이면 우리 정신은 사물에 형상을 부여하는 선과 점들을 더 이상 구분할 수 없다. 이럴 때 우리는 과잉함유적over-inclusive 과정을 통한, 의미의 한계들을 확장하는 것을 통한, 가능한 의미를 부여하려고 한다. 우리는 여기에서 다시 들뢰즈와 가따리가, 그들이 함께 쓴 마지막 책 『철학이란 무엇인가』에서 내린 결론을 인용할 것이다.

우리는 카오스로부터 우리를 보호하기 위해 다만 얼마만큼의 질서를 요구하는 것뿐이다. 그 자체로부터 빠져나가는 사유보다 더 괴롭고 고통스러운 것은 없다. 그것은 이미 망각에 의해 야금야금 잠식되어 버렸기에… 윤곽이 떠오르기가 무섭게 사라지고 소멸되어버리는 관념들이다.… 그것은 무한한 속도들이라, 그것들이 가로지르는, 본질도 사유도 없는 무색의 말 없는

무無의 부동성으로 혼동되기도 한다.[68]

정신분열의 기호학

기호적 체제가 억압적인 것으로 정의될 수 있는 것은 유일무이한 의미가 그 체제 내부의 모든 각각의 기표와 대응될 수 있기 때문이다. 권력의 기호들을 적절하게 해석할 수 없는 사람들, 깃발에 경례하지 않는 사람들, 위계와 법(律)을 존중하지 않는 사람들에게 화 있을진저! 우리 ─ 기호자본주의적 세계의 거주자들인 우리 ─ 가 살고 있는 기호적 체제는 기표들의 과도한 속도를 특징으로 하며, 그리하여 이 체제는 일종의 해석적 운동과다 hyper-kinesis를 조장한다.

정신분열적 해석의 주요 특징인 **과잉함유**over-inclusion는 우주[세계]를 증식시키는 영상전자 매체 안에서 지배적인 항해 양식이 된다.

그래서 베이트슨은 자신의 책 『마음의 생태학』*Steps to an Ecology of Mind*에서 정신분열적 해석을 다음과 같이 규정한다.

정신분열증 환자는 다음과 같은 세 가지 영역에서 결함을 드러낸다. ㉠ 자신이 다른 사람에게서 받은 메시지에 정확한 소통양

---

68. Gilles Deleuze · Félix Guattari, *What is Philosophy?*, op. cit., p. 201 [질 들뢰즈 · 펠릭스 가타리, 『철학이란 무엇인가』, 앞의 책, 289쪽].

식을 부여하는 데 어려움을 겪는다. ⓛ 자기 스스로 말하거나 비언어적으로 내놓은 메시지에 정확한 소통양식을 부여하는 데 어려움을 겪는다. ⓒ 자신의 사고, 감각, 지각에 정확한 소통양식을 부여하는 데 어려움을 겪는다.[69]

영상전기적 정보계에서 우리 모두는, 정신분열적 소통을 만들어 내는 조건들 아래에서 살아간다. 자극[충동]들에 의미를 부여할 의무가 있지만 언표들과 자극들의 의미를 어떤 연쇄 속에서 가공할 수 없는 인간 수신자는 바로 베이트슨이 이야기하고 있는 세 가지 어려움들의 영향을 받는다. 베이트슨은 또 다른 정신분열적 태도, 즉 은유와 문자 표현의 관계를 구분할 수 없는 태도에 대해서도 언급한다.

정신분열증 환자의 특이한 점은 그가 은유를 사용하는 것이 아니라 표지label 없는 은유를 사용한다는 것이다.[70]

디지털 시뮬레이션의 세계에서, 은유와 사물은 점점 더 차이가 없어진다. 사물은 은유가 되고 은유는 사물이 되는 것이다. 재현이 삶을 대체하고, 삶이 재현을 대체한다. 기호적 흐름들과 재

---

69. Gregory Bateson, *Steps to an Ecology of Mind*, New York : Ballantine (1972), p. 205 [그레고리 베이트슨, 『마음의 생태학』, 앞의 책, 336쪽].
70. Ibid [같은 책, 337쪽].

화들의 유통[순환]은 이러한 흐름들 및 재화들의 코드들과 겹쳐지고, 보드리야르가 '초실재'hyper-real라고 규정한 것과 같은 성운의 일부가 된다. 그리하여 정신분열적 등록register은 효과적인 해석적 코드가 된다. 집단적인 인지 체계는 자신의 — 한때 그 자신이 다소 의식적으로 관심을 가지고 있던 언표들의 참된 가치나 거짓된 가치를 구분할 수 있었던 — 비판적 능력을 상실한다. 고속 미디어가 증식하는 세계에서 해석은 의미화 없는 연합들과 접속들의 나선에 따라 이루어지며, 더 이상 연속적인 선들에 따라 이루어지지 않는다.

조지워싱턴 대학의 연구원인 리처드 로빈은 「청취 기반 학습자와 과학기술적 진정성」Learner based listening and technological authenticity이라는 논문에서 발성의 빠르기[가속]가 청해聽解에 끼친 영향들을 연구한다. 로빈은 화자transmitter가 1초당 얼마나 많은 음절들을 발화하는지 계산하면서 연구를 진행해 나간다. 발성에 가속도가 붙을수록 더 많은 음절들이 발음되었고, 청해는 더 잘 이루어지지 못했다. 발성이 빨라지면 빨라질수록 청자가 메시지를 비판적으로 가공할 시간은 점점 더 줄어들었다. 발성의 속도, 그리고 시간 단위로 보내진 기호적 자극들의 양은 수신자[청자]가 의식적인 가공을 위해 이용할 수 있는 시간과 함수관계에 있다.

로빈에 따르면,

빠른 전송률[전달률]은 청자들을 협박한다. … 서구의 방송 방식들이 전통적으로 위압적인 방식들을 대체했던 세계의 여러 지역들에서 세계화가 전송[전달] 속도의 증대를 불러왔음은 분명하다. 예컨대, 구소련에서 1초당 발음되는 음절수를 측정해 보니, 전송률은 공산주의의 몰락 이후 1초당 약 3음절에서 6음절로 거의 두 배가 되었다. 중동과 중국 같은 곳의 뉴스 방송들을 대충 비교해 보아도 동일한 결론에 도달한다.[71]

로빈의 언급은 굉장히 흥미로운 함축들을 지니는데, 이는 우리가 '설득적인' 종류의 권위주의적인 권력 형태(20세기의 권위주의 체제들의 경우가 그러했다)에서 '침투적인' 종류의 생명[관리]정치적 권력 형태(오늘날의 정보제Info-cracy[72] 같은)로의 이행을 이해하는 데 도움을 준다. '설득적인' 권력 형태는 동의에 기초한다. 시민들은 자신의 대통령, 장군, 총통, 서기관 또는 수령의 논리들reasons을 잘 이해할 필요가 있다. 오직 단 하나의 정보 원천에만 권위가 부여된다. 동의하지 않는 목소리에는 재갈이 물린다.

그와 달리 기호자본의 정보제적 체제는 자신의 권력의 기초

---

71. Richard Robin, "Learner based listening and technological authenticity," in *Language Learning & Technology*, vol. 11, n° 1, February, (2007), pp. 109~115.
72. [옮긴이] '정보제'는 다음과 같은 뜻을 함유한다. 정보의 흐름에 기초하여 작동되는 조직. 또는 사회적인 네트워크 사이트들을 통한 사용자 제작 정보의 민주화.

를 과부하 ― 즉 정보의 원천들이 구분 불가능한 것들의, 무관한 것들의, 이해하기 어려운 것들의 잡음이 될 때까지 [정보의 원천들을] 증식하도록 만드는 기호적 흐름들을 가속화하는 것 ― 에 놓는다.

근대 사회에서 대단히 널리 퍼져 있던 병리가 억압이 유발한 노이로제였다면 오늘날에 가장 광범하게 확산된 병리들은 정신병적이고, 공황주도의panic-driven 특성을 띤다고 내가 반복해서 말하는 이유가 바로 이것이다. 관심의 과過자극은 비판적인 연속적 해석을 위한 역량을 축소할 뿐만 아니라, (이해해 보려 하지만 결코 이해할 수 없는) 타자를, 그리고 그/녀의 신체와 목소리를 감정적으로 가공하는 데 이용하기 위해 남아 있는 시간 역시 축소한다.

4장

불확실한 영혼

탈규제와 통제

보드리야르는 해방이라는 단어가, 권력이 규범에 기초하기를 그만둔 이래로, 즉 신체들에 대한, 그리고 사회적·언어적·도덕적 관계들에 대한 규율[훈육]적 규제에 기초하기를 그만둔 이래로, 다시 말하자면 세계가 일반화된 불확정성에 잠긴 이래로, 그 의미를 상실해 가고 있었다고 언급한다.

포드주의 시대에 가격, 봉급, 이윤의 변동[파동]은 사회적 필요노동시간과 가치 결정의 관계에 기초하고 있었다. 마이크로일렉트로닉 과학기술들이 도입되고, 그리고 그에 따른 생산적 노동의 지성화가 일어나면서, 기존의 척도 단위들과 다양한 생산력들 사이의 관계들은 불확정성의 체제로 진입했다. 1980년대 초 마거릿 대처와 로널드 레이건이 개시한 **탈규제**는 이러한 불확정성의 원인이 아니라 불확정성의 정치적 비문碑文이다. 신자유주의는 가치법칙의 종말을 의미했다. 신자유주의는 그것을 경제정책으로 만들었다. 리처드 닉슨이 1971년에 금-달러 태환을 금지하기 위해 내린 결정으로 미국 자본주의는 전 지구적 경제 내에서 중추적인 역할을 부여받게 되었고, 1944년의 브레튼우즈에서 확립된 구조적constitutional 틀1에서 자유롭게 되었다. 그때

1. [옮긴이] 브레튼우즈 체제(Bretton Woods system)는 1944년 7월 미국 뉴햄프셔

이후로 미국 경제는 경제법칙들의 통제(만약 이러한 통제가 존재하기라도 한다면)에 더 이상 종속되지 않았고, 오직 무력에만 의존했다.

미국의 부채는 무한정 늘어날 수 있었는데, 이는 채무자가 채권자보다 군사적으로 더 강했기 때문이었다. 이때부터 미국은 세계의 나머지 나라들이 자신의 군대의 역량을 강화하는 비용을 치르도록 만들었으며, 세계의 나머지 나라들을 위협하여 그 비용을 강제적으로 치르도록 하는 데 자신의 군대를 활용한다. 결코 객관적인 학문이 아닌 경제학은 사회관계들을 모델화하는 것으로서, 즉 폭력적인 강압을 행사하는 기획[모험심]으로서 모습을 드러냈다. 경제학의 임무는 사회활동들에 자의적인[전횡적인] 규칙들 — 경쟁, 최대 이윤, 무제한적인 성장 — 을 부과하는 것이다.

주 브레튼우즈에서 44개 연합국 대표가 모여 만든 국제통화질서이다. 외환금융시장을 안정시키고 무역 활성화를 유지하기 위해 설립되었다. 금융부문에서는 달러를 기준으로 세계 각국 통화가치를 일정하게 유지하는 고정환율제를 채택하고, 근본적인 불균형이 있을 때만 변경하도록 했다. 이후 이러한 국제통화제도를 관장하는 기구로 국제통화기금(IMF)과 세계은행(IBRD)이 설립됐다. 무역 활성화를 위해서는 관세와 무역에 관한 일반협정(GATT)체제가 성립됐다. 금융과 무역부문에 새로운 제도를 정착시킨 브레튼우즈 체제는 1971년 닉슨 대통령이 달러를 금과 바꾸는 금 태환을 정지시킴으로써 금융부문이 사실상 와해됐으며, 고정환율제도 폐지됐다. 이후 1976년 자메이카 킹스턴에서 금 공정가격 철폐와 변동환율제 등이 선진공업국 간에 논의되면서 브레튼우즈 체제는 킹스턴체제로 바뀌게 된다. 하지만 무역부문에서 GATT체제는 이후 세계무역기구(WTO)로 발전되면서 더욱 강화되었다.

보드리야르는 『상징적 교환과 죽음』*Symbolic Exchange and Death* 에서 새 천년의 종말을 특징짓는 일반적인 진화 노선들에 대한 직관을 보여주었다.

> 실재 원칙은 가치법칙의 특정 단계에 상응했다. 오늘날 전체 체계는 불확정성에 압도되며, 모든 실재는 코드와 시뮬레이션의 초실재hyperreality 2에 흡수된다.3

전체 체계는 불확정성으로 빠져드는데, 이것은 지시 대상과 기호의 상응, 시뮬레이션과 사건의 상응, 가치와 노동시간의 상응이 더 이상 보장받지 못하기 때문이다. 달러 태환성의 종말을 개시한 결정은 요동치는 가치들의 우연적인 체제를 개시했다. 태환성 규칙은 정치적 의지의 행동[법령]에 의해 사라졌고, 한편 동일한 시기인 1970년대에 기계적 패러다임이 지배하는 전체의 기술적·조직적 체계는 무너지기 시작했다.

그렇다면 요동치는 가치들의 우연적인 체제 내부에서 가치는 어떻게 형성되는가? 그것은 폭력, 협잡, 사기를 통해서 형성된다. 잔인한 무력은 법률의 유일하게 효과적인 원천으로 정당화[합법

---

2. [옮긴이] 자기가 묘사하려고 하는 실재를 왜곡할 뿐만 아니라 사실상 실재의 존재를 가지고 그 어느 것도 묘사하지 않지만, 그럼에도 불구하고 실재를 구성하게 된 이미지나 시뮬레이션, 또는 이미지들과 시뮬레이션들의 집합을 가리킨다.

3. Jean Baudrillard, *Symbolic Exchange and Death*, op. cit., p. 2.

화]된다. 요동치는 가치들의 우연적인 체제는 공적 담론과 공적 영혼에서 이루어지는 냉소주의의 지배에 상응한다.

신자유주의적 탈규제의 사회적 효과들을 이해하기 위해서, 우리는 사회관계들의 불확실성이 개인적이고 집단적인 영혼에 미치는 정신병리적 효과들을 이해해야 한다. 1970년대 초반, **탈 규제**는, 권력의 이데올로기 내에서, 경제와 사회의 관계뿐만 아니라 비판적 담론[에 해당하는 것들]을 전복시키는 핵심적인 역할을 맡았다. **탈규제**라는 말은 허위이다. 이 단어는 마치 사회 영역에 해방의 바람을 가져오고 모든 규범과 긴축적인 법칙의 종말을 예고하는 반체계적 아방가르드의 역사 속에 기원을 두는 것처럼 보인다. 실제로는, 화폐적인 신자유주의의 승리를 수반하는 탈규제적인 실천들은 오직 경제법칙만이 그 무엇과도 경쟁하지 않고 지배할 수 있도록 모든 법칙들을 제거한다. 유일하게 합법적인 법칙은 모든 법칙들 중에서 가장 엄격한, 가장 폭력적인, 가장 냉소적인, 가장 비합리적인 법칙, 즉 경제적 정글의 법칙이다.

근대적인 권력 형성의 계보학에 대해 푸코가 몰두했던 작업들에서 핵심적인 개념은 포드주의적 맥락 속에서 신체들을 모델화하는 것으로 이해된 규율[훈육]이다. 푸코는 근대적인 규율[훈육]적 구조들의 형성을 연구했던 초기 저작들에서, 주체 형성의 이론을 포함하는 근대 권력 이론을 수립했다.

자유주의적인 탈규제의 전제적인[독재적인] 체제가 완전히 전개되었으므로, 푸코가 초기 저작들에서 전개했던 담론은 갱신될 필요가 있다. 1979년 프랑스 대학에서의 세미나를 출간한 책인 『생명관리정치의 탄생』*Naissance de la biopolitique*에서 볼 수 있는 것처럼 푸코 자신도 이 점을 인식하고 있었다. 여기에서 푸코는 활기찬^animated 사회적 신체 내부에 신자유주의적 형태를 강제적으로 삽입하는 포스트포드주의적 변형을 다시 탐구한다. 영국의 마거릿 대처와 미국의 로널드 레이건의 선거가 있었던 때 같은 시기에 있었던 세미나에서 푸코는, 당시 단지 모양을 갖추어 나가기 시작하고 있던 경제 과정들을 포함하기 위해 자신의 계보학적이고 생명[관리]정치적인 전망[시각]의 시야를 확장한다.

푸코는 자신의 강의계획서에 다음과 같이 쓰고 있다.

이 주제는 '생명[관리]정치'가 되어야 했다. 내가 '생명[관리]정치'라는 개념을 사용한 것은, 18세기에서 비롯하는 인구를 구성하는 일단의 생활존재들에 특징적인 현상들이 통치적 실천에 제기한 문제들 ― 건강, 위생, 출산율, 기대수명, 인종 등등 ― 을 이론적으로 설명하기 위해서였다. 우리는 19세기 이래로 이러한 문제들의 중요성이 점차 증대되어 왔음을, 그리고 그들이 제기한 정치적·경제적 논점들이 오늘날까지도 유효함을 알고 있다.[4]

---

4. Foucault, Michel, 1926~1984, *The Birth of Biopolitics: Lectures at the College*

푸코는 생명[관리]정치라는 말로써, 권력의 역사가 행위들과 기대들[예상들], 그리고 진정 영구적인 변경들을 생명체에 끌어들일 수 있는, 매우 돌연변이적인 제도들과 실천들에 의해 모델화되고 있는 살아 있는 신체의 이야기라는 생각을 전개한다. 그러므로 생명[관리]정치는 상호작용이 일어날 수밖에 없는 서식지에 의해 작동되는 생명체의 형태발생적 모델화를 의미한다.

자유주의(더 정확히 말하자면 신자유주의 — 1970년대 전반에 걸쳐 시카고학파의 경제학자들이 제기하고 이후 미국과 영국의 정부들에 의해 채택되어 마침내 1989년 이후 전 지구적 정치의 핵심 도그마가 된, 극히 공격적인 변이체 — 를 가리키고 싶기에 우리는 이 개념을 사용한다)는 하나의 정치 강령이다. [신]자유주의의 목표는 기업가 원리를 인간관계들의 모든 측면에 접목시키는 것을 함축하고 있다. 사유화[민영화]는, 그리고 사회적 영역의 모든 파편이 기업가주의적 모델로 축소되었다는 사실은 경제적 동역학을 어떠한 속박 — 그것이 정치적이건, 사회적이건, 윤리적이건, 사법적이건, 노동조합주의적이건 또는 환경적이건 — 으로부터도 자유롭게 했다. 지난 수십 년간, 이러한 속박들은 케인즈의 개혁들과 노동자들의 조직된 행동에 의해 자극받은 공적 투자 정책들 덕분에 사유화[민영화]를 유지할 수 있었다.

---

de France, 1978-9, edited by Michel Senellart, translated by Graham Burchell. Basingstoke [England], New York : Palgrave Macmillan (2008), p. 317.

그러나 자유주의적 탈규제가 생산 내부에서 모든 법적 속박들을 더 많이 제거하면 할수록, 그리고 법인이 규제들로부터 더 많이 자유로워지면 질수록, 살아 있는 사회적 시간은 더욱더 언어적, 과학기술적이고 심리(학)적인 사슬들에 예속된다. 푸코는 생명[관리]정치가 내재화의 과정이라고 설명한다. 경제적 사슬들은, 사회가 일단 모든 형식적 규칙으로부터 자유화되면, 물리적·신체적 영역 속에 통합된다는 것이다.

이제, 맑스주의적 탈선을 즐겨보자.

맑스는 1960년대에 발간된 『자본론』 1권의 소위 '미발간된 6장'에서 자본에 의한 형식적 포섭에서 실질적 포섭으로의 이행에 대해 이야기한다. 형식적 포섭은 노동자들의 사법적 종속에, 그리고 신체들의 형식적 규율[훈육]에 기초한다. 실질적 포섭은 그와 달리 노동자들의 삶시간들이 자본 흐름에 포획되었다는 것을, 그리고 영혼들이 기술적-언어적 사슬들에 의해 침해당했다는 것을 의미한다.

침윤적[만연한][5] 과학기술들의 도입, 즉 생산과정과 사회적 소통의 컴퓨터화로 집단적인 신경 네트워크에 대한 분자적 지배가 가능해진다. 이것은 죽은 사물, 즉 상품들의 지배이다. 상품들은 인간의 활동을 인지적 자동운동automatism으로 축소

---

5. [옮긴이] 과학기술이 일상에 침투하여 마치 옷을 입은 것처럼 떼려야 뗄 수 없이 긴밀해지는 현상을 가리키는 것으로 보인다.

하면서 그것[인간의 활동]을 대상화한다. 이러한 점에서 우리는 (죽음을 의미하는 그리스어 '타나토스'thanatos를 따서) '죽음-정치'thanato-politics — 지적 삶을 죽은 사물에 복종시키기, 생명체에 대한 죽은 것들의 지배 — 에 대해 이야기해야 한다.

신자유주의 이론들은 자유 개념을 이 개념의 형식적, 법적 차원으로 축소[환원]한다. 그러나 오늘날의 전체주의는 정치적 절대주의의 사슬들과는 다른 사슬들을 벼린다. 이 전체주의의 지배 수단들은 정치의 영역에서 주체성의 기술적 생산 영역으로, 법인의 영역에서 생명이 깃든 신체로, 영혼으로 이동했다.

신자유주의는 한편으로는, 경쟁적 동역학의 제한으로 귀결되는 모든 법적 규범들과 사회적 규제들의 제거를 목표로 했다. 다른 한편으로는, (보건, 교육, 섹슈얼리티, 정동, 문화 등등을 포함하는) 모든 사회적 생활 영역을 경제적 공간으로 변형시키기를 원했다. 이 경제적 공간에서 유일하게 유효한 법칙이란, 서비스들을 더욱더 절대적으로 사유화하면서 작동하는 수요공급 법칙이다.

신자유주의는 경쟁이라는 경제적 동역학으로부터 사회를 보호했던 속박들을 제거했다. 따라서 생명[관리]정치적 낙인 효과는 집단적인 신체-정신 속에서 이루어졌다.

그것은 사회적 신체나 사회적 직조fabric 내부로부터 '기업'enterprise을 일반화하는 것을 의미했다. 그것은 사회적 구조를 본떠 사물들을 배열하는 것을 의미했다. 그렇게 되면 사회적 구조는 낱낱의 개인들에 의해서가 아니라 낱낱의 기업들에 따라, 무너지고 분할되고 축소될 수 있다. 개인적 삶은… 서로 연결되고 뒤얽힌 다수의 다양한 기업들의 테두리 내부에 … 가두어져야 한다. 그리하여 마침내 개인의 삶 자체는 — 그의 사적 소유[개인 재산]에 대한 관계에 따라, 예를 들어 그의 가족, 세대, 보험, 그리고 퇴직에 따라 — 그를 일종의 영구적이고 복합적인 기업 … 으로 만들어야 한다. 이러한 '기업' 형태의 일반화가 하는 기능은 무엇인가? 물론 한편으로 그것은 수요와 공급 그리고 투자-비용-이윤이라는 경제적 모델이 사회관계와 실존 자체의 모델이 될 수 있도록, 개인이 그 자신과, 시간과, 그를 둘러싼 사람들과, 집단과, 가족과… 맺는 관계 형태가 될 수 있도록 확장하는 것을 함축한다. 그러므로 기업으로의 회귀는 경제적 정책임과 동시에 전체 사회 분야를 경제화하는 정책이지만, 그와 함께 경쟁이라는 엄격히 경제적인 게임 속에서 냉정하고 무감각한, 계산적이고 합리적인, 그리고 기계적인 것을 보상하는 기능과 함께 모습을 드러내거나 또는 일종의 생정치Vitalpolitik가 되고자 하는 정책이다.[6]

기업의 지배는 정치적 탈규제 과정 그리고 시간에 대한 새로운

---

6. Ibid, pp. 241~242.

분할에 대한 인식 과정임과 동시에 문화적 예기expectations이다. 이런 점에서 기업의 지배는 생정치Vitalpolitik, 생명정치a politics of life, 생명[관리]정치biopolitics이다.

정치적 수준에서, 신자유주의적 승리는 푸코가 다음과 같이 규정한 것의 창조로 이어진다.

정부[통치] 행위[조치]를 엄밀한 경제적·시장적 용어로 평가하기를 요구하는 일종의 경제적 법정.[7]

사회적 주도권, 문화형태, 교육, 혁신 등의 모든 정부[통치] 선택은 독특한 기준, 즉 경제적 경쟁과 수익성이라는 기준에 따라 판단된다. 모든 규율[훈육], 지식, 감각의 뉘앙스 들은 이러한 기준에 적합해야 한다. 신자유주의는 경제적 인간homo oeco-nomicus — 그 자신의 선善과 경제 이익을 구별할 수 없는 인류학적 모델 — 을 확립하려는 시도를 의미[대표, 표상]한다.

자유주의적 시각의 기원들을 살펴보면, 인간의 선(윤리적이고 미학적인 선)이 경제 이익으로 환원[축소]되는 것을 볼 수 있으며, 부의 이념이 소유의 이념으로 환원[축소]되는 것을 볼 수 있다. 부의 이념은 자유로운 향유의 쾌락에서 분리되어 가치의 축적으로 환원[축소]된다.

---

7. Ibid. p. 247.

불확실성에 빠지기

요동치는 가치들의 우연적 체제 안에서 불확실성은 사회적 실존의 일반적인 형태가 된다. 자본은 인간 시간의 프랙탈[8]들을 구매하여 디지털 네트워크를 통하여 그것들을 재결합할 수 있다. 디지털화된 정보-노동은 그것[정보-노동]을 생산한 지역에서 멀리 떨어진 다른 지역에서 재결합될 수 있다. 자본 가치화의 견지에서 볼 때, 그 흐름은 연속적이며, 생산된 대상 속에서 자본의 통일성을 발견한다. 하지만 인지노동자의 견지에서 볼 때, 수행된 노동은 단편적인 특성을 갖는다. 노동은 생산적 재조합을 위해 이용될 수 있는 매우 단편적인 세포 시간cellular time[셀 방식의 시간] 속에서 이루어진다. 간헐적인 노동은 전 지구적 생산의 거대한 통제 프레임 속에서 단속斷續한다. 따라서 시간의 분배는 노동자라는 자연인/법인으로부터 분리될 수 있다. 사회적 노동 시간은 자본의 필요에 따라 묶이고 재결합될 수 있는 가치 생산

---

8. [옮긴이] 프랙탈(fractal)은 일부 작은 조각이 전체와 비슷한, 자기 유사성을 갖는 기하학적 형태를 말한다. 브누아 만델브로가 처음으로 사용했다. 어원은 조각났다는 뜻의 라틴어 형용사 'fractus'이다. 프랙탈 구조는 자연물에서뿐만 아니라 수학적 분석, 생태학적 계산, 위상공간에 나타나는 운동모형 등 곳곳에서도 발견되어 자연이 가지는 기본적인 구조라고 할 수 있다. 불규칙하며 혼란스러워 보이는 현상을 배후에서 지배하는 규칙도 찾아낼 수 있다. 복잡성의 과학은 이제까지의 과학이 이해하지 못했던 불규칙적인 자연의 복잡성을 연구하여 그 안의 숨은 질서를 찾아내는 학문으로, 복잡성의 과학을 대표하는 카오스에도 프랙탈로 표현될 수 있는 질서가 나타난다.

적 세포들의 바다와 같다. 불확실성은 사회적 구성을 바꾸었고, 이제는 인력 시장에 모습을 드러낸 새로운 세대들의 심리적이고, 관계적이며, 언어적이고, 표현적인 형태들을 바꾸고 있다.

불확실성은 사회관계의 특수한 요소가 아니라, 파편화된 재조합적 정보-노동의 흐름이 부단히 순환하는, 전 지구적 네트워크의 영역 속에서 이루어지는 자본주의적 생산의 어두운 핵심이다. 불확실성은 전체 생산 주기를 변형하는 요소이다. 누구도 이 불확실성으로부터 숨을 수 없다. 영구적 계약에 기초한 노동자들의 임금은 더 낮아지며 [상황은] 열악해진다. 모든 사람들의 삶이 점증하는 불안전성으로부터 위협을 받는다.

포드주의적 규율[훈육]이 해체된 이후로 줄곧 개인들은 외관상으로는 자유로운 상황에 있는 것처럼 보인다. 누구도 그들에게 복종과 종속을 견디도록 강제하지 않는다. 강압은 사회관계들의 세부적인 내용들 속에 새겨지고 통제는 자동운동 사슬에 대한 자발적이지만 불가피한 복종을 통해 행사된다. 미국에서 대다수의 학생들은 강의를 듣고 학위를 따기 위해 대출을 받지 않으면 안 된다. 수업료가 너무 비싸기 때문에 이 대출은 학생들이 수십 년 동안 벗어날 수 없는 짐이 된다. 이런 식으로 새로운 종속 형태를 위한 조건들이 새로운 세대들의 삶 속에서 생산된다.

1980년대와 1990년대에 독립과 자기-기업가정신의 벡터9들로서 나타났던 신자유주의적 가치들은 사회적 불안 그리고 무엇보다도 심리적인 파국을 낳는 새로운 노예제 형태의 현현들로서 모습을 드러냈다. 일찍이 종잡을 수 없고 예측불허였던 영혼은 이제, 생산적 총체를 구축하는 조작적 교환 체계와 양립하기 위하여 기능적 경로들을 따라야 한다. 영혼은 경직되고, 자신의 부드러움과 유순함을 상실한다. 산업 공장들은 신체들을 활용하고, 영혼을 조립라인 외부에 두도록 강제했다. 따라서 노동자는 영혼 없는 신체처럼 보였다. 그와 달리 비물질적 공장은 우리의 바로 그 영혼 — 지성, 감각, 창의성, 언어 — 을 마음대로 하겠다고 요구한다. 쓸모없는 신체는 게임 분야의 경계들에 맥없이 존재한다. 그 신체를 보살피고 유지하기 위해, 우리는 건강과 섹스의 상업적인 회로들에 그것[신체]을 맡길 수 있다.

우리가 정보-노동의 영역을 향해 움직이면, 자본은 더 이상 사람들을 고용하지 않고, 시간 다발(이것들을 상호교환하고 임시적으로 담지하고 있는 사람들과 분리된)을 구매한다. 탈개인화된 시간이 이제 가치화 과정의 실재적 행위자이며, 탈개인화된 시간에는 권리가 없다.

대기하고 있는 뇌의 신경조직들처럼, 맥동하고 있으며 이용 가능한 인간 기계가 항상 존재한다. 시간의 연장extension은 촘촘한 세포와 같다. 생산시간의 세포들은, 정확하고 임시적이며 파편적인 형태로 이동될 수 있다. 이러한 파편들의 재결합은 디지

---

9. [옮긴이] 방향적 행동을 일으키는 추진력. 개체 내부의 긴장에 의하여 생긴다.

털 네트워크들 속에서 자동적으로 실현된다. 휴대폰으로 인해 기호자본의 필요들과 사이버공간 속 산 노동의 기동 간의 접속이 가능해진다. 휴대폰 벨소리가 울리면 노동자들은 복잡하게 얽힌 흐름들에 자신들의 추상시간을 재접속해야 한다.

이러한 살아 있는 부분들[산 노동]의 상호접속 덕분에, 사회체계는 생물학적 체계와 점점 더 유사해지는 것으로 보인다. 1993년 케빈 켈리Kevin Kelly는 자신의 책 『통제 불능』Out of control에서 생생체계들vivisystems, 즉 살아 있는 유기체들의 생물학적 재결합 패러다임에 맞춰 기능하는 인공적 체계들에 대해 이야기했다. 이 책에서 추적되고 있는 일반적 지평은 '전 지구적 마음'Global Mind으로서, 우리는 여기에서 종합화된 생물학적 유기체들과 디지털 네트워크들을 발견한다. 전 지구적 심성은 두 뇌들, 신체들, 전기적 네트워크들을 연결하는 생체디지털적bio-digital 유기체다. 이 네트워크 모델은 가장 기능적인 방식으로 생산적 에너지들을 조직하고 감독할 수 있다. 그러므로 수평적 통합 모델이 위계적 결정 모델을 대체하는 경향이 있으며, 재결합 모델이 사건들의 축적과 변증법적 모순 모델을 대체하는 경향이 있다. 살아 있는 체계들은 기계학이라는, 그리고 합리적이고 자발적인 행위라는 순차적 모델에 따라 해석될 수 있었던 어떤 체계보다도 더 무한히 복잡하다. 과학기술로 인해 우리는 인공적인 생명 체계들을 생산할 수 있게 되었다. 이것은 기계적 은유에서 비롯된 근대 정치학의 방법과 에피스테메를 쓸모없는 것으로 만들었다. 우리는 생물정보학bioinformatics 10의 은유적 가능성들에 따라 정치학을 재사고할 필요가 있다.

다음과 같은 생각이 1990년대 사이버 문화에 널리 퍼져 있었다. 네트워크화된 체계들의 수평적 접속으로 인해 인간 지성은 월등한 능력[권력]을 갖게 되리라는 것이다. 그러나 이러한 능력을 기호화하는 원리는 무엇인가? 그리고 집단적 지성에 권한을 부여함으로써 실제로 이득을 보는 자는 누구인가? 케빈 켈리는 『통제 불능』에서 다음과 같이 쓰고 있다.

거대한 웹이 기존 세계를 침투함에 따라 우리는 생명을 얻어 영리해지고 진화해 가는 넷-기계들로부터 출현하는 것 ─ 신생물학적 문명 ─ 을 한눈에 알아보게 된다. 어떤 의미에서는 전 지구적 심성 역시 네트워크 문화 속에서 출현한다. 전 지구적 심성은 컴퓨터와 자연 ─ 전화와 두뇌, 그리고 그 밖의 것들 ─ 의 결합이다. 전 지구적 심성은 그 자신의 보이지 않는 손에 의해 지배되는 비결정적 형상의 거대한 복잡성이다.[11]

---

10. [옮긴이] 생명체의 유전 정보를 찾아내는 연구 사업을 유전체사업(Genome Project)이라 하고, 이러한 유전체 사업의 결과로 얻어진 정보를 가공 처리하여 유용한 정보를 얻어내는 학문을 생물정보학이라고 한다. 따라서 생물정보학은 컴퓨터를 이용하여 생물학을 연구하는 모든 분야를 포함한다.

11. Kelly Kevin, *Out of control : The New Biology of Machines, Social Systems and the Economic World.* Addison Wesley (1994), p. 1.

켈리의 시각에 따르면, 전 지구적 심성의 분명치 않지만 월등한 디자인들은 전 지구적인 상호작용적 의사결정의 자동화된 메커니즘들을 통해 모습을 나타낸다. 다중은 수만 가지 언어로 말을 할 수 있지만, 다중이 하나의 통합된 전체로서 기능할 수 있도록 하는 언어는 과학기술에 구현된 경제적 자동운동들의 언어이다. 다중은 비결정성과 불확실성의 거울 게임에 포획되어 있어서, 자신의 어두운 면을 드러내고, 또 자신의 부를 비참으로, 자신의 능력을 고통으로, 자신의 창의성을 종속으로 바꾸는 자동운동들을 따른다.

다중은 결코 자율적인 모습을 보여주지 못하고 오히려 삶권력이 일상생활 속에, 우리의 감각과 정신 속에 수립하고 작동시키는 자동운동들에 종속된 모습을 보여준다. 우리는 떼[무리]가 된다. 유진 새커Eugene Thacker 12에 의하면, 떼란 복수적이고 개별적인 단위들이 또 다른 단위들과 일정한 관계를 맺는 조직[화]이다. 다시 말해 떼는 접속의 조건에 따라 달라질 수 있는 특수한 종류의 집합이나 집단 현상이다. 떼는 관계[기능]성relationality에 의해 규정되는 집합[성]이다. 떼는 개인적[개별적] 단위의 수준과 관계를 이루는 것과 마찬가지로 전체적인 떼 조직과도 관계를 이룬다. 어떤 수준에서 '살아있는 네트워크'와 '떼'는 중첩된

---

12. Thacker, E. : "Networks, Swarms, Multitudes," *CTHEORY* (May 2004).

다. 떼는 그것을 구성하는 부분들의 총합 이상의 전체이지만, 또한 이질적인 전체이기도 하다. 떼 속에서 부분들은 전체에 굴종하지 않는다. 부분과 전체 양자는 동시에 존재하고, 또 서로로 인해 존재한다.

떼는 정치적 영혼을 갖지 않고 자동적이고 관계적인 영혼만을 갖는다.

정치(말하자면 정치적 지배)의 효과적인 행사를 위해서는 사회적 유기체가 집단적으로 공유하는 정보를 가공할 의식적인 가능성을 전제해야 한다. 그러나 디지털 사회에서 계산해야 할 정보는 너무 많다. 개인이나 집단이 그것을 의식적으로, 비판적으로, 합리적으로, 의사결정을 하는 데 필요한 시간에 맞추어, 가공하기에는 [그러한 정보는] 너무 빠르고, 너무 집중적이고, 너무 두껍고, 너무 복잡하다. 따라서 결정은 자동운동들에 맡겨지고, 사회 유기체는 훨씬 더 자주, 개인들의 전반적인 인지적 유산patrimony에 새겨진 자동적인 종류의 진화 법칙에 따라 작동하는 것처럼 보인다. 떼는 이제 인간 행위의 지배적 형태가 되기에 이른다. 환치Displacement와 감독direction은 점점 더, 개인에게 부과된 집단적인 자동운동 체계에 의해 결정된다.

빌 게이츠는 『빌 게이츠@생각의 속도』에서, 디지털 생산 과정이 취하고 있는 일반적인 생물학적 형태에 대해 언급하면서 다음과 같이 쓰고 있다.

한 조직의 신경망이란 우리 인간의 신경계와 대등하다. 업종에 관계없이 모든 비즈니스는 생존을 위해 계속 가동되어야만 하는 운영상의 프로세스, 즉 '자율신경[자동화된]' 체계를 지닌다. … 누락되고 있었던 것은 인간의 두뇌에서 신경단위들을 연결해주는 것과 유사한 방식으로 정보와 정보를 연결해주는 연결고리였다. … 정보가 마치 인간의 사고활동처럼 조직 전체로 신속하고 자연스럽게 전달될 때, 그리고 여러 팀들을 결집시켜 마치 한 사람이 하듯이 문제 해결에 협력하게 만드는 기술을 이용할 수 있을 때, 그때 비로소 여러분은 훌륭한 디지털 신경망을 구축하게 된 것이다. 그것이 생각의 속도로 운영되는 비즈니스이다.[13]

연결된 세계에서, 체계들에 대한 일반 이론의 반동적 루프retro-active loops는 디지털 생산에 대한 포스트휴먼적 시각 속에 유전자공학의 역동적 논리를 결합한다. 빌 게이츠가 상상하는 생물-정보-생산 모델은 인간 신체들을 디지털 회로에 통합하는 것을 가능하게 할 장치이다. 그것이 완전하게 작동하게 된다면, 디지털 신경계는 새로운 조직 형태에 신속히 설치될 수 있을 것이다. 마이크로소프트는 생산물과 서비스들을 오직 외관상으로

---

13. Bill Gates with Collins Hemingway, *Business@the speed of thought : using a digital nervous system*, New York, NY : Warner Books, (1999), pp. 23~38 [빌 게이츠, 『빌 게이츠@생각의 속도』, 안진환 옮김, 청림출판, 1999, 51~66쪽].

만 다룬다. 실제로 마이크로소프트는, (일단 설치되면) 오늘날의 생활의 모든 주요한 제조들의 신경계들을 관통하는 디지털 정보의 흐름들을 구축하는 인공두뇌적 조직 형태를 다룬다. 따라서 우리는 마이크로소프트를, 사회 유기체의 생물정보학 장치들에 설치하기 위해 내려받을 수 있는 가상 메모리 — 인간 주체성의 신체적 회로들 내부에 설치된 가상파놉티콘, 사회적 소통 회로들 안에 도입된 돌연변이 유발적mutagenic 요인 — 로 간주할 필요가 있다. 인공두뇌학은 마침내 생명을 얻는다. 또는 빌 게이츠가 말하고 싶어하는 것처럼, '정보는 우리에게 필수적인 림프이다.'

바이오테크놀로지로 인해 이러한 시나리오가 장차 전개될 길이 열리고 우리는 개인적 신체들과 사회적 신체를 생명공학bioengineering이 생산한 돌연변이 유발적 흐름들 — 약물 치료, 인공 장기, 유전자 돌연변이, 기능 재프로그래밍 — 에 연결시킬 수 있게 된다. 어떤 점에서는, 정보적 과학기술들이 돌연변이 유발적 흐름들로 마음을 장악하고, 우리의 관심, 상상력, 기억에 침투한다. 정보과학과 생명공학으로 인해 신체들은 자동운동들이 지배하는 연속체continuum 속에 연결되는 것이 가능해진다.

미셸 푸코가 그 인식론적·실천적 기원들에 관해 논의했던 규율[훈육] 사회에서, 신체들은 동의, 복종, 의식적 내면화를 요구하는 사회적·생산적 규칙들에 의해 억압적 방식으로 규율[훈육]되었다. 근대 국가가 개인들에게 부과하는 법은 시민으로 대표되는 의식적인 인간 유기체와 관련하여 볼 때 외부적인 특성을 지녔다.

들뢰즈가 논의한 바와 같이, 그 대신에 신체와 정신을 연결하는, 그리고 과학기술적 장치에 등록된 말단부들finalities에 따라 유도되는 돌연변이들에 힘입어 기술적·언어적 종류의 자동운동들을 활성화시키는 통제 사회가 자리를 잡는다. 정련된 과학기술들은 분자적 수준에서 활동하며, 그것들은 돌연변이의 나노-요소들이다. 따라서 그것들은 기술적·언어적 자동운동들과 기술적-조작자들을 통해 행위-주체를 통제하기 위한 조건들을 창출한다. 의식적인 개별 유기체들의 정신들은 기호적 종류의 돌연변이 유발적 흐름들에 의해 연결된다. 이 흐름들은 유기체들을 전 지구적 심성과 생체디지털적인 슈퍼 유기체를 위한 터미널로 변형한다.

다윈은 종들의 자연 진화가 이루어지기 위해서는 아주 오랜 시간 동안 작용하는 선택 과정이 필수적이라고 생각했다. 한 세대의 기간 안에서는 이러한 점에서 어떤 유의미한 것을 지각할 수 없고, 선택은 오직 여러 세대를 걸치는 축적의 방식으로만 드러난다. 거의 지각할 수 없는 아주 적은 변용들이 매우 긴 시간적 주기에 걸쳐 축적된다. 그러나 이것이 오늘날의 시대에도 여전히 사실인가? 과학기술은 자연에서는 그렇게 느리게 일어났던 돌연변이 과정들 속에서 발견되는 믿을 수 없는 가속도의 요인이 아닌가? 그리고 그것은 한두 세대 내부에 그러한 결과들을 완전히 드러내는 지점까지 가속화하는 경향을 획득하지 않았는가? 그러한 돌연변이는 과학기술적 수준(디지털화, 접속성)에서 사회적, 문화적, 미학적, 인지적, 심리적 수준에 걸쳐 우리 눈앞에서 일어나고 있지 않은가? 우리는 이미 감각 체계, 욕망하는 체제들, 영토적 탈구들, 관심의 양태들, 기억들과 상상력들의 돌연변이를 실제로 목격할 수 있지 않은가? 우리는 생명공학이 유도한, 유기체 내의 심리적 돌연변이들을 위한 가능성을 지각하기 시작하고 있지 않은가?

따라서 환경이 인간 정신에 의해 이루어지는 선택에 결정적으로 작용하는 것이 사실이지만, 인간 정신은 그 환경의 일부이다. 이러한 이유로, 사회 다윈주의의 전제들에서 가공된 자유주의 이론이 사이비 논리를 따르고 있다는 결론이 나온다. 생태가 인간 행위를 지배하지만, 인간 행위 역시 생태를 결정한다는 점 역시 사실이다. 문제는 의식적인 인간 정신이 어떤 선택들(인식론적, 과학기술적, 그리고 마지막으로 본능적이고 미학적인)을 하게 될지를 이해하는 것이다.

영혼을 모델화하기

근대 사회는 인간적 규모로 세워진 세계에 대한 인간의 통치라는 관점에 기초하고 있었다. 이 통치는 신체들의 규율[훈육], 소통적 관계들, 언어 없이는 이루어질 수 없다. 푸코가 이미 『광기의 역사』에서 제시한 바 있는 규율[훈육]은 세계의 이성으로의 환원[축소]을 함축한다. 그리고 그와 동시에 불합리[비이성]는 가두어지고, 격리되고, 억압되고, 치료를 당한다. 포드주의적 산업 형태의 발전은 그와 동일한 규율[훈육]적 과정을 전제함과 동시에 그 과정 역시 재규정한다. 신체와 기계 사이의 생산적 관계는 가시적이고 의식적이며 관리 가능한 느린 상호작용을 통해 형성되었다. 해부학적 신체와 자본주의적 거대기계는 이 과정 전반에 걸쳐 상호적으로 [서로를] 모델화했다. 포드주의적 산업 시대에, 해부학과 기계학은 대상들, 변형들, 전위들의 물질적 공간을 점유하는 생산적 신체들의 체계를 결집한다. 이 물질적이고 가시적인 공간 속에서 노동과 갈등이 나타나게 되고, 권력이 조직된다.

그러나 디지털이 사회생활의 지평에 나타나게 되면, 사회관계의 중심적인 요인들은 (크기, 신체, 충동의) 아날로그적 영역에서 (관계, 상수, 시뮬레이션의) 알고리듬의 영역으로 이동한다. 디지털화는 조작의 본질적인 수준에서 일어나는 변동을 함축한다. 사회적 생산물들은 더 이상 물질적으로 다뤄지지 않고, 개념적 수준에서 산출된다. 생산적, 사회적, 소통적 계열이 확립되는 장소는 사회적 지식으로부터 고립되고 심지어는 시야에서 사라진다. 자동운동들은 사회적 장면에서 표현되지만, 그것들이 생산되는 영역은 시야에서 배제된다. 그 까닭은 이것이 은밀한 영역(연구 실험들은 어떠한 민주주의적 판단이나 결정으로부터도 배제된다)이기 때문이기도 하지만, 또한 모든 것이 나노 과학기술 내부에서 일어나기 때문이기도 하다.

휴머니즘적 지평은 '인간은 만물의 척도'라는 프로타고라스의 전제와 관계가 있었다. 전통적인 — 심지어는 산업적인 — 세계에서, 인간은 척도이며, 과학기술적 세계는 인간의 의지와 [무엇인가를] 조작할 수 있는 구체적인 역량들에 따라 세워진다. 비가시적인 것의 과학기술들이 전개되면 이것은 더 이상 참이 아니다. 사회현상들의 형성을 계산하고 결정하는 중요한 '사물들'(사실상 이것들은 발생적 알고리듬이다)은 더 이상 인간 척도에 부합하지 않는다. 인간의 눈은 더 이상 그것들을 지각할 수 없다. 정치는 약화되는데, 그것은 정치적으로 가시적인 것 속에 주어진 모든 것이 가치를 지니지 않기 때문이다. 그것은 순수한 '스펙터클'이다. 스펙터클은 볼 수 있지만 발생적 알고리듬은 볼 수 없다. 그러므로 지배는 신체적, 기계적, 정치적 규율[훈육]하기의 영역에서 논리적이고 심리적인, 또는 논리적이고 생명유지적인bio-genic 자동운동들의 영역으로 이동한다. 신체가 아닌 영혼이 기술적·사회적 지배의 주제가 된다. 자본주의적 세계화는 본질적으로, 생산사회의 전반적 수준에서 분산되고 연결된, 이러한 기술적·언어적 자동운동들에 의해 뒷받침된다. 그리하여 자본주의적 가치화는 어떠한 의식적인 활동으로부터도, 그리고 인간의 정치행위의 바로 그 가능성으로부터도 더욱더 독립적이 된다.

노동계급의 정치적 사멸은 정치세력들 간의 어떠한 투쟁의 결과, 또는 사회적 배제의 효과가 아니었으며, 현재에도 그러하다. 노동자들은 계속해서 존재한다. 그러나 그들의 사회적 행위는, 전반적인 사회적 효과들을 실제로 낳고 있는 지배 과정들과 관련하여, 더 이상 유효하지 않다. 기호자본의 장면에서 돌이킬 수 없이 변해 온 것은 인간적 요인들(노동자들)과 통제 및 결정의 장소들 간의 관계이다. 통제는 더 이상, 신체적 속박 같은, 거시-사회적이거나 해부적인 수준에서 행사되지 않는다. 통제는 비가시적인, 역전 불가능한 수준 — 지배될 수 없는 수준 — 에서 행사된다. 그 까닭은 통제가 기술계technosphere 14가 기능하는 방식을 구조화하는 언어적이고 조작적인 자동운동들의 창출을 통해 이루어지기 때문이다.

신체에 대한 통제는 더 이상 그램분자적인 속박 메커니즘들에 의해서가 아니라 (정신약리학, 대중적 소통, 정보과학 장치들의 경향 들을 통해 유기체에 통합된) 미시 기계들에 의해 행사된다. 이것은 신체에 대한 통제가 영혼 모델화에 의해 행사된다는 것을 의미한다.

생물정보학 존재론

휴머니스트이자 문헌학자였던 피코 델라 미란돌라Pico della

---

14. [옮긴이] 흔히 '인류의 과학기술적 행동'으로 옮겨지나 여기에서는 '온라인 디지털 환경'을 가리키는 의미를 강조하기 위해 '기술계'로 옮긴다.

4장 불확실한 영혼 291

Mirandola 15는 1486년『인간의 존엄에 관하여』*Oratio de dignitate homi-nis*라는 제목의 글을 썼다. 다음은 그의 글에서 인용한 것이다.

지존하신 아버지, 조성자造成者 하느님은 당신의 심오한 지혜의 법칙에 따라서, 우리가 눈으로 보는 이 세상 거처를, 당신의 신성이 깃드는 지극히 존귀한 성전으로 조성하셨습니다. 아울러 상천上天 영역을 지성체知性體로 꾸미시고, 에테르의 천구天球들은 영원한 혼백魂魄들로 생기를 주시며, 하계의 추루하고 지저분한 부분들은 온갖 종류의 동물들의 무리로 채우십니다. 그러나 창조사업을 마치신 다음 조물주께서는 이토록 위대한 당신 사업의 명분을 알아보아 주고 당신 사업의 아름다움을 사랑하며 당신 사업의 광활함을 탄복할 누군가 존재하기를 바라셨습니다. 그리하여 모든 것을 이루신 다음 마지막으로 사람을 만들 생각을 하셨습니다. 그런데 조물을 지어내시던 원형들 가운데는 새로운 피조물을 지어내실 원형이 더 이상 없었고, 당신의

---

15. [옮긴이] 피코 델라 미란돌라(Pico della Mirandola, 1463~1494) : 이탈리아의 인문주의자. 1463년 이탈리아 귀족 가문에서 출생하여 볼로냐대학에서 법학을 공부하고 파도바대학에서 아리스토텔레스 철학을 수업하였다. 또 파리대학에서 히브리어를 공부하고 신비철학에 흥미를 가졌으며, 신비철학적인 교설로 그리스도교 신학을 보강하려 하였다. 1484년 피렌체로 가서 마르실리오 피치노가 창시한 아카데미의 일원이 되었다. 1486년『인간의 존엄에 관하여』(*Oriatio de dignitate hominis*)를 발표하여 교황청으로부터 이단자로 몰려 프랑스로 망명하였다. 주요 저서에『헵타플루스』(*Heptaplus*, 1489),『존재와 하나』(*De Ente et Uno*, 16권, 1496) 등이 있다.

보물함에도 새로 태어나는 아들에게 유산으로 나누어 주실 보물이 더 이상 없었으며, 온 세상 어떤 공간에도 우주를 관조할 그자가 자리 잡을 자리는 더 이상 없었습니다. 이미 모든 것이 충만하였고 최상의 차원에서도 중간의 차원에서도 최하의 차원에서도 모든 것이 배분되어 있었습니다. 하지만 아버지의 권능이 이런 사정으로 최후의 작업에서 무력하게 약화될 수는 없었습니다. 필요한 사업을 하시면서 당신의 지혜에 어떤 생각이 결여될 수가 없었습니다. 다른 사물에 깃든 자애로우신 사랑을 예찬하기로 운명 지워진 인간이 스스로에게는 하느님의 자애로우신 사랑이 결여되어 있음을 불만스러워하도록 버려두실 수는 없었습니다. 그리하여 지존하신 장인匠人께서는 인간에게 고유한 몫으로 아무것도 주실 수 없는 만큼, 개개의 조물들에게 개별적으로 주셨던 것은 무엇이든 인간에게 공통으로 주시기로 작정하셨습니다. 그래서 하느님은 인간을 미완未完된 모상模像의 작품으로 받아들이셨고, 세상 한가운데에 그를 자리 잡게 하고서 이렇게 말씀하셨던 것입니다. "오, 아담이여, 나는 너에게 일정한 자리도, 고유한 면모도, 특정한 임무도 부여하지 않았노라! 어느 자리를 차지하고 어느 면모를 취하고 어느 임무를 맡을지는 너의 희망대로, 너의 의사대로 취하고 소유하라! 여타의 조물들에게 있는 본성은 우리가 설정한 법칙의 테두리 안에 규제되어 있다. 너는 그 어떤 장벽으로도 규제받지 않는 만큼 너의 자유의지에 따라서 (네 자유의지의 수중에 나는 너를 맡겼노라!) 네 본성을 테두리 짓도록 하여라. 나는 너를 세상 중간존재로 자리 잡게 하여 세상에 있는 것들 가운데서 무엇이든 편한 대로 살펴보게 하였노라. 나는 너를 천상존재로도 지상존재로도 만들지 않았고, 사멸할 자로도 불멸할 자로도 만들지 않았으니, 이는 자의적으로 또 명예롭게 네가 네 자신의 조형자造形者요 조각가彫刻家로서 네가 원하는 대로 형상形相을 빚어내게 하기 위함이다. 너는 네 자신을 짐승 같은 하위의 존재로 퇴화시킬 수도 있으리라. 그리고 그대 정신의 의사에 따라서는 '신적'이라 할 상위 존재로 재생시킬 수도 있으리라.[16]

피코는 15세기 말 인간 존엄에 대한 연설문을 쓰면서 근대적 지평을 열었다. 인간 능력의 행사가 어떠한 원형, 규범, 필연성에 의해서도 확립되지 않는데, 그 까닭은 조물주가 그/녀가 따라야만 하는 길을 어떤 식으로건 결정하지 않았기 때문이다. 같은 시기에 새로 기독교로 개종한 스페인은 이슬람교도들과 유대인들을 자신의 영토에서 내쫓았으며, 기독교 스페인 사람들은 새로운 대륙에 죽음, 절명, 학대abuse의 문명을 가져왔다. 근대로의 접근은, 폭력을 부과하는 것이기도 한 자유와 기획[모험심]의 주

---

16. Giovanni Pico della Mirandola, *On the Dignity of Man and Other Works*, translated by Charles Glenn Wallis, with an introduction by Paul J.W. Miller, Indianapolis : Bobbs-Merrill (1965), pp. 4~5 [피코 델라 미란돌라, 『피코 델라 미란돌라—인간 존엄성에 관한 연설』, 성염 옮김, 경세원, 2009, 15~18쪽].

장을 특징으로 하였다.

피코는 신이, 이용할 수 있는 원형들을 더 이상 가지고 있지 않았다고, 그리고 인간 창조물 — 가장 좋아하는 인간, 최후의 가장 복잡한 인간 — 이 어떠한 유형이나 본질로도 규정될 수 없었다고 이야기한다. 따라서 신은 인간들에게 자신들을 정의하고, 자신들의 행동의 한계들과 운명을 자유롭게 수립할 수 있는 자유를 남겨줄 수밖에 없었다. 인간 생성becoming은 신의 의지에 의해 한계가 정해지거나 마무리되지 않고, 인간의 불확정성의 의지에 맡겨졌다. 자유는 결정성[확정성]으로부터의 자유로 이해된다. 이러한 점에서 자유는 인간 본질을 구성한다.

근대는 이러한 자각으로부터 시작되었다. 인간의 문명은 하나의 기획이지, 신의 의지나 대존재Being에 내재하는 어떤 설계의 전개나 발전이 아니다. 근대의 역사는 대존재의 공허 속에서 이루어졌다. 그러나 한계들이 이처럼 부단히 극복되는 역사적 현현들 속에서 근대는 정점에 도달함과 동시에 소진에 도달한다.

인간 지성의 기술적 발전은, 피코가 인간 존재의 본질적이고 본래적인 특성으로 강조한 바로 그 불확정성을 비판적으로 조명하기 위한 조건들을 창조한다. 인간의 자유가 인간이 그들 자신의 불확정성과 더불어 살게 하고, 자유롭게 자신을 정의하도록 하자는 신의 결정에 의해 보장받았다는 사실에도 불구하고 말이다. 과학기술은 인간의 자유를 중지하고 제거하며, 언어적 자동운동에 의해 대상화되고 구현되는 운명을 구축한다.

하이데거는 「휴머니즘에 대한 편지」[17]라는 글에서 이미 휴머니즘이 어떻게 위험에 처해 있는지 보여준다. 휴머니즘은 사실상, 지식의 수학화와 디지털화에 내재하는 '인간을 넘어'[라는 기획]에 의해, 그리고 삶의 자동화에 의해 선고를 받았다. 권력 의지는 자기 자신을 종식시킬, 인간의 자유 — 말하자면 본질적으로[궁극적으로] 인간 — 를 종식시킬 수단을 만들어냈다. 인간은 과학기술이 제거할 자유의 공간 속에 위치하고 있기 때문이다.

규칙들을 제도화하는 것보다 더 본질적인 것은 인간이 대존재의 진리 속에 거주할 방법을 찾는 것이다. … 따라서 언어는 대존재의 집임과 동시에 인간 존재들의 집이다. 오직, 언어가 인간 본질의 집이기 때문에, 역사적인 인류와 인간 존재들은 자신들의 언어 속에서 편안할 수 없다. 그렇기 때문에 그들에게 언어는 그들의 잡다한 편견들을 담아두는 단순한 용기容器가 된다.[18]

언어는 대존재의 집이다. 그렇지만, 하이데거는 그와 동시에 우리에게 언어가 기술technic에 속한다고 말한다. 기술은 언어의 특

---

17. Heidegger, Martin, *Letter on Humanism*, in *Id. Basic Writings from Being and Time* (1927) to *The task of thinking* (1964), with general introduction and introductions to each selection by David Farrell Krell, New York : Harper & Row, (1977), p. 207.

18. Ibid. pp. 238~9.

권적인 객체가 됨과 동시에 강령들을 생산하고 언표하는 주체가
된다.

근대의 근본적인 사건은 세계를 그림으로 정복하는 것이다. 지
금부터 '그림'은 다음과 같은 의미 — 즉 생산을 재현하는 집단
적인 이미지 — 를 지닌다. … 세계관들의 이러한 전투 때문에, 그
리고 그것의 의미에 따라, 인류[인간성]는, 모든 것과 관련하여,
계산, 계획, 증식의 무제한적 과정을 작동시킨다. 연구로서의 과
학[학문]은 세계 내의 이 자기확립이 취하는 필요불가결한 형태
이다. 이 과학은 관계된 사람들이 인식하지 못하는 속도로 근
대가 그 본질의 실현을 향해 질주하는 경로들 중의 하나이다.[19]

이 인용문의 마지막 문장은 다소 주목할 필요가 있다. 하이데거
는 결국에는 통합된 형태로 환원[축소]된 그림으로 세계가 정복
되고 종속되는 것이 근대라고 이야기하고 난 후, 이러한 과정이
관계된 사람들이 인식하지 못할 속도로 일어난다는 결론에 도
달한다.

그렇지만 그들은 누구인가? 그들은 조금씩 세계를 지배할
권위를 박탈당하고, 세계에 침투하여 그것을 다시 규정하는 자

19. Martin Heidegger, *Off the Beaten Track*, edited and translated by Julian
Young and Kenneth Haynes, New York : Cambridge University Press (2002),
p. 71.

동운동들에 의해 대체되는 인간 존재들이다. 하이데거는 인간 존재들('관계된 사람들')이 근대가 자신의 본질을 실현하기 위해 질주하는 속도를 인식할 수 없다고 말한다. 그 까닭은, 이러한 실현이란 정확히 인간 존재들이 자신들이 자동운동에 종속되어 있다는 것을 인식하지 못하는 것이기 때문이다. 인간은 자신이 시작한 그 과정을 점점 더 인식하지 못한다. 존재[대존재]와 실존[대실존] 사이의 거리로부터 태어난 자유 덕분에, 실존의 존재론적으로 편견 없는 특성 덕분에, 인류는 대존재의 빈 공간에 설치된 기술적 영역을 실현할 지점에 도달했다. 따라서 대존재의 빈 공간은 기술계technosphere의 수행적 능력으로 채워지고, 숫자적인 규약convention은 조작 장치로 변형된다.

휴머니즘의 종말은 바로 휴머니즘 자체의 힘으로부터 비롯된다.

　전 지구적 경제의 붕괴는 영혼의 귀환으로 읽을 수 있다. 경제적 요인들의 합리적인 균형에 기초하고 있는 신자유주의 이데올로기의 완벽한 기계는, 영혼이 단순한 합리성으로 환원[축소]될 수 있다는, 결함이 있는 전제에 의거하고 있었기 때문에, 산산이 무너지고 있다. 영혼의 어두운 측면 — 공포, 우울, 공황, 우울증 — 은 자본주의의 과도하게 선전된 승리와 약속된 영원성이라는 그늘 아래에서 십여 년 동안 어렴풋이 모습을 보인 이후 완전히 표면에 떠올랐다.

　이 짧은 결론에서 나는 우울증[불경기]depression이라는 단어의 두 가지 다른 의미를 고찰해보고 싶다.

　이 단어는 특별한 종류의 정신적 고통[우울증]을 뜻하기도 하지만, 우리 시대의 역사적 지평을 어둡게 하고 있는 전 지구적 위기의 일반적 형상[불경기]을 의미하기도 한다. 이것은 단순한 말장난이 아니다. 이것은 하나의 은유일 뿐만 아니라, 심리적 흐름들과 경제적 과정들이 뒤섞이고 상호작용하는 것과도 관계가 있다.

　2000년에 미국 시장은 정보-경제 분야에서 과잉생산의 결과들을 경험한다. 인터넷회사dot.com의 붕괴, 그리고 월드콤, 엔론 등과 같은 거대 기업의 파산 이후, 미국 자본주의는 자신의 발전 경로를 변경했으며, 가상적 생산의 경제는 전쟁 경제에 자리를 내주었다. 전쟁 덕분에 경제는 새 출발을 했지만, 노동 비용은 계속해서 하락했고, 성장은 사실상 사적·공적 부채의 확장에 기초하고 있었다. 과잉생산 위기는 사라지지 않았고, 서브프라임 위기가 가장 끔찍한 금융 붕괴를 일으키고 난 뒤, 마침내 2008년에 다시 나타났다.

경제적 불경기와 정신적 우울증이라는 사건들은 동일한 맥락에서 이해되어야 한다. 그 까닭은 이것들이 서로를 먹이로 하기 때문만이 아니라 또한 정신분석적 이론이 사회 사상가들을 가르칠 무엇인가를 가지고 있고, 또 심리요법이 사회적 변형 과정들을 위한 매우 유용한 방법들을 제시할 수 있기 때문이다.

신자유주의 이데올로기는, 경제가 합리적인 예측들과 합리적인 투자들의 균형 잡힌 체계로 간주될 수 있다는 이념에 기초하고 있다. 그러나 사회적 공간에서 예측들이 모두 합리적인 것은 아니며, 모든 투자들이 수학적인, 과학적인 의미에서 '경제적'인 것은 아니다. 욕망이 그 과정에 연루되며, 무의식이 모든 투자 장면의 장막 뒤에서, 소비와 경제적 교환의 모든 막 뒤에서 속삭이고 있다.

이것이 소위 시장의 완전한 균형이 파국적 혼란이 되는 이유이다.

도취, 경쟁, 충일감 들은 모두 [주식 시장의] 상승 장세 시대의 동역학과 관계가 있었다. 공황과 우울증은 물러났지만, 항상 움직이고 있었다. 이제 공황과 우울증이 다시 표면에 등장하고 있고, 자본주의적 가치화의 정상적인 흐름을 교란하고 있다.

기호자본주의 ─ 즉 기호적 물질들의 생산과 교환 ─ 는 영혼을, 한편으로는 생산력으로서 그리고 다른 한편으로는 시장으로서 항상 착취해 왔다. 그러나 영혼은 조립라인에서 일하고 있는 근육질의 노동자보다 훨씬 더 예측불가능하다.

프로작-경제의 시대에 영혼은 착취당하는 것이 행복했다. 그러나 이것은 영원히 지속될 수 없다. '영혼 문제들'은 우선, 밀레니엄 버그라는 이름 아래 기계-종말이 선언되었던 때인 인터넷회사 시대의 마지막 해에 나타났다. 사회적 상상력은 종말론적 예측들로 가득 차서 전 지구적 기술-붕괴의 신화는 전 세계에 무시무시한 물결을 만들어냈다. 새 천 년의 밤에 아무 일도 일어나지 않았지만, 지구상의 영혼들은 심연의 끝에서 한순간 흔들거려야 했다.

당시 앨런 그린스펀은 비합리적인 충일감에 대해서 이야기하고 있었는데, 그것은 금융시장의 장에서 일어나는 감정적 동요의 위험한 효과들을 지적하기 위한 것이었다. 그러나 이러한 동요들은 하나의 사고, 즉 우연하고 일시적인 현상이 아니었다. 그것들은 우리의 정신적 에너지에 대한 초과착취hyper-exploitation의 결과였다. 그것들은 부수적인 손해, 즉 노동하는 영혼의 불가피한 귀결이었다. 실제로, 감동성emotionality의 확산을 피한다는 것은 불가능하다. 인지적 노동력의 신경 에너지들이 끊임없는 정보-자극에 종속되었기 때문에 정신병리들의 효과들을 피한다는 것은 불가능하다.

불경기에 대한 공포는 2000년 봄에 모습을 드러냈다. 이때, 실물 경제는 하이테크 주식 시장의 급락으로 인해 위태롭게 되었다. 인터넷회사의 거품은 터졌고, 전반적인 경제는 너무나 깊은 충격에 빠져 불경기의 소문들이 전 세계로 확산되기 시작했다.

하지만 당신은 불경기[우울증]를 어떻게 다루는가?

당신은 암페타민으로, 향정신성 약들의 효과를 높여주는 충격요법으로 불경기[우울증]를 치료하려는가? 오직 어리석은 의사만이 이렇게 할 것이다. 그러나 불행하게도 이와 같은 인물[조지 부시]이 마침 백악관의 대통령 집무실에 앉아 있었다. 조지 부시는 전쟁과 부자들을 위한 세금 감면의 형태로 암페타민 같은 치료법을 처방했다. 부시는 쇼핑을 하러 가라는 초대장을 발행했고, 실제로 사적·공적 부채에서의 전례 없는 증가를 조장했다.

같은 시기에, 집단 지성에 반대하는, 연구의 자유에 반대하는, 공립학교에 반대하는 캠페인이 전 세계적으로 시작되었다.

결국에는, 인위적으로 유도된 도취에 기초한 우울증 치료법은 먹히지 않을 것이며, 조만간 우울증에 걸린 유기체는 쓰러지고 말 것이다. 경쟁적 생활양식에 대한 강조와 신경계에 대한 영구적인 자극[흥분]은 오늘날 깜짝 놀란 인류의 눈앞에서 펼쳐지고 있는 전 지구적 경제의 최종적 붕괴를 준비했다.

경제 체계의 다양한 구성요소들 사이에서 이루어지는 고유의 균형이라는 신자유주의적 이념은 결함이 있는 이론이다. 그것은 이 이념이 사회적 심성의 체계적 효과들을 고려하지 않았기 때문이다. 그러므로 양극적인 경제는 도취와 공황 사이에서 흔들렸으며, 이제 깊은 불경기의 끝에서 흔들리고 있다.

우리의 지식을 넘어서

경제학자들과 정치가들은 걱정에 빠져 있다. 그들은 이러한 상황을 위기라고 부른다. 그리고 그들은, 이전 세기에 경제를 혼란에 빠뜨리고 결국에는 사라져 자본주의를 더욱 강하게 만들었던 이전의 수많은 위기들처럼, 이 위기가 계속 진화해 가기를 희망한다.

나는 이번에는 다르다고 생각한다. 이것은 위기가 아니라, 5백 년 동안 지속되었던 체계의 마지막 붕괴이다.

지금의 풍경을 살펴보자. 세계의 강대국들은 금융 기구들을 구출해 보려 하고 있지만, 금융 붕괴는 이미 산업계에 영향을 미쳤다. 수요가 하락하고, 수백만 명이 일자리를 잃었다. 은행들을 살리기 위해 국가는 미래의 납세자들로부터 어쩔 수 없이 돈을 받아보지만, 이것은 장차 수요가 더욱 하락할 것임을 의미한다. 결국 지출은 수직으로 하락하고, 그 결과 현재의 산업 생산 대부분은 멈춰야만 할 것이다.

『인터내셔널 헤럴드 트리뷴』이 최근에 발간한 한 논문에서 온건 보수파인 데이비드 브룩스는 다음과 같이 쓰고 있다.

나는 우리가 우리의 경제적 지식을 훨씬 벗어나서 일을 하고 있는 게 아닌가 걱정된다.

이것이 바로 요점이다. 전 지구적 경제의 복잡성은 모든 지식과 가능한 관리[통치]를 훨씬 벗어나 있다.

미국의 재무장관 티모시 가이트너는 2009년 2월 10일에 발표된 오바마의 구제지원안을 소개하면서 다음과 같이 말했다.

나는 솔직해지고 싶다. 이 포괄적 전략은 돈이 들고 위험이 따르고 시간이 걸릴 것이다. 우리는 조건들이 변함에 따라 우리의 전략을 고쳐야 할 것이다. 우리는 이전에 결코 시도해 보지 않았던 것들을 시도해야 할 것이다. 우리는 실수를 할 것이다. 우리는 사태가 악화되고 전진이 평탄하지 않고 방해를 받는 시기들을 관통해 나갈 것이다.

이러한 말들이 가이트너의 지적인 정직성을 보여준다 해도, 그리고 지금의 미국 지배 계급이 [이전의] 부시 정권과 비교해 볼 때 인상적인 차이를 보인다 해도, 그것들은 정치적 자신[自信]의 실재적 와해를 정확히 가리키고 있다.

우리가 근대의 합리주의 철학으로부터 물려받은 정치적·경제적 지식은 이제 쓸모가 없다. 왜냐하면 현재의 붕괴는, 자본주의적 통치와 사적 소유라는 뼈대에 직면했을 때 발생하는, 비물질적 생산의 무한한 복잡성의 결과, 그리고 일반지성의 양립불가능성 또는 부적합성의 결과이기 때문이다.

카오스가 우리의 현재의 이해 패러다임들로 환원[축소]되기에는 너무 복잡한 현실을 의미하는 한, 이제 카오스(예를 들어 인간의 이해 능력을 벗어나는 복잡성의 정도)가 세상을 지배한다. 자본주의적 패러다임은 더 이상 인간 행위의 보편적인 규칙이 될 수 없다.

우리는 현재의 경기 후퇴를 경제적 관점에서만 바라봐서는 안 된다. 우리는 그것을 세계의 자원과 세계의 권력의 분배를 바꾸려 하고 있는 인류학적 전환점으로 이해해야 한다. 성장에 의거하는 모델은 깊게 내면화되어 있는데, 그것은 이 모델이 일상생활, 지각, 필요들, 그리고 소비양식에 스며들었기 때문이다. 그러나 성장은 끝났고, 다시 돌아오지 않을 것이다. 이것은 사람들이 지난 30년 동안 축적된 부채를 결코 갚을 수 없기 때문만이 아니라, 물리적인 지구의 자원들이 거의 다 소진되었고 사회적 두뇌가 붕괴에 직면해 있기 때문이기도 하다.

지속적인 과정은 위기로 정의될 수 없다. 위기란, [탈구조화 및 재구조화를 겪으면서도] 자신의 기능적 구조를 유지할 수 있는 유기체의 탈구조화 및 재구조화를 의미하지만, 나는 자본주의적인 전 지구적 구조의 재조정이 일어나지 않을 것이라고 생각한다. 우리는 파국적 형태발생의 주요 과정에 진입했다. 소득 revenue과 노동 수행의 연결에 기초한 자본주의적 패러다임은 일반지성의 현재의 지형을 (기호적으로 그리고 사회적으로) 구축할 수 없다.

1930년대에 뉴딜 정책을 위한 기회는 물리적 자원의 이용가능성과 개인적인 수요와 소비를 상승시킬 가능성에 놓여 있었다. 모든 게 끝났다. 지구는 자연 자원이 바닥이 났고, 세계는 환경적 파국을 향해 나아가고 있다. 현재의 경제적 하락과 유가 급락은 지구 자원의 고갈과 소진을 부채질하고 있다.

그와 동시에 우리는, 적어도 서구 사회에서, 개인적 소비가 어떠한 붐을 일으킬 것이라고 예견할 수 없다. 그래서 이 위기에 끝이 있을 거라고 기대하거나 새로운 완전고용 정책을 기대하는 것은 터무니없는 소리에 지나지 않는다. 미래에 완전고용은 없을 것이다.

전 지구적 경제의 붕괴가 금융 거품이 종식된 결과인 것만은 아니다. 이 붕괴는 또한 노동 거품이 터진 결과이기도 하며,

이것이 더 중요한 것이다. 우리는 지난 5세기 동안 너무 많이 노동해 왔다. 이것은 분명한 사실이다. 지나치게 많은 노동은 활기찬 사회적 기능들의 포기를 수반했으며, 그리고 언어, 정동, 교육, 치료, 자기-돌보기의 상품화를 동반했다.

사회는 더 많은 노동, 더 많은 직업, 더 많은 경쟁을 필요로 하지 않는다. 정반대로 우리는, 사회관계의 바탕을 다시 만들기 위해, 노동시간의 대폭 축소, 사회공장으로부터의 생활의 대해방을 필요로 한다. 노동과 소득의 연계를 끊는다면, 더 이상 경제의 일부로 간주되지 않아도 되는, 그리고 다시 한 번 삶의 형태들이 되어야 하는 사회적 과제들을 위한 에너지의 대해방이 가능해질 것이다.

수요가 위축되고 공장이 문을 닫으면, 사람들은 화폐 부족으로 고통을 겪으며 일상생활에 필요한 것을 살 수 없다. 이것은 경제학자들이 매우 잘 알고 있으면서도 완전히 깨뜨릴 수 없는 악순환인데, 그 까닭은 이것이 경제가 운명적으로 짊어져야할 이중구속이기 때문이다. 과잉생산의 이중구속은 경제적 수단으로는 해결되지 않고 인류학적인 변화에 의해서만, 소득과 노동의 교환이라는 경제적 틀의 포기에 의해서만 해결된다. 우리는 동시에 가치의 과잉과 수요의 위축[이라는 상황]과 만난다. 부의 재분배 과정이 긴급히 필요하다. 소득이 어떤 [노동] 수행의 보상이 되어야 한다는 생각은 우리가 반드시 제거해야 하는 도그마이다. 모든 사람은 생존에 필요한 만큼의 돈을 받을 권리가 있다. 그리고 노동은 이것과 아무런 관계가 없다.

임금은 자연적인 기정사실[소여, given]이 아니라, 사회적 영역의 특정한 문화적 모델화의 산물이다. 착취 과정에 대한 종속과 생존을 연결시키는 것은 자본주의적 성장에 필요했다. 이제 우리는 사람들이 그들의 지식, 지성, 정동들을 해방하도록 만들 필요가 있다. 이것이 오늘날의 부이다. 그리고 그것은 쓸모없는 강제적인 노동이 아니다. 대다수의 인류가 소득과 노동의 연계로부터 자유로워지지 않는다면, 비참과 전쟁이 사회관계의 규범이 될 것이다.

우울증을 치료하는 법?

들뢰즈와 가따리는 대문자 'D'[우울증]를 거의 사용하지 않았고, 설사 그런 일이 있다 하더라도 매우 드물게만 사용했다. 하지만 그들은 자신들의 마지막 책인 『철학이란 무엇인가』, 『카오스모제』에서 이 주제에 대해 매우 흥미로운 것들을 이야기한다. 『철학이란 무엇인가』의 마지막 장에서 그들은 카오스에 대해 이야기한다. 그들의 말에 따르면, 카오스는 기호계의 가속도 및 정보-층Info-crust의 두께와 훨씬 더 관계가 있다. 내가 이 책의 앞부분들에서 이미 말한 것처럼, 기호들, 상징들, 그리고 정보-자극이 둘러싼 세계의 가속도로 인해 공황이 발생하고 있다. 우울증은 공황의 가속화 뒤 나타나는 욕망의 불활성화이다. 당신이 더 이상 당신의 두뇌를 자극하는 정보의 흐름을 이해할 수 없다면, 당신은 소통의 장을 떠나 어떠한 지적이고 심리적인 반응도 할 수 없게 되기 쉽다. 우리가 이미 앞에서 인용했던 구절로 돌아가 보자.

> 그 자체로부터 빠져나가는 사유보다 더 괴롭고 고통스러운 것은 없다. 그것은 이미 망각에 의해 야금야금 잠식되어 버렸기에, 혹은 더 이상은 우리가 제어할 수 없으리만큼 다른 것들로 줄달음쳐 버리기에, 윤곽이 떠오르기가 무섭게 사라지고 소멸되어 버리는 관념들이다.[1]

우리는 우울증을 그저 병리로만 간주해서는 안 되고, 지식의 형태로도 이해해야 한다. 제임스 힐먼은 마음이 덧없음과 죽음에 대한 지식에 대면하는 조건이 우울증이라고 말한다. 고통, 불완전성, 노쇠, 분해[부패] ― 이것이 우리가 우울증적 관점에서 볼 수 있는 진실이다.

들뢰즈와 가따리는 『철학이란 무엇인가』 서문에서 우정에 대해 이야기한다. 그들은 우정이 우울증을 극복할 수 있는 방법이라고 말하는데, 그것은 우정이 의미를 공유하는 것, 시

---

1. Gilles Deleuze · Félix Guattari, *What is Philosophy?*, op. cit., p. 201 [질 들뢰즈·펠릭스 가타리, 『철학이란 무엇인가』, 앞의 책, 289쪽].

각과 공통의 리듬 — 가따리의 어법에 따르자면 공통의 후렴[반복 귀] — 을 공유하는 것을 의미하기 때문이다.

가따리는 『카오스모제』에서 '주체성에 대한 이질적[이종적] 이해'에 관해 이야기한다.

> 다니엘 스턴은… 어린이의 언어 획득 이전의 주체 형성에 대해서 훌륭하게 탐구하였다. 그는 주체 형성은 프로이트적인 의미에서 '단계들'의 문제가 아니라 평생 지속되는 주체화 수준들의 문제임을 보여 준다. 따라서 그는 주체성의 구조적 '보편들'로서 제시되어 온 프로이트적인 콤플렉스들이 지닌 정신 발생에 대한 과대평가된 성격을 거부한다. 다른 한편 스턴은 자아 감각과 타자 감각이 분리되지 않는 어린이의 경험 과정이 지닌 즉각적인 횡단 주체적 성격을 강조한다.[2]

정신발생(학)의 특이성은 가따리의 분열분석적 시각에서 핵심적이다. 이것은 또한 치료 과정의 특이성을 수반한다.

> 그러므로 문제는 환자의 주체성을 — 정신적인 위기 이전의 상태로 — 단순히 재모델화하는 것이 아니라, 하나의 독특한sui generis 생산을 재모델화하는 것이다. … 이러한 복합체[콤플렉스]

---

2. [한국어판] 펠릭스 가따리, 『카오스모제』, 앞의 책, 15~16쪽.

들은 확실히 사람들에게 자신들의 실존적 신체성을 재조성하고, 반복적인 궁지들에서 벗어나고, 말하자면 스스로 재특이화할 수 있는 다양한 가능성을 부여한다.[3]

이 몇 줄 안 되는 문장들은 정신요법적 선언으로서뿐만 아니라 또한 정치적 선언으로도 읽혀야 한다는 게 내 생각이다.

가따리의 말에 따르면, 정신분석의 목표는 환자의 행위에 보편적인 규범을 재설치하는 것이 아니라, 그/녀를 특이화하고, 그/녀가 자신의 차이를 의식하게 되도록 도와주며, 그/녀에게 자신의 차이 되기being different 및 자신의 현실적 가능성들과 좋은 관계를 유지할 수 있는 능력을 제공하는 것이다.

우울증을 다룰 때의 문제는 우울증에 걸린 사람을 정상 상태로 되돌리는 것도, 규범적인 사회적 언어의 보편적인 기준 속에 행위를 재통합하는 것도 아니다. 목표는 그/녀의 우울증적 관심의 초점을 바꾸는 것, 다시 초점을 맞추는 것, 정신과 표현적 흐름을 탈영토화하는 것이다. 우울증은 사람의 실존적 후렴[반복구]의 경직화에, 후렴[반복구]의 강박적 반복에 기초한다. 우울증에 걸린 사람은 외출할 수도 없고, 반복적 후렴[반복구]을 벗어날 수도 없으며, 그/녀는 계속해서 미로로 되돌아간다.

---

3. *Chaosmose*, Indiana university press, 1995, translation by Paul Bains and Julian Pefanis, pp. 6~7 [펠릭스 가따리, 『카오스모제』, 앞의 책, 16~17쪽].

분열분석가의 목표는 그/녀에게 다른 풍경을 볼 수 있는 가능성을 제공해 주는 것, 초점을 바꾸는 것, 새로운 방식의 상상력을 열어주는 것이다.

나는 이 정신분열적 지혜와 쿤의 패러다임 변동(이것은 과학지식이 난제에 빠졌을 때 일어날 필요가 있다) 개념 사이에 유사성이 있다고 생각한다. 쿤은 『과학혁명의 구조』에서 패러다임을 '일단의 사람들이 공유하는 신념들의 배열'이라고 정의한다. 그러므로 패러다임은 일련의 실재들에 대한 이해로 바뀌는 모델로 간주될 수 있다. 쿤의 시각에서 볼 때, 과학혁명은 이전의 인식론적 모델보다 변화하는 실재에 더 잘 부합하는 새로운 모델을 창출하는 것이다.

그리스어로 '에피스테메(지식/인식)'는 무엇인가의 앞에 서는 것을 의미한다. 그러므로 인식론적epistemic 패러다임은 우리에게 실재에 대면할 가능성을 제공해주는 모델이다. 패러다임은 친구들에게 비존재non-being의 심연을 횡단할 능력을 제공해 주는 다리이다.

우울증을 극복하는 것은 다음과 같은 단순한 단계들[조치들]을 함축한다. 강박적 후렴[반복구]의 탈영토화, 욕망하는 풍경의 재초점화와 변경, 공유된 신념들에 대한 새로운 배열의 창조, 새로운 심리적 환경에 대한 공통적 지각, 새로운 관계 모델의 구축.

들뢰즈와 가따리는 철학이 개념들을 창조하는 것을 필요로 하는 학문 분야라고 말한다. 이와 마찬가지로 그들은 분열분석이 강박적 테두리들의 탈영토화를 통해 지각들과 정동들을 창조하는 것을 필요로 하는 학문 분야라고 주장한다.

오늘날의 상황에서 분열분석적 방법은 정치적 치료법으로 응용되어야 한다. 양극화된 경제는 심각한 불경기(우울증)로 떨어지고 있으니 말이다. 21세기의 초반 10년 동안에 일어난 일들은 정신병리학적 술어들로, 즉 공황과 우울증으로 기술될 수 있다. 사태가 너무 빨리 소용돌이치기 시작할 때, 우리가 그러한 사태의 의미를, 자본주의적 교환이라는 경쟁적 세계에서 지니는 그것들의 경제적 가치를 더 이상 파악할 수 없을 때 공황이 발생한다. 정보를 둘러싼 흐름의 속도와 복잡성이, 해독하고 예측할 수 있는 사회적 두뇌의 능력을 초과할 때 공황이 발생한다. 이러한 경우 욕망은 자신의 투자를 철회하고, 이러한 철회는 우울증에 자리를 넘겨준다.

자, 우리는 서브프라임 타격, 그리고 이어지는 전 지구적 붕괴를 목격했다.

그리고 지금은 어떤 일이 일어나고 있는가?

경제 붕괴는 경제적 사유思惟라는 수단들로 맞설 수 없는데, 그 이유는 경제적 개념(화)들이란 사실상 문제지 해답이 아니기 때문이다.

노동에 대한 소득의 협소한 의존성, 성장에 대한 열광적인 추구, 호환성과 경쟁의 도그마들 — 이것들은 우리가 우울증에서 벗어나길 원한다면 우리의 사회문화에서 제거해야 하는 병원성 특징들이다. 지배적 정치 담론에서 말하는 우울증 극복은 성장과 소비의 동역학을 다시 시작하는 것을 의미한다. 그들은 이것을 '[경제]회복'이라고 부른다. 그러나 이것은 불가능한데, 집단적 부채가 변제될 수 없으며, 지구가 자본주의적 확장의 새로운 국면을 뒷받침할 수 없기 때문이다. 성장의 경제는 독毒이다. 그리고 그것은 해독제가 될 수 없다.

지난 10년 동안, 프랑스의 인류학자 세르주 라투슈^{Serge Latouche}는 정치적 목표로서의 비성장^{decroissance}에 대해 이야기해 오고 있다. 그러나 이제 비성장은 이미 하나의 소여所與이다. GNP가 모든 곳에서 하락하고 있을 때, 산업계의 전 영역이 무너지고 수요가 급락하고 있을 때, 우리는 비성장이 더 이상 미래를 위한 하나의 프로그램이 아니라고 말할 수 있다. 비성장은 현재 진행되고 있다.

문제는 사회문화가 이러한 사태를 맞을 준비가 안 되어 있다는 것이다. 왜냐하면 우리의 사회조직이 소비의 끝없는 확장이라는 이념에 기초하고 있기 때문이며, 근대의 영혼이 사유화 개념에 의해, 소비에서의 끝없는 증대라는 정동들에 의해 형성되었기 때문이다. 부라는 관념 자체가 다시 고찰되어야 한다. 즉 부라는 개념뿐만 아니라 부유하게 된다는 인식 역시 다시 고찰되어야 한다. 부와 권력 획득을 동일시하는 것은 사회 심리와 정동성[감정상태]에 깊숙이 각인되어 있다. 그러나 부를 다르게 이해하는 것은 가능하다. 소유가 아니라 향유에 기초한 부가 그 하나다.

나는 부에 대한 집단적 인식에서의 금욕주의적 전환[선회]에 대해 사고하고 있는 것이 아니다. 나는 감각적 기쁨이 언제나 바로 행복well-being의 토대일 것이라고 생각한다. 그렇다면 기쁨이란 무엇인가? 근대의 규율[훈육] 문화는 기쁨과 소유를 동일시했다. 경제적 사고는 희소성을 만들어냈고, 자본주의적 축적 과정을 가능하게 만들기 위해 사회적 필요를 사유화했다. 거기에 오늘날의 우울증의 원천이 놓여 있다.

끝없는 치료 과정

우리는 사회적 풍경에서 급격한 변화가 일어날 것을 예상하는 것이 아니라, 오히려 새로운 조류들이 서서히 표면화할 것을 예상해야 한다. 공동체들은 급락하는 경제의 장을 포기할 것이며, 더욱더 많은 개인들이 그들의 일자리를 찾는 걸 포기하고 경제외적 생존 네트워크들을 창조하기 시작할 것이다.

행복과 부유富裕에 대한 바로 그 인식이 검소와 자유의 방향을 변화시킬 것이다.

문화 혁명이 많이 필요해지는데 이 문화 혁명이 서비스와 재화의 탈사유화를 가능하게 만들 것이다. 이러한 일은 계획되고 획일적인 방식으로는 일어나지 않을 것이다. 오히려 그것은 특이한 개인들의 철수의 결과일 것이며, 공통적인 것들과 서비스들의 공유에 기초한, 문화, 기쁨, 정동[애정, 감동]을 위한 시간의 해방에 기초한 경제를 창출함으로써 얻는 결과일 것이다.

행복well-being과 사적 소유를 동일시하는 것이 너무나 깊게 뿌리박혀 있기 때문에 우리는 인간 환경을 야만적으로 만드는 사태를 완전히 막을 수는 없다. 그러나 일반지성의 임무가 바로 이것이다. 즉, 편집증[과대망상증]으로부터의 탈출, 인간 저항 지대의 창출, 하이테크/저에너지 모델에 의거한 자율적인 생산형태들의 실험, 정치적 언어가 아닌 치료적 언어로 훨씬 더 많이 사람들을 호명[설명]하는 것.

정치와 치료는 장차 올 날들에서는 동일한 활동이 될 것이다. 사람들은 절망과 우울증, 공황을 느낄 것이다. 왜냐하면 그들은 탈성장post-growth[성장 이후의] 경제에 익숙하지 않을 것이며, 녹아내리고 있는 우리의 근대적 정체성을 상실할 것이기 때문이다. 우리의 문화적 임무는 이 사람들을 보살피고 그들의 정신병을 돌보면서, 그들에게 가까이에 있는 행복 적응happy adaptation을 추구하는 방법을 보여주는 것이다. 우리의 임무는 치유적 전염 지대로 의도된, 사회적인 인간 저항 지대를 창출하는 일일 것이다. 자본주의는 전 지구적 풍경에서 사라지지 않겠지만, 우리의 기호화 속에서 자신의 침윤적이고 패러다임적인 역할을 상실할 것이며, 사회조직의 많은 다양한 형태들 중의 하나가 될 것이다. 코뮤니즘은 결코 새로운 전체화의 원리가 아니라 자본주의적 법칙들[규칙들]에서 벗어나는 자율의 가능한 형태들 중의 하나일 것이다.

1960년에 코넬리우스 카스토리아디스Cornelius Castoriadis와 그의 친구들은 『사회주의냐 야만이냐』Socialisme ou Barbarie라는 제목의 잡지를 출간했다.

그러나 우리는 들뢰즈와 가따리가 『천 개의 고원』의 서문인 「리좀」에서 이접(… 또는 …)이 바로 우리가 잊고자 하는 서구 형이상학의 지배적 양식이라고 주장하고 있음을 기억한다. 그들은 이 이접적disjunctive 모델에 연접적conjunctive 접근법을 대립시킨다.

> 리좀은 시작하지도 않고 끝나지도 않는다. 리좀은 언제나 중간에 있으며 사물들 사이에 있고 사이-존재이고 간주곡이다. 나무는 혈통 관계이지만 리좀은 결연 관계이며 오직 결연 관계일 뿐이다. 나무는 '~이다'to be라는 동사를 부과하지만, 리좀은 '그리고 … 그리고 … 그리고 …'라는 접속사를 조직으로 갖는다. 이 접속사 안에는 '이다'라는 동사를 뒤흔들고 뿌리 뽑고 … 그리고의 논리를 세우고, 존재론을 뒤집고, 기초를 부숴 버리고, 시작과 끝을 무화시키기에 충분한 힘이 있다.[4]

---

4. Gilles Deleuze · Félix Guattari, *A Thousand Plateaus : Capitalism and Schizo-*

자율의 과정은 지양이 아닌 치료로 이해되어야 한다. 이러한 점에서 자율은 전체화하지 않고, 과거를 파괴하고 폐지하는 것을 의도하지 않는다.

젊은 정신분석가 플리스는 자신의 스승인 지그문트 프로이트에게 보낸 편지에서 치료가 끝난 것으로 생각되는 환자에게 '다 나으셨습니다.'라고 말하는 것이 언제 가능하냐고 물었다. 프로이트는 정신분석가는 그 사람이 치료가 끝없는 과정임을 이해할 때 목표에 도달하는 것이라고 대답했다.

자율 역시 끝없는 과정이다.

phrenia, University of Minnesota Press, 1987, p. 25 [질 들뢰즈·펠릭스 가타리, 『천 개의 고원』, 김재인 옮김, 새물결, 2001, 54~55쪽].

　이 책은 우리에게는 생소한, 그러나 세계 자율주의 운동에서 중요한 지위를 점하고 있는 프랑코 베라르디[비포]의 *The Soul at Work — from Alienation to Autonomy* (Semiotext(e), 2009)를 옮긴 것이다. 제목이 암시하는 것처럼 이 책에서 저자는 인지자본주의 시대의 노동 착취의 조건과 코뮤니즘 해방의 가능성을 탐색한다.

　이 책의 구성을 간략히 소개하면 다음과 같다.

　1장에서 저자는 1960년대 맑스주의 철학과 정치적 실천에서 주요한 개념이었던 소외에 대한 분석에서부터 노동의 자율적인 거부인 '소원[거리두기]' 개념으로의 전복을 시도한다. 저자는 노동계급을 수동적인 피해자에서 능동적인 주체로 재정립한다.

　2장에서 저자는 '영혼의 노예화', 즉 영혼이 어떻게 노동하도록 배치되는지, 정신적 활동들이 어떻게 자본으로 변형되는지 정치하게 분석한다. 우리는 여기에서 열정의 꿈을 꾸고 스마트폰으로 무장한 노동자들이 어떻게 그들의 꿈을 착취당하는지, 인지자본주의 시대의 노동착취의 초상을 자세하게 살펴볼 수 있다.

　3장은 이 책에서 분량을 가장 많이 차지하는 부분으로서 아마도 가장 흥미롭고 논쟁적인 부분이 아닐까 생각된다. 저자는 여기에서 욕망과 관련된 들뢰즈·가따리(그리고 푸코)의 이론적 논의들을 광범하게 다루고 있으며, 보드리야르의 시뮬레이션 철학을 검토하면서 이들의 차이와 상보성을 함께 살펴보고 있다.

4장에서 저자는 신자유주의의 승리 이래 사회적 실존의 일반적인 형태가 되어버린 불확실성이 어떠한 효과들을 가져왔는지 살핀다.

결론 부분에서 저자는 '영혼의 귀환'에 대해 이야기한다. 저자는 오늘날의 금융 위기에서 자본의 묵시록을 읽는다. 그리고 그것이 또한 자율과 해방의 새로운 개시가 될 것으로 바라본다. 저자는 오늘날의 우울증의 원천인 기쁨과 소유의 동일화, 경제적 희소성의 원칙, 사회적 필요의 사유화를 극복하고 '향유에 기초한 부'를 새롭게 이해하자고 제안한다. 저자에게 코뮤니즘은, 끝없는 치유 과정으로서의 자율의 해방적 실천으로서, 자본주의적 법칙들에서 벗어나는 자율의 가능한 형태들 중의 하나로 이해된다.

이 책을 한글로 옮기고 있을 무렵, 어느 신문에서 대학 등록금과 생활비를 마련하기 위해 철거 용역에 나설 수밖에 없었던 대학생 이야기를 다룬 기사를 읽었다. 그가 대학생이 되고 나서 맞은 첫 여름방학부터 약 5주간 한진중공업과 철거 현장을 돌며 일한 대가로 받은 돈은 약 120만 원 정도였다고 한다. '영혼'을 파괴당한 대가치고는 그리 큰돈이 아니다. 그는 물론 이 돈으로 등록금과 생활비의 극히 일부만을 해결했을 것이다. 이러한 일에 아무런 양심의 가책을 느끼지 못한다는 그는 "저들의 사정이 어떻든 나도 등록금과 생활비를 벌어야 하는 절박한 사정이 있다. 돈 받고 하는 일이니 까라면 깔 수밖에 없다"라고 항변하며 언제든 그러한 '영혼' 파괴에 다시 참여하겠노라고 밝혔다고 한다.

이 책에는 대학을 들어간 젊은이들이 평생 빚을 안고 살아야 하는 미국 대학생들의 이야기가 나온다. 학자금 대출에 미래의 인생을 저당 잡힌 청춘들의 얼굴은 그러나 이미 미국만의 것이 아니다. 이 땅의 소위 '88만 원' 세대와 그 예비 세대들은 이 '미친 등록금의 나라'에서 결핍의 삶을 살고 있다. 그들은 결국 신용(아니 부채) 사회라는 '지옥행 불 수레火車'에 몸을 싣고 말 것인가?

우리는 '열정이 노동이 되는' 세상을 살고 있다. 인지자본주의에서 영혼은 자본이 이윤을 창출할 새로운 착취의 공간이 되었다. 자본은 인간의 마음, 언어, 창의성을 찬양하면서, 그것들을 소외시키고, 착취의 촉수와 빨판을 들이댄다.

우리는 어떻게 자본주의가 강제한 부 관념에서 벗어나고, 우울증을 치료할 수 있을 것인가? 어떻게 치유의 전염 지대를 만들고 사회적인 인간 저항 지대를 창출할 것인가? 우리는 어떻게 건강한 신체와 영혼으로 '장차 올 날'을 열어나갈 것인가?

우리는 그 대답을 준비해 나갈 것이며, 우리의 치료는 끝나지 않을 것이다. '자율 역시 끝없는 과정'일 것이므로.

이 책 역시 많은 분들과의 공동 작업의 결과물이다. 좋은 책을 선정하고 기쁘게 작업할 수 있도록 배려해 준 갈무리의 모든 분들께 진심으로 감사드린다. 또한 거친 원고를 꼼꼼하게 읽고 여러 잘못을 지적해 주고 많은 조언을 해 주신 프리뷰어님들께도 감사드린다. 어려움에 막힐 때마다 불쑥불쑥 경우도 없이 어려운 부탁을 드렸음에도 항상 웃는 모습으로 문제를 해결해 주신 이유정 선생님께 사랑과 존경을 담아 감사의 마음을 전하고 싶다.

2012년 4월
서창현

1948년 이탈리아 볼로냐에서 태어났다.

1962년 14세에 이탈리아 공산당 청년 연맹의 일원이 되었으나 정파 투쟁 과정에서 제명되었다.

1963년 사회당이 기독교민주당과 동맹하여 첫 중도좌파 연합정부가 들어섰다.

1968년 볼로냐 대학에서 68혁명의 사건들에 참여했으며, 미학으로 학위를 따서 졸업했다. 이 무렵 의회 밖의 〈노동자의 힘〉 그룹에 가입했다.

1968~9년 프랑스에서 시작된 혁명이 잦아든 후 1969년에 이탈리아에서 뜨거운 가을이 시작되었다.

1970년 『노동에 저항하라』(*Contro il lavoro*)를 출간하였다.

1973년 봄 또리노의 피아뜨 공장에서 일주일 동안 공장점거 투쟁이 벌어졌다.

1974년 9월 엔리코 베를린게르가 역사적 타협 전략을 선언하였다.

1974년 가을 전기요금의 자율인하를 위한 투쟁이 발발하고 로마의 산 바질리오 구에서 공장점거 운동이 전개되었다.

1975년 잡지 『아/뜨라뻬르소』를 창간하여 1981년 절정기까지 잡지를 만들었다.

1975~7년 아우또노미아에 근거한 사회, 정치, 문화 운동이 전개되었다. 대도시들에서 청년 프롤레타리아 운동이 출현하였다.

1976년에서 78년까지 이탈리아 최초의 자유 해적 라디오 방송국인 〈라디오 알리체〉(Radio Alice)의 간부의 일원이 되었다. 1970년대 아우또노미아 정치 운동에 관계된 다른 사람들처럼 파리로 피신하여 그곳에서 분열분석 분야에서 가따리와 함께 일했다.

1978년 3월 16일 기독민주당의 핵심인 알도 모로 수상 납치되었다. 이날은 공산당과 기독민주당의 지지를 동시에 받는 정부가 출범하는 날이었다. 경호원 5명이 죽었고 나중에 기독민주당과 이탈리아 공산당 본 문 사이로 난 길 중간에 있는 차에서 모로의 시체가 발견되었다.

1969~81년은 이탈리아 좌우익 무장 단체들이 정부와 극렬히 대치했던 시기로, 일명 '총탄의 세월'(Anni di Piombo)로 불리기도 한다. 이 기간 동안에 베라르디는 투옥, 미국과 프랑스로의 자진 망명, 그의 고향인 볼로냐에서의 체류를 번갈아 겪었다.

1980년대에는 『세미오텍스트』(*Semiotexte*, 뉴욕), 『키메라』(*Chimerees*, 파리), 『메뜨로뽈리』(*Metropoli*, 로마), 『뮤지카 80』(*Musica 80*, 밀라노) 등 여러 잡지에 기고했다.

1990년대에는 『변동과 사이버펑크』(1993), 『사이버네틱스』

(1994), 『펠릭스』(2001) 등을 출간했다.

최근에는 잡지 『데리베 아쁘로디』(*Derive Approdi*)에서 활동하며, 밀라노의 예술학부에서 소통의 사회사를 가르치고 있다. 웹진 rekombinant.org와 텔레스트릿(telestreet) 운동의 공동 창립자이며, 채널 〈오르페오 TV〉를 세웠다.

:: 프랑코 베라르디 저작 목록

이탈리아어본

(con Carlo Formenti), *L'eclissi. Dialogo precario sulla crisi della civiltà capitalistica*, Manni Editori, 2011

Nel 2010 ha collaborato al volume collettivo *Europa 2.0 Prospettive ed evoluzioni del sogno europeo*, edito da ombre corte, a cura di Nicola Vallinoto e Simone Vannuccini con un saggio intitolato *Un'utopia senile per l'Europa*.

Skizomedia. Trent'anni di mediattivismo. Untranslated: *Schizomedia: Thirty Years of Media Activism*. Rome: Derive Approdi, 2006.

Da Bologna (serie A) a Bologna (serie B). 2005.

Il sapiente, il mercante, il guerriero: dal rifiuto del lavoro all'emergere del cognitariato. Untranslated: *The Warrior, The Merchant, and the Sage: the Emergence of the Cognitariat Refusal of Work*. Rome: DeriveApprodi, 2004.

With Jacquement e Vitali and Baldini Castoldi Dalai. Telestreet. Macchina immaginativa non omologata. Untranslated: *Telestreet: Machine Imagination Not Approved*. 2003.

Alice è il diavolo. Storia di una radio sovversiva. Untranslated: *Alice is the Devil: Story of a Subversive Radio*. Shake, 2002.

Un'estate all'inferno. Untranslated: *Summer in Hell*. Ed. Luca Sossella. 2002.

(curatore, con Veronica Bridi), *1977, l'anno in cui il futuro incominciò*. Fandango Libri, 2002.

Felix. Narrazione del mio incontro con il pensiero di Guattari, cartografia visionaria del tempo che viene. 2001.

La fabbrica dell'infelicità. New economy e movimento del cognitariato. Untranslated: *The Factory of Unhappiness: New Economy and Movement of the Cognitariat*. Rome: DeriveApprodi, 2001.

La nefasta utopia di Potere Operaio. Untranslated: *The Ominous Power of Workers' Utopia*. Castelvecchi, 1997.

Exit, il nostro contributo all'estinzione della civiltà. Untranslated: *Exit - Our Contribution to the Extinction of Civilization*. Costa & Nolan, 1997

Dell'innocenza. 1977: l'anno della premonizione. Verona, Ombre Corte, 1997.

Cibernauti. Untranslated: *Cybernauts*. Castelvecchi, 1995.

Neuromagma. Lavoro cognitivo e infoproduzione. Castelvecchi, 1995

Lavoro zero. Castelvecchi, 1994.

Come si cura il nazi, Neuromagma. Untranslated : *How is the Nazi*, Neuromagma. 1994.

con Franco Bolelli; Matteo Guarnaccia; Francesco Morace; Andrea Zingoni; Daniele Bo-
lelli; Tiziana Corbella. *Mitologie Felici*. Milano, Mudima, 1994

Mutazione e cyberpunk. Untranslated : *Mutation and Cyberpunk*. 1993.

Come si cura il nazi. Castelvecchi, 1993

Cancel & Più cyber che punk. Milano-Bologna, Synergon, 1992.

(curatore) *Hip Hop rap graph gangs sullo sfondo di Los Angeles che brucia*. Milano-Bologna,
Synergon, 1992.

con Franco Bolelli, *60/90 dalla psichedelia alla telepatica*. Milano-Bologna, Synergon,
1992.

Politiche della mutazione. Milano-Bologna, Synergon, 1991.

con Marco Jacquemet; Robert Wright; Jaron Lanier; Felix Guattari; Valmerz. *Più cyber
che punk*. Bologna, A/traverso, 1990.

con Francesca Alfano Miglietti; Franco Bolelli; Valentina Agostinis; Matteo Guarnaccia;
Cesare Monti; Andrea Zanobetti. *Una poetica Ariosa*. Milano, ProgettoArio, 1990.

La pantera e il rizoma. Bologna, A/traverso, 1990.

Terzo dopo guerra. Bologna, A/traverso, 1989.

(con Franco Bolelli) *Presagi. L'arte e l'immaginazione visionaria negli anni ottanta*. Bologna,
Agalev, 1988.

Dell'innocenza : interpretazione del '77. Bologna, Agalev, 1987.

Infovirus. Untranslated. *Topia*. 1985.

Enfin le ciel est tombè sur la terre. Untranslated : *Finally the Sky Fell to the Earth*. Seuil, 1978.

La barca dell'amore s'è spezzata. Milano, SugarCo, 1978

Finalmente il cielo è caduto sulla terra. Milano, Squi/libri, 1978.

(con Pierre Rival, Alain Guillerme), *L'ideologia francese : contro i "nouveaux philosophes"*.
Milano, Squi/libri, 1977.

Chi ha ucciso Majakovskij. Milano, Squi/libri, 1977.

(curatore). *Primavera '77*. Roma, Stampa Alternativa, 1977.

eoria del valore e rimozione del soggetto : critica dei fondamenti teorici del riformismo. Verona,
Bertani, 1977

Scrittura e movimento. Marsilio, 1974.

Contro il lavoro. Untranslated : *Against Work*. Milano : Feltrinelli, 1970.

영어본

Franco Bifo Berardi : *Ironic Ethics*. Hatje Cantz; Bilingual edition, 2012.

Ed. Gary Genosko and Nicholas Thoburn. *After the Future*. AK Press. Forthcoming July
2011.

The Soul at Work: From Alienation to Autonomy. Trans. Francesca Cadel and Giuseppina Mecchia, with preface by Jason E. Smith. Los Angeles, CA : Semiotexte, 2009.

With Marco Jacquement and Gianfranco Vitali. *Ethereal Shadows: Communications and Power in Contemporary Italy*. London : Autonomedia, 2009.

Precarious Rhapsody. Semio-capitalism and the Pathologies of the Post-Alpha Generation. London : Autonomedia, 2009.

Félix Guattari. Thought, Friendship, and Visionary Cartography. London : Palgrave, 2008.

Touched, Liverpool Biennial of Contemporary Art, 2011.